Christopher Berry-Dee

Wie Serienmörderinnen denken

Christopher Berry-Dee

Wie Serienmörderinnen denken

Ein schockierender Blick in die Abgründe des Bösen

riva

Bibliografische Information der Deutschen Nationalbibliothek
Die Deutsche Nationalbibliothek verzeichnet diese Publikation in der Deutschen Nationalbibliografie. Detaillierte bibliografische Daten sind im Internet über http://dnb.d-nb.de abrufbar.

Für Fragen und Anregungen
info@rivaverlag.de

Wichtiger Hinweis
Ausschließlich zum Zweck der besseren Lesbarkeit wurde auf eine genderspezifische Schreibweise sowie eine Mehrfachbezeichnung verzichtet. Alle personenbezogenen Bezeichnungen sind somit geschlechtsneutral zu verstehen.

1. Auflage 2023

Türkenstraße 89
80799 München
Tel.: 089 651285-0
Fax: 089 652096

Übersetzung: Mark Bergmann
Redaktion: Caroline Kazianka
Umschlaggestaltung: Catharina Aydemir, Pamela Machleidt
Umschlagabbildung: shutterstock.com/Eshma
Satz: Carsten Klein, Torgau
Druck: GGP Media GmbH, Pößneck
Printed in Germany

ISBN Print 978-3-7423-2234-0
ISBN E-Book (PDF) 978-3-7453-2009-1
ISBN E-Book (EPUB, Mobi) 978-3-7453-2010-7

Wir produzieren nachhaltig
www.m-vg.de

Weitere Informationen zum Verlag finden Sie unter

www.rivaverlag.de

Beachten Sie auch unsere weiteren Verlage unter www.m-vg.de

Für Maui

Inhalt

Dank

Mein großer Dank gilt: John Blake, Toby Buchan und dem gesamten Team im John Blake Verlag, Tony Brown, Lizzy, Rod, Clive Sturdy, Ann Sidney, Fi Smyth, Vilija, Ed, Frazer Ashford, Umutetsi, Boris, Jennie, Hollie, Karl, Gary Roberts, Marina Koroleva, Liam Greaney, Laura-Dee Cooper, Sherri, Chris Richardson, Shany, Nicholas Quartermaine, Steve, Ray Pedretti, Brook, Claire, Bree, Willi B. Wilhelmson, Malcolm Powell und Simon Carr.

Vorwort: Das Frauengefängnis von Sablino

Während all der Jahrzehnte, in denen ich mich mit Serienmördern und Psychopathen aller Art beschäftigt habe, bin ich auch in vielen Haftanstalten speziell für Frauen gewesen. Eine davon stach unter den anderen ganz besonders heraus: das Frauengefängnis von Sablino. Es verdient aus Gründen, die später deutlich werden, gleich zu Beginn dieses Buchs eine Erwähnung.

Das Gefängnis liegt 45 Kilometer südlich von St. Petersburg, nahe dem Örtchen Uljanowska, das früher Sablino hieß und von dem es seinen Namen hat. 1800 weibliche Häftlinge sitzen dort ein. Es gibt weit und breit nichts, das Gefängnis befindet sich im absoluten Niemandsland.

Eine einzige Straße führt dorthin und auch wieder weg.

Im Winter ist die Umgebung weiß und hart wie ein Gipsverband.

Die Temperaturen können bis auf 35 Grad minus fallen, sodass sogar der Atem gefriert. Mein Bart war weiß wie der vom Weihnachtsmann … Es dauert Monate, bis der Schnee taut und sich die Äcker in der Umgebung in sumpfige Flächen verwandeln. Dort, wo sich der Schnee an den kurzen, kalten Tagen durch Verwehungen gesammelt hat, dauert es sogar noch länger.

Nachts wird die karge Natur gelegentlich von den Scheinwerfern vorbeifahrender Autos erleuchtet und der Blick fällt dann auf vertrocknete Gräser, festgetretenen Schnee, einen zugefrorenen, schmutzig-braunen See – die gleiche giftige Farbe, die auch das Wasser aufweist, das die Anwohner im Umkreis von Hunderten Quadratkilometern aus ihren Wasserhähnen zapfen – und einen umgekippten Strommasten, der wie eine Holzplanke als behelfsmäßige Brücke dient und von Nebel umwabert wird.

Es gibt keinen Bahnhof in Sablino und es ist auch keine Endstation. Kein Zug mit grimmigen Schaffnern in grünen Uniformen und dampfend-heißen Samowaren muss an diesen Ort fahren. Ab und an verirrt sich ein Busfahrer hierher, doch nur, wenn er gute Laune hat und man ihm einen kleinen Bonus zahlt, für den er sich sein Lieblingsgetränk kaufen kann: Wodka. Auf der Rückfahrt ist er vermutlich sturzbetrunken, doch Polizisten halten Busse und lizensierte Taxis normalerweise nicht an, außer sie müssen irgendeine frei erfundene Geldstrafe verhängen, um sich dann selbst etwas zu trinken kaufen zu können.

Als ich das Frauengefängnis von Sablino besucht habe, herrschten 15 Grad minus und die Temperatur sank immer weiter. Draußen tobte ein Schneesturm und die Wärterinnen stapften mit Hunden an der Leine auf ihrer Patrouille durch knietiefen Schnee. In Sablino gab es keinen glänzenden Stacheldraht oder bunte Blumenrabatten am Empfang für die Besucher. Kurzum: Dies war der tristeste Ort der Welt. Als ich das Eingangstor passierte, bearbeiteten die »Mädels« gerade das Eis mit schweren Schaufeln und schippten den Weg frei.

Alle waren über meinen Besuch informiert. Die Polizei von St. Petersburg hatte mein Kommen im Vorfeld angekündigt – im Gegenzug für einen Bonus, versteht sich. Sie wussten davon, seit ich in Busuluk, im Westen der Oblast Orenburg angekommen war. Mein Gastgeber – ein ehemaliger Helikopterpilot der russischen Spezialeinheit Spetznaz – ich gebe ihm hier aus rechtlichen Gründen den fiktiven Namen »Igor« – hatte den Kontakt für mich hergestellt. Sowohl im Zug nach Samara als auch beim Flug nach St. Petersburg reiste ich erste Klasse und gratis. Vielen Dank dafür!

Ich musste mich nicht einmal um ein gutes Hotelzimmer kümmern, auch das wurde – natürlich ebenfalls für einen Bonus – von der Polizei vor Ort organisiert. Taxis? Brauchte ich auch nicht. Die Polizei stellte mir einen ihrer Dienstwagen zur Verfügung. Mit Blaulicht ging es dann schnurstracks in ein völlig ausgebuchtes Restaurant, wo das Vorzeigen des Dienstausweises genügte, damit andere zahlende Gäste, die bereits mit ihrem Abendessen beschäftigt waren, fortgescheucht wurden. Anschließend floss Alkohol in rauen Mengen, bis er jedem zu Kopf gestiegen war und sich alle ewige Freundschaft schworen.

In Sablino leben in den meisten Schlafsälen mit ihren zerbrochenen Fensterscheiben mehr als 100 Frauen zusammengepfercht wie Sardinen in einer Dose. Einige müssen sich ein Bett teilen und schlafen in Schichten, manche haben eine Katze als Haustier. Die Mischung aus den Ausdünstungen vieler Menschen auf engstem Raum, Katzenexkrementen und Urin verursachte bei mir Würgereiz. Es gibt dort keinerlei Privatsphäre. Kein Radio. Nur zensiertes Fernsehen. Keine Heizung. Und das Essen der Häftlinge ist so ekelhaft, dass man es hierzulande nicht einmal an Hunde verfüttern würde.

Und nun schippten sie in kleinen grauen Grüppchen zusammengeschart draußen in der Kälte gebückt Schnee. Alte und junge Frauen, zitternd, in dünner Kleidung und in billigen Plastikschuhen.

Dennoch versuchen die Insassinnen von Sablino das Beste aus ihrer Situation zu machen. Wie eine Mutter Teresa sorgt Gefängnisleiterin Anna für ihre Frauen und bringt Analphabetinnen sogar persönlich Lesen und Schreiben bei. Weil die Mittel vom Staat knapp sind, fertigen die Häftlinge Plastikhüllen für Musikkassetten in einer alten Scheune, durch die der Wind pfeift und in die es reinscheint. Damit verdienen sie gerade genug, um nicht zu verhungern.

Die Chefköchin, die in der dunstigen Gefängnisküche schuftete, ist verurteilt worden, weil sie ihren gewalttätigen Ehemann zerstückelt, sorgfältig zubereitet und ihre nichtsahnenden Freunde und Nachbarn anschließend zu einem kulinarischen Festmahl eingeladen hat. Marinka ist ihr Name und Sie werden später in diesem Buch noch von ihr hören.

Ich schreibe ihr noch immer, bis heute.

Es gibt ein, zwei Serienmörderinnen in Sablino, alles Gangsterbräute aus dem Dunstkreis der Russenmafia, von denen keine wegen Sexualverbrechen verurteilt wurde. (Tatsächlich gab es in der gesamten Einrichtung keine einzige Sexualstraftäterin.) Auch zu deren rostigen Zellen im Hochsicherheitstrakt des Gefängnisses erhielt ich freien Zugang. Dort konnte ich diese Mörderinnen interviewen, nachdem ich päckchenweise Zigaretten verteilt hatte. Sie waren an mehreren Raubmorden und Mafia-Hinrichtungen beteiligt gewesen. Die Gefängnisleiterin lobten sie allerdings in den höchsten Tönen. Und auch mir gegenüber verhielten sie sich äußerst respektvoll.

Hier in Sablino gibt es also keine Serienmörderin wie Rose West oder Myra Hindley.

Auch Luxus gibt es dort nicht, abgesehen von einem irgendwie ganz hübschen kleinen Friseursalon in einem winzigen Raum mit pink gestrichenen Wänden, die Promifotos zieren, die sorgfältig aus westlichen Klatschmagazinen ausgeschnitten worden sind. Als die Frauen mich dazu überreden wollten, mir dort die Haare schneiden zu lassen, lehnte ich dennoch dankend ab.

Es existiert auch eine gut ausgestattete Bibliothek und eine kleine Kapelle, die mir eine der Insassinnen zeigte. Dort betete sie dafür, bald wieder mit ihren Kindern vereint zu sein. Danach führte man mich in eine große Gemeinschaftshalle, wo ich auf Kosten der Häftlinge, deren mageres Gehalt man dafür gekürzt hatte, einem tollen Konzert beiwohnen durfte. So konnte ich mich ein wenig unter die Leute mischen und die Frauen konnten mir »Danke« sagen – nur weil ich bei ihnen war. Ich war der erste Westler, der je ein russisches Frauengefängnis besucht hatte und dort nach Belieben filmen durfte.

Soviel ich weiß, hat man auch nach mir niemanden aus dem Westen dort hineingelassen.

In Sablino werden keine 180 000 Pfund Steuergeld für sogenannte Resozialisierungsmaßnahmen verschwendet wie vor einigen Jahren im britischen Frauengefängnis HMP & YOI Bronzefield, wo die blutrünstige Serienmörderin Joanna Dennehy nun ein deutlich angenehmeres Dasein fristet, als sie eigentlich verdient hätte.

Bei der Aufführung in Sablino standen russische Trachten, Volksmusik und Mütterchen Russland selbst im Mittelpunkt. Die Frauen tanzten nicht in Strapsen und knappen Unterhöschen herum, um im Namen der »Resozialisierung« irgendwelche Spanner heißzumachen, die dafür 40 Pfund Eintritt bezahlt hatten, so wie es in HMP Bronzefield geschehen war. So etwas habe ich weder in Sablino noch in einem der anderen Gefängnisse erlebt, die ich in den vergangenen vier Jahrzehnten besucht habe.

Der – auf Video dokumentierte – Abschied von der Gefängnisdirektorin in Sablino war herzlich. Bevor ich ging, wollte sie unbedingt, dass ich noch vier ihrer Mädchen kennenlerne, die bereits geduldig im Flur vor dem Büro warteten. Sie sprachen gebrochen Englisch. Vor ihrem Aufenthalt in Sablino waren sie, ihren eigenen Worten zufolge, alle mehr oder weniger ungebildet. Nun standen sie vor mir, gebildet, kichernd und voller Vorfreude, weil sie demnächst wieder in die Freiheit entlassen werden würden.

96 Prozent aller inhaftierten russischen Straftäterinnen werden nie wieder straffällig. Ich kann wirklich verstehen, warum das so ist.

Meine Reise nach Sablino wurde von der Londoner Produktionsfirma September Films organisiert, unter Mithilfe der Polizei von St. Petersburg, im Gegenzug für ein paar »Aufmerksamkeiten«: Whisky, Gebäck für die Frauen der Beamten und ein Bündel frischer US-Dollarscheine, die auf dem Schwarzmarkt in Rubel getauscht werden konnten.

Die Gefängnisdirektorin dagegen weigerte sich, auch nur einen einzigen Dollar von mir als Dank für ihre Kooperation anzunehmen. Sie flehte mich an:

»Bitte erzählen Sie jedem in England, wie hart wir hier arbeiten, um uns um unsere Mädchen zu kümmern.« Dann brach sie in Tränen aus.

Ich verließ Sablino und stieg in einen ramponierten Polizeiwagen der Marke Škoda mit dem obligatorischen Sprung in der Windschutzscheibe. Dann wurde ich mit Blaulicht in ein Vier-Sterne-Hotel in St. Petersburg gefahren. Die beiden Beamten, die mich begleiteten, wurden gründlich mit Wodka geschmiert.

Als die Gefängnisdirektorin später die 1000 Dollar fand, die ich heimlich in druckfrischen Noten unter einem Buch auf ihrem Schreibtisch deponiert hatte, rief sie mich an und sagte: »*Spasibo, spasibo.* In Russland wird man Sie nun als ›Christopski‹ in Erinnerung behalten. Gott schütze Sie!«

Zwei Wochen lang genoss ich eine Gastfreundschaft, wie sie Russen nur uns Engländern entgegenbringen können. Eine Art »Respekt«, während sie den Amerikanern mit ihren frechen Sprüchen und noch frecheren Klamotten wenig abgewinnen können. Die Direktorin von Sablino ist zu Recht stolz auf ihr Gefängnis. Man gewährt mir seit Jahrzehnten ungehinderten Zugang zu Justizvollzugsanstalten auf der ganzen Welt – von den USA über Europa, Indien bis in den Fernen Osten. Und Gott ist mein Zeuge, noch nie habe ich gehört, dass ein Gefängnis 180 000 Pfund dafür ausgegeben hat, eine Show zu produzieren, bei der Häftlinge nur mit Reizwäsche und Straußenfedern bekleidet auf der Bühne umherstolzieren, wie es in HMP Bronzefield der Fall war. Offenbar gibt es für alles ein erstes Mal. Meiner Ansicht nach war diese Performance allerdings eine absolute Ungeheuerlichkeit! Um eine Insassin zu zitieren: »Die Bedingungen hier [in Bronzefield] sind Mist. Eine Scheiß-Frechheit! Die ganze Zeit heißt es nur ›tu dies‹ oder ›tu jenes‹« (Joanna Dennehy, 2014 in einem Brief an den Autor).

Ich werde Sablino niemals vergessen. Auch nicht die aufrichtige Gastfreundschaft der russischen Polizei und Bürger. Während mir gegenüber Menschen wie Joanna Dennehy, die sich über die Bedingungen in Bronzefield beschwert hat, das Verständnis fehlt. Sie fand es offenbar derart furchtbar, dass sie bereits ihre Flucht geplant hatte. Der Plan wurde jedoch vereitelt, nachdem man bei einer Durchsuchung ihrer Zelle detaillierte Notizen dazu gefunden hatte. Die Strafvollzugsbehörde formulierte anschließend folgende Stellungnahme: »Im September 2013 entdeckten Beamte der Haftanstalt Bronzefield bei einer Durchsuchung Hinweise, die als Fluchtplan interpretiert werden können. Der Sachverhalt wurde zügig und ohne sicherheitsrelevante Zwischenfälle aufgelöst und ein Häftling [Dennehy] in den Isolationstrakt verlegt.«

Nachdem ich die Bedingungen in Sablino gesehen habe, ist Bronzefield – mit seinem erstklassig geschulten Personal, Zentralheizung, Klimaanlage, feinstem Essen, Gesundheitsversorgung rund um die Uhr, psychologischer Betreuung und diversen Freizeitangeboten – eine Haftanstalt, in die Straftäterinnen eigentlich ein-, aber aus der sie keinesfalls ausbrechen müssten.

Joanna Dennehy und alle anderen von ihrer widerwärtigen Sorte sollten sich glücklich schätzen!

Ich war von Russland fasziniert, seit ich 1965 als junger Bursche den Film *Doktor Schiwago* mit Omar Sharif und Julie Christie gesehen habe. Erstmals besucht habe ich das Land im Rahmen einer Studienfahrt meiner Schule an Bord der *MS Dunera* und seitdem war ich viele Male dort. Ja, Mafia und Polizei arbeiten Hand in Hand. Und ja, Korruption ist ein Riesenproblem. Punkt!

Nachdem ich das losgeworden bin, komme ich zum eigentlichen Thema dieses Buchs *Wie Serienmörderinnen denken*: der uralten Frage, ob die Weibchen der Spezies Mensch gefährlicher sind als die Männchen.

Christopher Berry-Dee
Südsee

Einleitung

»Ich habe sechs Frauen eigenhändig die Kehlen durchgeschnitten«, flüsterte ich einem Opfer namens Hanen ins Ohr, als sie starb.

(Serienmörderin Sakina Aly-Hamman, die am 16. Mai 1921 gemeinsam mit ihrer Schwester Raya in Alexandria, Ägypten, hingerichtet wurde)

Es ist mir wirklich wichtig, dass Sie diese Einleitung lesen und nicht gleich auf der Suche nach blutüberströmten Leichen, Messern oder anderen Mordwaffen und bei Mondschein hastig ausgehobenen Gräbern direkt ins erste Kapitel springen. Ich bitte Sie aus zweierlei Gründen darum:

Erstens habe ich diese Einleitung geschrieben, damit sie Ihnen einen Mehrwert bietet.

Zweitens haben Sie für dieses Buch bezahlt, deshalb profitieren Sie hoffentlich von jedem einzelnen Wort darin.

Also erst einmal vielen Dank. Weil ich im Alter etwas anderes zu tun haben wollte, als Rosen zu züchten, interviewe ich seit Jahrzehnten männliche Serienmörder, und davon gibt es einige. Würden Sie heute einen Fußball über die Mauern eines amerikanischen Gefängnisses in den Innenhof schießen, dann wird ihn dort mit hoher Wahrscheinlichkeit ein vergewaltigender, psychopathischer männlicher Serienmörder aufheben.

Serienmörderinnen, die allein agieren, sind dagegen so selten wie ein weißer Rabe. In den USA gab und gibt es insgesamt nur um die 50 und in Großbritannien sogar noch viel weniger, was Joseph Rudyard Kiplings Gedicht *The Female of the Species* (auf Deutsch etwa: »Das Weibchen der Spezies«) aus dem Jahr 1911 Lügen straft. Sechsmal behauptet Kipling darin, dass »die Weibchen ihrer Spezies viel tödlicher sind als die Männchen«. Eine grobe

Pauschalisierung, die sich kaum durch Fakten belegen lässt. Nur der Geist des großen griechischen Dramatikers Euripides würde ihm heute vielleicht zustimmen. Der schrieb einst: »Nichts Böseres gibt es irgend als ein böses Weib, doch wiederum auch nichts vollendet Bess'res als ein redliches Weib.« Als Euripides älter wurde, veränderte sich allerdings seine Geisteshaltung. Einmal regte er sich derart auf (vermutlich über eine laufende Scheidung oder irgendeine andere Frauenlist), dass er kommenden Generationen zur Warnung folgende Worte in Stein meißelte: »Furchtbar ist die Kraft der Wellen des Meeres, furchtbar ist der Strom des Flusses und die Hitze des Feuers. Tausend Dinge sind furchtbar, doch nichts ist so furchtbar böse wie die Frau.« Danke Euripides!

An dieser Stelle passt auch das äußerst misogyne und ungerechte Zitat des französischen Autors, Essayisten, Dramatikers und Diplomaten Jean Giraudoux (1882–1944), der ganz undiplomatisch schrieb: »Alle Frauen kommen böse zur Welt. Manche erkennen ihr Potenzial nur später im Leben als andere.« Was seine Frau Suzanne Boland dazu sagte, ist nicht überliefert. Wenn es aber tatsächlich das war, was Giraudoux von Frauen hielt, dann muss seine Frau die Ehe mit ihm als Arrangement betrachtet haben, bei dem beide zunächst nur das Beste voneinander bekamen und am Ende nur das Schlechteste!

Zur Aufklärung jüngerer Generationen darf ich keinesfalls die Äußerungen von Musikern wie Elvis Presley (1935–1977) unterschlagen, der in einem seiner Lieder sang: »Du siehst aus wie ein Engel, bewegst dich wie ein Engel und sprichst wie ein Engel. Doch inzwischen weiß ich: Du bist der Teufel in Menschengestalt.«

Bei Schock-Rocker Alice Cooper (geb. 1948) hieß es: »Satan sandte sie aus den Tiefen der Hölle, ich erkannte sie nicht als die alte Isebel.«

Und auch Billy Joel (geb. 1949) ging hart mit den Frauen ins Gericht: »Sie wird dich gnadenlos schneiden und lachen, während du blutest.«

Was auch immer diese Barden von sich gegeben haben, wir sollten auf keinen Fall glauben, dass die Weibchen unserer Spezies gefährlicher sind als die Männchen. Um das zu belegen, ein interessanter Fakt: Allein im Strafvollzugssystem des US-Bundesstaats Texas saßen und sitzen zu jedwedem

Zeitpunkt mehr männliche Serienmörder ein, als in der gesamten dunklen Geschichte der USA und des Vereinigten Königreichs (und vermutlich der Welt) jemals weibliche Serienmörderinnen existiert haben.

Während ich dieses Buch schreibe, befinden sich in den USA etwa 52 Mörderinnen in Haft, einige von ihnen in der Todeszelle. Sie machen nur 2 Prozent aller Todeskandidaten des Landes aus, also einen verschwindend geringen Teil. Viele von ihnen sind Mütter, die ihr gesamtes Leben noch vor sich hatten, bevor sie zu kaltblütigen Mörderinnen wurden. Nun haben sie gar keine Zukunft mehr.

Laut US Bureau of Justice Statistics (BJS), dem Bundesamt für Kriminalstatistik der USA, sitzen meist etwa 2220300 erwachsene Männer in US-Staats- und Bundesgefängnissen hinter Gittern und lediglich 111300 erwachsene Frauen. Die britische Regierung hat bestätigt, dass im Vereinigten Königreich im Schnitt mindestens 82000 Männer und nur 3919 Frauen inhaftiert sind. Männer landen also mit einer 20-fach höheren Wahrscheinlichkeit im Knast als Frauen. Diese Zahlen zeigen, dass die Weibchen unserer Spezies mitnichten tödlicher, gefährlicher, böser oder kriminellen Machenschaften zugeneigter sind als die Männchen.

Laut FBI befinden sich in den USA zu jeder Zeit etwa 50 männliche Serienmörder auf freiem Fuß. Für Frauen existieren diesbezüglich nicht einmal geschätzte Statistiken, was nicht heißen soll, dass es keine Serienmörderinnen gibt. Meiner Ansicht nach werden aufgrund der stetig wachsenden Drogenproblematik in Amerika und der dramatischen Folgen von Crystal Meth immer wieder auch Frauen zu Serienmördern werden.

Zur kurzen Einordnung: Zum Zeitpunkt der Niederschrift dieses Buches belegen Akten die Existenz von insgesamt zwölf englischen Serienmörderinnen in Vergangenheit und Gegenwart, von denen einige allein handelten und andere gemeinsam mit einem männlichen Komplizen: die Krankenschwester Beverley Allitt, die wasserstoffblonde Myra Hindley, Mary Ann Britland, Mary Ann Cotton, Joanna Dennehy, die Kinderpflegerin Amelia Dyer, Catherine Flannigan, Margaret Higgins, Rosemary West, Margaret Waters, Catherine Wilson und Mary Elizabeth Wilson.

Es gibt keinerlei Aufzeichnungen zu Serienmörderinnen aus Schottland oder Wales und nur sechs belegte Fälle aus Australien: Catherine Birnie, Kathleen Folbigg, Caroline Grills, Sarah Makin, Martha Needle und Martha Rendell. In Österreich gab es die »Schwarze Witwe« Elfriede Blauensteiner und die »Todesengel von Lainz«: Maria Gruber, Irene Leidolf, Stephanija Mayer und Waltraud Wagner, vier Krankenschwestern, die zwischen 1983 und 1989 ganze 49 Patienten ermordeten. Aus Tschechien ist zum jetzigen Zeitpunkt nur eine Serienmörderin bekannt: Marie Fikáčková, die 1961 für die Morde an zehn Babys gehängt wurde. Auch in Kanada gab es bis zu diesem Zeitpunkt nur eine: Elizabeth Wettlaufer. Die Dänin Dagmar Johanne Amalie Overby brachte von 1913 bis 1920 zwischen 9 und 25 Kinder um, darunter auch eines ihrer eigenen.

In der Volksrepublik China scheinen gar keine Serienmörderinnen zu existieren, ebenso wenig in Kolumbien, Kroatien, Ecuador, Indonesien, Irak, Iran, Israel, Italien, Jamaika, Japan, Kasachstan, Lettland, den Philippinen, Mazedonien, Neuseeland, Pakistan, Polen und Portugal.

Raya und Sakina Aly-Hamman waren die berüchtigtsten Serienmörderinnen Ägyptens. Sie wurden 1921 gemeinsam mit ihren Ehemännern hingerichtet. In Finnland gab es Aino Nykopp-Koski – die einzige belegte Serienmörderin des Landes, von der fünf Morde und fünf weitere Mordversuche bekannt sind.

In der französischen Geschichte mögen nicht viele Serienmörderinnen auftauchen, dafür waren sie umso fleißiger. Die Aristokratin Marie-Madeleine de Brinvilliers (3 Morde), Hélène Jégardo (23 Morde), Christine Malèvre (30 Morde) und Jeanne Weber, die für 6 Morde verantwortlich war, kommen gemeinsam auf insgesamt 62 Morde, alle begangen von kleinen, zierlichen Damen, die gut und gerne auch als unfreundliche Sprechstundenhilfe oder Politesse mit dem obligatorischen strengen Gesichtsausdruck eine gute Figur gemacht hätten.

Wenn man bedenkt, wie groß das Land ist, kommt Deutschland zum jetzigen Zeitpunkt und der hier zugrunde liegenden Definition von Serienmördern, nur auf magere 26 belegte Serienmörder, von denen lediglich 5 Frauen waren: Die Kölner Krankenschwester Marianne Nölle tötete

7 Patienten und wurde der Morde an 17 weiteren verdächtigt. Sophie Charlotte Elisabeth Ursinus brachte ihre Tante, ihren Liebhaber und ihren Ehemann um. Zwischen 1902 und 1903 vergiftete Elisabeth Wiese, die »Engelmacherin von St. Pauli«, eine Enkelin und vier weitere Kinder mit Morphium und verbrannte die Leichen in ihrem Backofen. Anna Maria Zwanziger vergiftete vier Menschen und wurde 1811 gehängt.

Ungarn führt die Hitliste der Serienmörderinnen mit der »Blutgräfin« Elisabeth Báthory an, einer Art weiblichem Vlad Draculea, die ihre Dienerinnen ermordet und zerstückelt hat. Überlebende bezeugten glaubhaft rund 600 Morde. Báthory wurde 1560 geboren und starb 1614 in Haft. Hochgerechnet sind das im Schnitt elf Morde pro Lebensjahr, was sie nach meinem Wissen zur blutrünstigsten Frau aller Zeiten macht.

In Indien sollte es eigentlich keine Serienmörderinnen mehr geben. Während der Entstehung dieses Buchs erwarteten die Schwestern Seema Gavit und Renuke Shinde ohne weitere verbliebene Rechtsmittel ihre Hinrichtung durch den Strang. Sie wären seit 72 Jahren die ersten Frauen, die in Indien hingerichtet werden. Ich habe Interviews mit beiden geführt und erzähle ihre Geschichte später in diesem Buch. (Anm. d. Red.: Der Oberste Gerichtshof in Mumbai hat die Todesurteile der Schwestern 2022 in lebenslange Haftstrafen umgewandelt, die beide im Yerwada-Gefängnis in Pune verbüßen.)

In Mexiko gab es eine ganze Reihe von Frauen, die mehrfach gemordet haben: Sara Aldrete, die ehemalige Wrestlerin Juana Barraza (die zwischen 42 und 48 ältere Frauen umgebracht hat), die Schwestern Delfina und Maria de Jesús González, Anna Villeda, Silvia Meraz, Felícitas Sánchez Aguillón (auch bekannt als das »Ungeheuer von Colonia Roma«) und Magdalena Solís. Das stellt ein Land wie die Niederlande in den Schatten, wo es bislang nur Maria Swanenburg gab, die in den 1880er-Jahren zwischen 27 und 90 Menschen vergiftet hat.

Allgemein lässt sich bereits ein gewisses Muster erkennen: Wenn wir auf den folgenden Seiten tiefer in den Geist und die Motive von Serienmörderinnen vordringen, werden wir sehen, dass jene, die allein vorgehen, oftmals Gift benutzen und sich Alte, Kranke, Kleinkinder und Babys als Opfer aussuchen.

Häufige Motive sind das Beseitigen einer Rivalin, finanzielle Bereicherung oder pures sadistisches Vergnügen, so wie bei der russischen Adligen Darja Nikolajewna Saltykowa, die im 18. Jahrhundert mindestens 38 Bedienstete auf ihrem Landgut bei Moskau gefoltert und getötet hat.

Irina Gaidamachuk, der »Teufel im Damenrock«, brachte zwischen 2002 und 2010 mit einer Axt und einem Hammer 17 ältere Frauen in der Oblast Swerdlowsk um und kam mit ihrer Strafe noch glimpflich davon. Sie wurde zu 20 Jahren Haft verurteilt. In russischen Gefängnissen sitzen zudem viele Frauen, die »nur« einmal gemordet haben. Ich habe mit einigen von ihnen gesprochen. Schauen wir dagegen in die Slowakei, nach Slowenien, Südafrika und Südkorea, dann stellen wir fest, dass es dort überhaupt keine Mörderinnen gab und gibt, die mehrfach zugeschlagen haben.

Spanien kommt bislang auf insgesamt zwölf Serienmörder, nur zwei davon waren Frauen: Francisca Ballesteros, alias »La Viuda Negra« (Die schwarze Witwe), die zwischen 1990 und 2004 ihren Mann und zwei ihrer drei Kinder vergiftete. Verglichen mit Enriqueta Martí, die sich selbst als »Hexe« bezeichnete, war sie allerdings ein Leichtgewicht. Martí war offenbar vollkommen verrückt, wenn man den Berichten glauben darf, die über sie existieren. Lange Zeit galt als sicher, dass sie zu Beginn des 20. Jahrhunderts in Barcelona mehrere kleine Kinder entführt, weitervermittelt, zur Prostitution gezwungen, getötet und anschließend Zaubertränke aus ihren Überresten hergestellt hat. Letztlich wurde sie selbst Opfer eines Mordes, während sie im Gefängnis auf ihren Prozess wartete. Inzwischen sind jedoch Beweise aufgetaucht, dass die gekochten Knochen, die in ihrem Haus und Kochtopf gefunden wurden, überwiegend von Tieren stammten.

Und das war's, soweit ich das beurteilen kann. Natürlich kann ich hier aus Platzgründen nicht jedes der 195 Länder dieser Erde aufzählen und ich bin überzeugt, dass interessierte Leser noch weitere Serienmörderinnen aufspüren werden, die in irgendeinem Land in Haft sitzen, ob im Osten, Westen, Norden oder Süden der Erde. Da das nun geklärt ist, fragen Sie sich vielleicht, warum ich überhaupt ein Buch über Serienmörderinnen und Einmaltäterinnen schreibe.

Das war wie so oft nicht meine eigene Idee. Während meiner jahrzehntelangen kriminologischen Forschung und unzähligen Interviews mit mordenden Psychopathen und Vertretern der Strafverfolgungsbehörden (wobei man manchmal kaum einen Unterschied merkt zwischen einem mordlustigen Hinterwäldler-Bullen wie Frederick Allan Gore oder Gerard John Schaefer und einem durchgeknallten mordenden Versicherungsmakler wie Michael Bruce Ross), dem gelegentlichen Aufklären ungelöster Mordfälle, dem Aufsuchen von Tatorten, beim Schreiben von über 30 Büchern und den unzähligen Versuchen, in Gefängnisse hineinzugelangen, die eigentlich dafür gebaut wurden, Menschen darin zu hindern hinauszugelangen, ist mir ehrlicherweise nicht ein einziges Mal der Gedanke gekommen, ein Buch über die Abgründe des schöneren Geschlechts zu verfassen. Die Idee dazu stammte von meinem Verleger hier in England, John Blake, der dazu mit ziemlicher Sicherheit vom besten Cheflektor inspiriert wurde, den ein Autor sich nur wünschen kann: dem einzigartigen Toby Buchan. Beiden muss just in jenem Moment ein mörderisches Licht aufgegangen sein, als ich kurz davorstand, mich in meinem Ruhestand der Rosenzucht zu widmen oder ganz in die Vollen zu gehen und mir einen Schrebergarten zu suchen, um dort Biogemüse anzubauen.

Jedenfalls war mir, kurz nachdem der Vorschlag zu diesem Buch in meinem E-Mail-Postfach eingetrudelt war, selbst ein Licht aufgegangen. Kein grelles Blitzlicht, eher ein gedimmtes Flackern, während ich müde zu Bett schlurfte. (Schlafen ist mein zweites Hobby geworden, seit ich unaufhaltsam in die Alterssenilität rutsche und mich einem Lebensabschnitt nähere, in dem ein Pfleger nachts meine Windeln wechseln muss.) »Mensch, Christopher«, dachte ich, »warum bist du eigentlich nicht längst selbst auf diese Idee gekommen? Vor 30 Jahren zum Beispiel … du alter Dummkopf!« Und während ich begann, über den Vorschlag nachzudenken, kamen mir einige Hindernisse in den schläfrigen Sinn.

Ohne mich auch nur ansatzweise auf die misogynen Pfade begeben zu wollen, die der oben zitierte Jean Giraudoux – zumindest kurzzeitig – beschritten hat, fiel mir plötzlich auf, dass ich viele Frauen oftmals nur sehr schwer verstehe. Das gilt vor allem für diese hausmütterlichen unter ihnen, die gern andere Menschen zerstückeln und sogar aufessen, wenn sie das Bedürfnis haben, das beste Stück eines Mannes in Butter zu braten. (Also jenes Körperteil, das für einen Großteil unseres Denkens verantwortlich ist. Und nein, ich meine nicht das Gehirn.)

Ich habe tatsächlich eine russische Mörderin getroffen, die genau das getan hat. Und nicht nur das, sie ging sogar noch weiter und verpackte alles in kleine, feinsäuberlich verschnürte Päckchen aus Butterbrotpapier und verkaufte das »Fleisch« an ihre Nachbarn. Im Rahmen einer TV-Dokumentation traf ich diese imposant gebaute Frau im Frauengefängnis von Sablino, wo sie den Posten der *zaklyuchenneyye shef-povar* (der Chefköchin) innehatte. Ehrlich gesagt hatte und habe ich sogar ein gewisses Verständnis für diese Frau, die ihren gewalttätigen und brutalen Ehemann getötet hat. Und ich glaube, Ihnen wird es ähnlich ergehen, wenn Sie ihre Geschichte kennen: Ihr Mann ließ sich regelmäßig mit Wodka volllaufen und schlug sie anschließend grün und blau. Beschwerte sie sich, warf er sie kurzerhand aus der Wohnung und ließ sie bei minus 20 Grad vor der Tür in der Kälte frieren. Als sie einmal an das Fenster klopfte, öffnete er es, übergoss sie mit Feuerzeugbenzin und zündete sie an, damit sie sich »aufwärmen« konnte. Doch damit ist die Geschichte dieser Frau noch nicht zu Ende. Der Mann vergewaltigte die beiden gemeinsamen kleinen Kinder, eines davon ein gerade einmal dreijähriger Junge. Weil sie keinen anderen Ausweg wusste, schnappte sie sich eine Axt, die im Holzstapel vor dem Haus steckte, und hackte dieses Monster damit in Stücke. Gut gemacht!

Das zweite Hindernis, das es im Hinblick auf dieses Buch von mir zu meistern galt, war die unwiderlegbare Tatsache, dass Frauen multitaskingfähig sind, während wir Männer – vor allem ich – kaum in der Lage sind, uns auf eine Sache so richtig zu konzentrieren (auch wenn es dafür kaum wissenschaftliche Belege gibt). Mich in die Köpfe von männlichen Serienmördern zu versetzen fällt mir leicht, weil ich mich als Mann eben besser in sie hineinfühlen kann. Wir Kerle sind eigentlich einfach gestrickt, unser Verstand arbeitet stets in eine Richtung, weshalb wir uns immer nur auf eine Sache auf einmal konzentrieren, daran denken oder sie tun können. Mich in den Geist dieser sogenannten Alpha-Männchen einzuspüren ist deshalb ein

Kinderspiel für mich. Frauen sind da ganz anders, viel komplexer gestrickt und unterscheiden sich in dieser Hinsicht massiv von Männern.

Trotz dieser Bedenken gefiel mir die Idee immer besser, dieses Buch zu schreiben, zumal ich über die Jahre eine Vielzahl von Serienmörderinnen und Einmaltäterinnen interviewt, mit ihnen gearbeitet und teils lange mit ihnen in Kontakt gestanden hatte.

Mit Aileen »Lee« Carol Wuornos zum Beispiel, die am 9. Oktober 2002 von der Strafvollzugsbehörde Floridas hingerichtet wurde. Mein Buch *Monster* schildert detailliert das Leben und die Verbrechen von Wuornos und diente als Grundlage für den 2003 erschienenen gleichnamigen Kinofilm mit Charlize Theron in der Hauptrolle.

Eine weitere Serienmörderin, mit der ich längere Zeit Kontakt hatte, ist die Britin Joanna Dennehy. Dennehy leidet an einer sexuell sadistischen Störung und liebt Blut. Aktuell verbüßt sie eine lebenslange Gefängnisstrafe in der Haftanstalt HMP Bronzefield im englischen Ashford. Wer mit ihr anbändelt und im Bett landet, kann sich glücklich schätzen, wenn er am nächsten Morgen wieder aufwacht. Und dabei spielt das Geschlecht keine Rolle, denn Dennehy ist bisexuell und hat bereits versucht, zwei weibliche Mithäftlinge in Bronzefield zu töten, darunter auch Rose West.

Was mich wieder zu dem Versuch zurückbringt zu verstehen, was im Kopf einer Frau vor sich geht. Stellen Sie sich vor, Sie müssten sich in die Gedankenwelt einer Person wie Dennehy versetzen, die, schon bevor sie zur Mörderin wurde, in die Psychiatrie eingewiesen worden ist – und das zweimal!

Im Allgemeinen definieren wir eine Serienmörderin als Frau, die mindestens dreimal getötet hat, jeweils mit einem gewissen Abstand zwischen den Morden. Eine Massenmörderin bringt dagegen mehrere Menschen auf einmal um. Sie erschießt beispielsweise so viele Opfer wie möglich an ein und demselben Ort, weil sie irgendein tief sitzender Kummer quält oder ihre Haare an diesem Tag einfach nicht gut liegen. Eine Amokläuferin ist wiederum eine Mörderin, die herumläuft und wahllos jeden tötet, der ihr vor die Flinte gerät. Derartige Amokläufe können mehrere Minuten und gar Stunden dauern, bis irgendwann die Polizei eintrifft und die Täterin festnimmt oder unschädlich macht. Womit wir uns in diesem Buch nicht befassen werden, sind Terroristinnen und Kriegsverbrecherinnen, die barbarische Grausamkeiten verantworten, denn diese Frauen sind noch mal ein gänzlich anderes Kaliber.

Ein großer Teil dieses Buch dreht sich um Serienmörderinnen, die also mindestens dreimal getötet haben, mit Pausen zwischen den Morden. Viele dieser Frauen wären niemals zu Mörderinnen geworden, hätten sie nicht mit einem Komplizen zusammengearbeitet, oftmals Männer, die meist der dominantere Part des Paares waren. Myra Hindley beispielsweise wäre aus eigenem Antrieb nie zur Serienmörderin geworden, hätte ihr Liebhaber Ian Brady sie nicht mit seinem manipulativen Einfluss dazu gebracht, die abscheulichsten Verbrechen zu begehen – was Hindleys Schuld natürlich keineswegs abmildert.

Ähnlich verhielt es sich meiner Meinung nach mit Rosemary und Frederick »Fred« Walter Stephen West. Auch hier war Fred der Dominantere des tödlichen Duos. Bei Joanna Dennehy war es allerdings genau andersherum: Sie war die manipulative Teufelin, die ihren Komplizen Gary Stretch, alias »The Undertaker« (Der Totengräber), kontrollierte.

Das oben Gesagte gilt natürlich auch für männliche Serienmörder. Wie auch immer: Stellen Sie sich beim Lesen dieses Buchs den schwächeren zweier solcher Komplizen vor wie ein Utensil im mörderischen Werkzeugkoffer des dominanteren Charakters. Fred West setzte seine Frau häufig als Köder ein – als Werkzeug, wenn Sie so wollen –, mit dem er nichtsahnende Frauen in sein tödliches Netz lockte. Genauso nutzte Ian Brady Myra Hindley, um einiger Kinder habhaft zu werden. Für Dennehy war Gary Stretch gewissermaßen ein Multifunktionswerkzeug, mit dessen Hilfe sie die blutrünstigsten Morde beging. Ähnlich wie Cathy May Wood, die ohne die Unterstützung ihrer grenzenlos debilen lesbischen Partnerin Gwendolyn Graham niemals fünf ältere Bewohner eines Altenpflegeheims hätte umbringen können.

Man kann wohl sagen, dass Frauen in der Regel eine instinktive mütterliche Fürsorge auszeichnet. Die meisten Menschen können deshalb nicht begreifen, wie eine Frau – als Mutterfigur – so abgrundtief böse Triebe haben kann, den kranken, unbezwingbaren Drang oder die perverse Lust spüren kann, ein menschliches Leben auszulöschen. Das gilt vor allem für besonders schreckliche Fälle wie das Quälen und Ermorden kleiner Kinder, wie es Myra Hindley getan hat, aber auch andere, auf die ich später in diesem Buch noch eingehen werde.

Deborah Denno, Rechtsprofessorin an der Fordham Law School, erklärte 2017 in ihrer TV-Dokumentation *Women on Death Row* (auf Deutsch etwa: Frauen im Todestrakt): »Frauen gelten gemeinhin als fürsorglich. Wenn sie dann Gewaltverbrechen begehen, löst sich dieses Bild oder die allgemeine Einschätzung auf, wodurch die Frauen mitunter noch schrecklicher und monströser erscheinen als Männer.«

Man kann sich kaum vorstellen, dass eine Frau Eltern ihre wehrlosen Babys wegnimmt, sie erwürgt, ihre bedauernswerten kleinen Körper in Zeitungspapier einwickelt und wie einen Haufen Müll entsorgt. Welches Motiv steckt hinter solchen Taten?

In Mumbai gingen Seema Gavit und Renuke Shinde sogar noch weiter. Sie entführten Kinder aus den schmutzigen Slums und Gassen der indischen Hauptstadt, schlugen sie, brachen ihnen Arme und Beine, zertrümmerten ihnen die Kiefer, verätzten ihre Gesichter und Körper mit Säure und zwangen sie zu betteln und zur Prostitution. Waren die Kinder nicht mehr »brauchbar«, wurden sie erdrosselt. Ich hatte als Einziger Zugang zu diesen perfiden Mörderinnen, die im Todestrakt des Arthurs Road Jail genannten Gefängnisses in Mumbai einsaßen. Was Sie später noch über sie lesen werden, wird Sie schockieren. Was waren ihre Motive? Nun, ich bin mir ziemlich sicher, dass Sie sich bereits eine Antwort darauf überlegt haben. Vielleicht liegen Sie richtig damit, vielleicht auch nicht. Die Frage, wer wann und warum ein Verbrechen begangen hat, fasziniert True-Crime-Fans, die sich wie Sherlock Holmes fühlen, und Nachwuchs-Columbos gleichermaßen.

Oftmals wird dabei generalisiert, alle Serienmörder seien Psychopathen. Das stimmt meines Erachtens nicht. Das Etikett »Psychopath« oder »Soziopath« lässt sich einem Serientäter nur allzu bequem anhängen, obwohl es häufig überhaupt nicht zutrifft. Sie werden vielleicht überrascht oder gar geschockt sein, dass ich absolut nicht der Meinung bin, Aileen Wuornos sei eine Psychopathin gewesen – auch wenn das für alle Experten, die bis ans

Ende ihrer Tage das Gegenteil behaupten werden, nur schwer zu akzeptieren sein mag.

Doch keine Sorge, auch diese mörderische Medaille hat zwei Seiten.

In den seltenen Fällen, in denen ich angebliche »Reue« bei Serienmördern erlebt habe, studierte ich ihre Körpersprache und sah ihnen tief in die Augen. Selbst wenn dann ein paar Krokodilstränen flossen, habe ich das Theater sofort durchschaut. Die Tränen und das Bedauern gelten nie den Opfern ihrer Verbrechen oder deren Angehörigen und Freunden, die durch die perfiden Taten dieser Monster unheilbare Narben in ihren Seelen davontragen, sondern immer nur sich selbst und der Situation, in die sie sich gebracht haben. Um es mit der Bibel zu sagen: »Und ich will euch heimsuchen nach der Frucht eurer Taten, spricht der Herr. Und ich will in ihrem Wald ein Feuer anzünden, dass es alles um sie herum frisst« (Jeremiah 21,14).

Nun bin ich keineswegs ein bibeltreuer Fanatiker, dieser Vers passt an dieser Stelle aber recht gut. Ich möchte nämlich ein wenig abschweifen und Ihnen Judias »Judy« Buenoano vorstellen, die mehr als ein Jahrzehnt in einer Todeszelle in Florida verbracht hat, bevor sie im Staatsgefängnis in Starke am 30. März 1998 um 7:01 Uhr auf dem elektrischen Stuhl hingerichtet wurde. Ich traf diese eiskalte Killerin einmal ganz kurz persönlich, als ich die Serienmörderin Aileen »Lee« Carol Wuornos besuchte, hatte aber jahrelang immer mal wieder Briefkontakt zu ihr. Sie ist das perfekte Beispiel für eine gewissenslose Serienmörderin.

Buenoano wurde am 4. April 1943 als Judias Welty in Quanah geboren, einem kleinen Städtchen in Texas mit etwa 2000 Einwohnern und Verwaltungssitz des Hardeman County. Ich bin oft und lange durch Texas gereist und liebe den sogenannten »Lone Star State«. Über Quanah kann ich Ihnen allerdings nicht viel erzählen, außer dass es um 1884 als Haltestelle von der Eisenbahngesellschaft Fort Worth and Denver Railway gegründet wurde. Benannt hat man es nach Quanah Parker, dem letzten Komantschenhäuptling, dessen Name »Quanah/Kwana« so viel bedeutet wie »unangenehmer Geruch« – was viel über die Ausprägung seiner Körperhygiene aussagt. Trotzdem hatte der alte Haudegen sieben Frauen, wenn auch nicht alle gleichzeitig, wie man mir versichert hat.

Auf der Website des Örtchens wird Buenoano als ehemalige Bürgerin der Stadt gelistet. Davon abgesehen hat Quanah nicht sonderlich viel Aufregendes zu bieten, außer dass zu den namhaften Söhnen der Stadt William »Bill« Lawrence, ein hochdekorierter Soldat aus dem Zweiten Weltkrieg, sowie ein ehemaliger Baseball-Profi gehören. Außerdem stammen von dort ein gewisser Welborn Barton Griffith Jr., ein Offizier, der ebenfalls im Zweiten Weltkrieg gedient hat, ein ehemaliger Radiomoderator namens John Sandford Gilliand Jr., ein Astronaut namens Edward »Ed« Givens, ein Chemieingenieur namens Fred Chase Koch – Gründer von Koch Industries – und der Texas Ranger William »Bill« Jesse McDonald alias »Captain Bill McDonald«.

Meinen amerikanischen Lesern zuliebe kann ich das Thema Quanah an dieser Stelle nicht abhaken, ohne zu ergänzen, dass Ed Givens die Reise ins Weltall nie angetreten hat. Er starb leider bei einem Autounfall, bevor er für einen Weltraumflug eingeteilt werden konnte, und hat so auf ganz irdische Weise das Zeitliche gesegnet.

Bill Evans war ein 1,88 Meter großer Pitcher, der als Einwechselspieler erst für die Chicago White Sox und später für die Boston Red Sox gespielt hat. Er war bekannt für seine Würfe mit rechts. Gut gemacht, Bill!

Wenn Sie Welborns Namen im Internet eingeben, werden Sie feststellen, dass ihm durchaus Beachtung zuteilwurde, allerdings hat seine Geburtsstadt es schändlicherweise versäumt, seine Leistungen zu würdigen und ihm zu Ehren eine Statue zu errichten. Was uns zu Fred Koch bringt, von dem es in Quanah ebenfalls keine Statue gibt.

Koch war ein international erfolgreicher Geschäftsmann, der sein ganzes Leben mit gesundheitlichen Problemen zu kämpfen hatte und bei der Entenjagd schließlich einen tödlichen Herzinfarkt erlitt. Laut seinem Sohn David spürte er »starkes Herzklopfen und schoss an diesem Tag ganz und gar nicht gut. Irgendwann kam ein einzelner Vogel angeflogen. Vater zielte und traf ihn. Die Ente stürzte zu Boden. Er drehte sich zum Belader um und sagte: ›Junge, das war ein ganz vortrefflicher Schuss!‹ Dann fiel er tot um.«

Zu guter Letzt war da noch der großartige Texas Ranger Bill McDonald, den sie unbedingt im Internet nachschlagen sollten. Er verkörperte eine Seite des Gesetzes, während auf der anderen natürlich Judy Buenoano stand alias »Die schwarze Witwe«.

Buenoano wurde dafür verurteilt, erst ihren Ex-Mann James Goodyear und später auch ihren Lebensgefährten Bobby Joe Morris mit Arsen vergiftet zu haben. Danach vergiftete sie ihren querschnittsgelähmten Sohn Michael und warf ihn (noch lebend) aus einem Kanu ins Wasser. Er ertrank, weil ihn das Gewicht seiner Arm- und Beinschienen in die Tiefe zog. Ihr Motiv war Gier, sie wollte die Lebensversicherungen ihrer Opfer kassieren. Lassen Sie mich dennoch versuchen zu beschreiben, wie diese Frau auf jeden, der sie je getroffen hat – mich eingeschlossen –, wirkte:

Sie erschien in ihrer Art extrem glaubwürdig, war schlank, fast schon zerbrechlich. Stellen Sie sich ein sonntägliches Kirchentreffen vor, wo ältere und junge Damen mit mildtätigem Blick und in adretten Kleidern geschäftig umherschwirren. Denken Sie an eine nette Arzthelferin, die typische Unschuld vom Lande, eine Grundschullehrerin oder die gute Seele der Gemeinde … und Sie haben das perfekte Bild von Judy Buenoano vor Augen. Und dann lesen Sie ihr schauriges Gedicht *Masken*, das sie kurz vor ihrer Hinrichtung nervös zu Papier gebracht hat. Darin offenbart sich alles, was man von einer Psychopathin erwarten würde, die bis zu ihrer unabwendbaren Hinrichtung auf dem elektrischen Stuhl jede Schuld von sich weist: »Lasst euch von mir nicht täuschen. Lasst euch nicht täuschen von meinem Gesicht, denn ich trage 1000 Masken; Masken, die auszuziehen ich nicht wage, und keine von ihnen bin ich. Die Kunst der Täuschung liegt mir im Blut, doch lasst euch nicht täuschen. Bei Gott, lasst euch nicht täuschen.«

Ich habe das Gerichtsgebäude besucht, in dem Buenoano zum Tode verurteilt wurde. Über der Richterbank steht folgender Bibelvers aus dem fünften Buch Mose (16,20): »Was Recht ist, dem sollst du nachjagen.« Buenoano war die erste und letzte Frau, die in Florida auf dem elektrischen Stuhl hingerichtet wurde. Fred A. Leucher, technischer und organisatorischer Experte für Hinrichtungsapparaturen in drei US-Bundesstaaten, sagte bei ihrer Anhörung vor dem Gnadenausschuss aus, die Hinrichtung auf dem elektrischen Stuhl sei eine grausame und unmenschliche Strafe. Mit grimmiger

Miene ergänzte er: »Diese Frau [Gnadengesuch # 160663] Buenoano wird bei lebendigem Leib verbrennen.« Leucher ist niemand, den ich zu einer Party einladen würde.

Ich würde an dieser Stelle gerne ein wenig abschweifen, um die Stimmung wieder etwas zu heben. Bei der Inspektion von Floridas elektrischem Stuhl hatte Leucher festgestellt, dass das Gerät nicht ordnungsgemäß funktionierte und eine Generalüberholung, die 3425 Dollar kosten würde, nötig war, was dem Bundesstaat allerdings »zu teuer« erschien. Da fehlen einem die Worte ... umgerechnet gerade einmal 3300 Euro, um eine angeblich humane Tötungsmaschine zu reparieren? Das ist weniger als das Monatsgehalt eines Abgeordneten in Florida!

Laut Experte Leuchner, der die Generalüberholung natürlich selbst vorgenommen hätte, setzte sich diese Summe folgendermaßen zusammen: »Das Angebot umfasst selbstverständlich eine Fußraste, zwei Elektroden für die Beine sowie einen Ersatzhelm und die Versandkosten.« Er ergänzte: »Die alte Fußraste aus Armeezeiten und der Kupferstreifen, die einst als Provisorium von Mr. Robin Adair [Repräsentant der Strafvollzugsbehörde Floridas] entwickelt wurden, der für die Konstruktion von elektrischen Stühlen überhaupt nicht ausgebildet war, sind für eine fachgemäße Exekution ungeeignet.« Er schloss seine Beurteilung mit dem Fazit: »Diese Frau wird regelrecht gefoltert werden und ganz extreme Qualen erleiden.« Hätten Sie nicht auch so geurteilt?

In der Nacht vor ihrer Hinrichtung bekam Buenoano Besuch von ihren beiden Kindern, einer Cousine und einem Priester, der ihr die Kommunion erteilte. Laut Protokoll schlief sie von 1 bis 4 Uhr morgens. Dann erhielt sie ihre Henkersmahlzeit: gedünstetes Gemüse, frische Erdbeeren und einen heißen Tee.

Ein amerikanischer Henker, der inzwischen im Ruhestand ist (ich bevorzuge den von mir selbst erfundenen Begriff »Electrocutioner«, eine Kombination der Begriffe »Electro« und »Executioner«, also Henker), erzählte mir einmal: »Diese Henkersmahlzeiten dienen den Todeskandidaten nur als Futter für die Seele und erfüllen keinen nährwertbezogenen Zweck. Die Art der Mahlzeit spielt keine Rolle, außer für den anschließenden Obduktionsbericht, für den auch der Mageninhalt bestimmt werden muss. Nächste Frage, bitte.«

Diese klare Aussage gefiel mir, vor allem, weil er mich danach noch zum Essen einlud und mir dabei vorführte, wie ein perfektes Steak aussehen muss: Es muss außen scharf angebraten und innen noch rosig sein und ein wenig ruhen, bevor es verzehrt wird. Dazu Pommes mit Ranch-Dressing und Bratensoße – köstlich!

Als Buenoano kurz nach 7 Uhr den Hinrichtungsraum betrat, hielt sie die Hände zweier männlicher Beamter, die ihr beim Gehen halfen, ganz fest. Sie war kreidebleich, verängstigt und stand kurz vor einem Kollaps, war aber gleichzeitig entschlossen, ihrem Tod mit einer Art stoischer Würde entgegenzutreten.

Nachdem sie von eigens dafür eingeteilten Freiwilligen festgeschnallt worden war , wurde sie gefragt, ob sie noch irgendwelche letzten Worte zu sagen hätte. Mit kaum hörbarer Stimme entgegnete sie: »Nein, Sir.«

Kurz darauf wurde der Schalter umgelegt. Der Strom floss, ihre Fäuste ballten sich verkrampft. Auf dem 75 Jahre alten, schäbigen und mangelhaft funktionierenden Eichenstuhl wirkte sie fast zwergenhaft. Unter der Maske, die man ihr über den Kopf gestülpt hatte, und der behelfsmäßigen Kupferelektrode an ihrem rechten Bein stieg Rauch empor. Wie Leucher korrekt vorhergesagt hatte, wurde Buenoano zu Tode gequält – bei lebendigem Leib verbrannt –, so wie es dem fiktiven Charakter Eduard »Del« Delacroix, gespielt von Michael Jeter, in Stephen Kings Film *The Green Mile* aus dem Jahr 1999 ergangen ist.

Das war es dann. Bedenkt man die furchtbaren Verbrechen, für die Buenoano verurteilt worden ist, könnte man sagen, sie hätte dieses furchtbare Ende auch verdient. Manch einer mag das vielleicht anders sehen. Was ich auf jeden Fall betonen möchte, ist, dass die Todesstrafe – wie grausam sie auch sein mag – absolut keine abschreckende Wirkung besitzt, wie man am Fall von Buenoano eindrucksvoll sehen kann.

Während eines Interviews in der Haftanstalt HMP Bronzefield sagte die Serienmörderin Joanna Dennehy einmal zu mir: »Christopher, Sie zu töten wäre gut für mich.«

Rose West machte mir einen Heiratsantrag. Meine Reaktion darauf darf ich auf Anraten des Anwalts meines Verlegers in diesem Buch nicht abdrucken, weil sie sicher einige intellektuelle Leser und Leserinnen mit zart besaitetem Gemüt verschrecken würde.

Die Serienmörderin Aileen Wuornos machte mir glücklicherweise keinerlei intime Avancen. Dafür mochte die zierliche Melanie »Mel« McGuire das Chanel-Parfum »Egoist«, mit dem ich meine Briefe an sie großzügig versah. Die auch als »scharlachrote Frau« und »Eiskönigin« bekannte McGuire sah im echten Leben einmal aus wie ein hinreißendes Model vom Cover eines Hochglanzmagazins und gibt sich wie eine feine Dame, in Wirklichkeit ist sie aber eine kaltblütige Mörderin.

Die belesene Brünette aus der Upper-Class von New Jersey ist eine echte Femme fatale, die ihren Mann Bill erst unter Drogen gesetzt, dann erschossen und schließlich mit einer Motorsäge zerteilt hat, bevor sie seine Überreste im Wasser der Chesapeake Bay versenkte. Mir schrieb sie: »Mein liebster Christopher, wir würden das perfekte Paar abgeben. Am liebsten esse ich asiatisch (egal ob chinesisch oder japanisch), französisch (hier im Gefängnis bekommt man einfach kein gutes *Foie gras*) und Meeresfrüchte (hallo, ich komme schließlich von der Küste). Italienisch zähle ich bewusst nicht auf, das ist mein ›Alltagsessen‹.«

Und Veronica »VerLyn« Wallace Compton? Die habe ich Anfang der 2000er-Jahre im Western Washington Correctional Centre for Women (WWCCW) in Gig Harbor für meine zwölfteilige TV-Reihe *The Serial Killers* (auf Deutsch etwa: Die Serienmörder) interviewt.

Zwischen 1979 und 1980 feierte Compton jede Nacht wilde Partys und war dabei ständig berauscht von Kokain, das ihre Fantasie genauso beflügelte wie den enormen bisexuell ausgerichteten Drang, das Fleisch der Macher, Entscheider und auch Richter in der Millionenmetropole Los Angeles so richtig durchzupeitschen. Einen Teil ihrer Geschichte, in ihren eigenen Worten erzählt, finden Sie in meinem Buch *Talking with Serial Killers 2* (auf Deutsch etwa: Wie Serienmörder denken, Band 2), im Kapitel über den Serienmörder Kenneth Alessio Bianchi, in den sie sich verliebt hatte und in dessen Auftrag sie erfolglos versuchte, eine Frau namens Kim Breed zu töten.

In den späten 1970ern war VerLyn eine hinreißende Schönheit mit verführerischem schwarzen Haar. Bei ihrer Figur blieb Männern (und vielen Frauen) die Spucke weg. Eine Frau sagte einmal: »VerLyn hat eine Figur, für die viele Frauen sterben würden.« Selbst nach 15 Jahren im Knast sah sie noch immer gut aus. Sie war quirlig und hochintelligent – und sie bot mir abseits der Kameras an, eine außerordentlich erotische Beziehung mit ihr einzugehen. Was sie aus ihrem bereits gut dokumentierten Lebenslauf damals verheimlichte: Während sie plante, Ken Bianchi zu heiraten – der damals wie heute und den Rest seines wertlosen Lebens in der Haftanstalt Walla Walla in Washington einsitzt –, hatte sie bereits Kontakt zu Douglas Clark, dem sogenannten »Sunset Strip Killer«. Mit ihm wollte sie eine Leichenhalle eröffnen, um Sex mit den Toten zu haben. Einmal gelang ihr sogar die Flucht aus dem Gefängnis. Inzwischen hat sie ihre Strafe allerdings verbüßt und wurde offiziell entlassen.

1989, als sie noch im Gefängnis einsaß, heiratete sie Professor James Wallace von der Universität von Eastern Washington. In einem Interview mit der Zeitung *The Spokesman-Review* erzählte Wallace, dass Compton den Drogen abgeschworen, einen Berufsabschluss erlangt und zu Gott gefunden habe. 1993 brachte das Paar eine Tochter zur Welt.

Wie Männer töten auch Frauen aus vielerlei Gründen. Allerdings wird dieses Buch Ihnen zeigen, dass kaltblütige Serienmörderinnen sich von ihren männlichen Kollegen dennoch unterscheiden wie Tag und Nacht.

Viel Spaß beim Lesen. Und haben Sie bitte keine Albträume!

Ist Mord gleich Mord? Eine Bewertung des Bösen

Auf diese durchaus irritierende Überschrift folgt ein sehr kurzes Kapitel, das sich mit der Frage beschäftigt, wie man die Bösartigkeit eines Menschen messen und bewerten kann. Eines haben alle Mörder gemein: Ihre Opfer sind tot. Unser Gradmesser zur Beurteilung der Bösartigkeit ist, wie und mit welchen Mitteln ein Täter seine Opfer umbringt.

Lassen Sie das erst mal einen Moment lang sacken. Manche Menschen sterben schnell und schmerzfrei, andere auf schreckliche Art und Weise. Eine mörderische Krankenschwester spritzt ihren Patienten vielleicht eine Überdosis Insulin, während diese in ihrem Krankenbett schlummern. Die Opfer spüren in diesem Fall nichts von ihrem Tod und entschlafen friedlich. Am anderen Ende des Spektrums haben wir den Crystal-Meth-gestörten Teenager, der Geld für seine Droge braucht und seine Opfer stundenlang schlägt, quält, mit dem Messer bearbeitet oder sogar anzündet, bis sie endlich tot sind.

Es gibt Fälle, in denen Frauen Kinder einfach erstickt haben, und dann wiederum solche, in denen mehrere Babys bei lebendigem Leib in Öfen verbrannt wurden. Manche Frauen wollen ihren Ehemann oder Liebhaber loswerden und jagen ihm deshalb eine Kugel in den Hinterkopf. Die Opfer sind überrascht, spüren kaum Schmerzen und sind augenblicklich tot. Ob die Leiche anschließend zersägt wird, ist dem Opfer egal. Einer Jury und einem Richter allerdings nicht, es wird ihr Urteil beim Prozess mit Sicherheit beeinflussen. So wie das Verfahren gegen die schöne Mörderin Jodi Ann Arias zeigte, die für den Mord an ihrem Ehemann, den damals 30-jährigen Travis Victor Alexander, eine lebenslange Haftstrafe ohne Chance auf Bewährung absitzt. Sie hat ihn am 4. Juni 2008 in dessen Wohnung in Mesa, im US-Bundesstaat Arizona, erschossen und danach auf grauenvolle Weise mit mehr als 20 Messerstichen verstümmelt.

Andererseits gibt es auch Weibchen unserer Spezies, die ihre schwächeren Ehegatten tagelang foltern und ihnen unvorstellbare Schmerzen zufügen, indem sie sie auspeitschen, schlagen, mit dem Messer verletzen, hungern lassen, sie zwingen, ätzende Flüssigkeiten zu trinken oder in brühend heißes Badewasser zu steigen, und ihre Wunden mit einer Drahtbürste immer wieder aufscheuern, bis sie irgendwann endlich sterben. Eines dieser weiblichen Monster werden Sie später in diesem Buch kennenlernen.

Wenn eine eifersüchtige Frau die Entscheidung trifft, eine Rivalin zu töten, dann erledigt sie das oftmals mit einer Pistole oder einer blitzschnellen Messerattacke. Manche locken ihr Opfer jedoch auch an einen abgelegenen Ort, foltern und schlagen es, ritzen ihm Pentagramme in Brüste oder Pobacken oder öffnen sogar den Schädel, um das Hirn daraus zu Brei zu verarbeiten – so wie es Christa Gail Pike getan hat, von der sie ebenfalls auf den folgenden Seiten mehr erfahren werden. Sie verwendete beim Frühstück einen Teil vom Schädel ihres Opfers als Löffel.

Tausende von uns sind auf einer »tödlichen Straße « unterwegs, wie ich es nenne. Es handelt sich dabei um einen Weg, der für einige wenige Pechvögel irgendwann an einer Kreuzung endet. Dort treffen zwei Leben aufeinander. Eines davon wird auf irgendeine Weise zu Ende gehen, das andere wird für immer verändert sein – und in vielen Rechtssystemen der Welt ebenfalls enden, etwa am Strang, auf einem elektrischen Stuhl oder festgeschnallt auf einer Liege in Erwartung der Todesspritze, wenn alle jämmerlichen Gnadengesuche irgendwann abgewiesen sind. Frauen mit einem solchen Schicksal werden Sie in diesem Buch ebenfalls kennenlernen.

Ich wollte Ihnen in diesem Kapitel zeigen, dass der Akt des Tötens verschiedene Grade menschlichen Leids verursachen kann. Mord ist eben nicht gleich Mord, es existiert eine große Bandbreite von Boshaftigkeit: von der fast schon »rücksichtsvollen« Tat bis hin zum unvorstellbaren Gräuel. Natürlich sind am Ende alle Opfer tot. Doch wie bereits gesagt, ist der Gradmesser der Bösartigkeit die Art und Weise, wie sie zu Tode gekommen sind. Lassen Sie uns mit zwei Altenpflegerinnen aus Grand Rapids, im US-Bundesstaat Michigan, beginnen, die ich beide interviewt habe. Wenn Sie Cathy May Wood in die Augen schauen, starrt Ihnen das abgrundtief Böse entgegen.

Catherine »Cathy« May Wood und Gwendolyn »Gwen« Gail Graham – die mörderischen Altenpflegerinnen

Tötungsart: *Burking* (besondere Form des Erstickens)
Dieser Begriff aus der US-Rechtsprechung beschreibt eine Tötungsart, bei der einem Opfer gleichzeitig Mund und Nase zugehalten werden und der Brustkorb manuell zusammengedrückt wird, was das Ausdehnen der Lunge verhindert und das Atmen unmöglich macht.

Opfer:
Marguerite Chambers (60), Myrtle Luce (95), Edith Cole (89), Mae Mason (79) und Belle Burkhard (79)

Tom Freeman von der Polizei im texanischen Walker County meinte: »Zusammen waren Cathy Wood und Gwendolyn Graham eine absolut tödliche Waffe. Sie sind wie Parasiten, die einander brauchen.«

Als ich Cathy May Wood im Federal Correctional Institute, einer Haftanstalt in Dublin im US-Bundesstaat Kalifornien, gesprochen habe, sagte sie zu mir: »Gwen hat mir erzählt, dass sie diese Leute umgebracht hat, um Spannungen abzubauen. Manchmal würde ich am liebsten behaupten, dass ich mir das alles ausgedacht habe. Damit wären wohl alle glücklich. Wenn ich nach dem ersten Mord zur Polizei gegangen wäre, hätte vielleicht alles aufgehört. 1995 kann ich einen Antrag auf Bewährung stellen.«

Dagegen schrieb mir Gwen Graham: »Cathy ist krank im Kopf. Sie würde dir alles erzählen. Ich hasse sie. Ich hasse sie wirklich! Sie hat mit ihren bescheuerten Spielchen mein Leben zerstört und das von vielen anderen auch. Ich wurde zu sechsmal lebenslänglich verurteilt. Ich werde den Rest meines Lebens im Knast sitzen, dabei bin ich unschuldig! Aber ich kann meine Unschuld genauso wenig beweisen, wie die je meine Schuld nachweisen können« (interviewt 1995 im Frauengefängnis Huron Valley in Ypsilanti, im US-Bundesstaat Michigan).

Ken Kolker, ein Journalist der Tageszeitung *Grand Rapids Press*, teilte mir im März 1995 in einem Interview mit: »Grand Rapids ist eine recht konservative Gemeinde. Als hier fünf Morde aufgedeckt wurden, war die Stadt geschockt.«

Es handelte sich um einen Serienmord, der den gesamten Westen Michigans in Atem hielt. Die damals 24-jährige Wood und ihre 23-jährige Komplizin Graham hatten sich 1986 während der Arbeit im Pflegeheim Grand Rapids Alpine Manor kennengelernt und wurden ein Paar. Ein Jahr später begannen sie zu töten. Das Duo erstickte seine Opfer, sodass es zunächst den Anschein hatte, sie seien eines natürlichen Todes gestorben. Die Polizei geht davon aus, dass sie bis zu sechs ältere Menschen auf dem Gewissen haben.

Soweit sich das heute beurteilen lässt, waren die Morde eine Art Spiel für die beiden, denn sie wollten ihre Opfer ursprünglich gezielt so auswählen, dass deren Initialen das Wort »MURDER«, also »Mord«, ergaben, was sie letztlich aber nicht umsetzten. Sie berichteten sogar einigen Kollegen von ihren Taten, ihre Geschichten wurden aber nicht ernst genommen, sondern als geschmacklose Witze abgetan. Irgendwann trennte sich das Paar und die Todesfälle hörten genauso abrupt auf, wie sie begonnen hatten. Ein Jahr darauf ging Woods Ex-Mann Ken zur Polizei. Ermittler ließen die Leichen der Opfer exhumieren und obduzieren. Kurz darauf standen beide Frauen wegen fünf Morden vor Gericht. In der Verhandlung sagte Wood gegen ihre frühere Liebhaberin aus und Graham wanderte für den Rest ihres Lebens ins Gefängnis. Wood erhielt eine mildere Strafe und ist nun eine freie Frau.

Bevor ich Ihnen die abscheulichen Verbrechen dieser beiden Frauen im Detail vor Augen führe, möchte ich sie warnen: Ich werde bei meinen Schilderungen in diesem Buch kein Blatt vor den Mund nehmen. Ich habe in meiner Laufbahn als investigativer Kriminologe eine Vielzahl heuchlerischer Mörder und Serienmörder kennengelernt. Manche waren Psychopathen, andere einfach Bestien – doch sie alle waren abgrundtief böse. Gemeinsam mit Joanna Dennehy nimmt Cathy May Wood einen Spitzenplatz auf der Liste der skrupellosesten Mörderinnen ein, was einiges darüber aussagt, wie bösartig und verrückt diese Frau ist: Dieses übergewichtige, abstoßende Monster hat einen Deal mit der Staatsanwaltschaft geschlossen und wurde zum Kronzeugen in Grahams Verfahren.

Nach meinem Gespräch mit Wood im Gefängnis hat sie angeblich eine Mitinsassin kichernd gefragt: »Meinst du, das Arschloch hat mir alles geglaubt, was ich ihm erzählt habe?«

In seinem Buch *Forever and Five Days – An Account of Obsessive Love and Murder that Rocked Grand Rapids, Michigan* (auf Deutsch etwa: Für immer und fünf Tage – Eine Geschichte über Liebe und Mord, die Grand Rapids, Michigan, bis ins Mark erschütterte) schreibt Autor Lowell Cauffiel, dass er felsenfest davon überzeugt ist, dass Wood die Dominantere des Duos war. Cauffiel kritisiert die Entscheidung der US-Justiz, die Woods Geschichte einfach komplett geglaubt hat.

Ich freue mich immer noch über die persönliche Widmung, die Lowell mir in eine Ausgabe seines Buchs geschrieben hat, bevor er sie mir aushändigte: »Für Chris, einen der Guten – Lowell Cauffiel«.

Lowell Cauffiel habe ich während meiner Recherchen über das Leben der beiden Mörderinnen und ihre Verbrechen kennengelernt und durfte am 16. März 1995 sogar in seinem Haus in Ann Harbor für eine TV-Dokumentation filmen.

Als er sein Buch fertig hatte, war Lowell zur selben Erkenntnis gekommen wie ich, nachdem ich mit beiden Mörderinnen gesprochen hatte. Wir befanden uns also quasi auf derselben Wellenlänge. Ich möchte Ihnen deshalb auch sein Buch *Eye of the Beholder: The Almost Perfect Murder of Anchorwoman Diane Newton King* (auf Deutsch etwa: »Im Auge des Betrachters:

Der fast perfekte Mord an Moderatorin Diane Newton King«) ans Herz legen. Denn, wie Bestsellerautor Jack Olsen vollkommen richtig bemerkt hat: »Lowell Cauffiel ist die Zukunft der True-Crime-Literatur.«

Gute Arbeit, Lowell!

Jedenfalls interessierte ich mich damals nur deshalb für Wood und Graham, weil ich gerade an einer zwölfteiligen Doku-Reihe mit dem Titel *The Serial Killers* (auf Deutsch etwa: Die Serienmörder) arbeitete. Ich hatte bereits eine Reihe von Interviewterminen vereinbart, unter anderem mit Theodore »Ted« Bundy, Kenneth Alessio Bianchi (»Hillside Strangler«/Der Hügel-Würger), Arthur John Shawcross (»Monster of the Rivers«/Das Monster vom Fluss), Harvey »The Hammer« Carignan, James Paul, Douglas Daniel Clark (»Sunset Strip Killer«/Sunset-Strip-Mörder), Kenneth Allen McDuff (»Broomstick Killer«/Der Besenstiel-Mörder), William Heirens, Michael Bruce Ross (»Roadside Strangler«/Der Straßenrand-Mörder), Henry Lee Lucas und Ronald »Butch« DeFeo (dessen Morde die Vorlage für den Film *The Amityville Horror* waren). Als meinem Produzenten Frazer Ashford irgendwann auffiel, dass das allesamt Männer waren, verlangte er nach ein paar Frauen, um das Ganze abzurunden. Also schrieb ich Wood und Graham an, die das Ensemble vervollständigen sollten. Den Teil, der ihnen gewidmet war, nannten wir »The Lethal Lovers« – das tödliche Liebespaar. Dieser Name blieb bis heute haften.

Weil sie eine eitle Egozentrikerin ist, die das Scheinwerferlicht liebt, biss Cathy Wood sofort an. Frazer und ich hatten also schon mal einen Teilerfolg erzielt. Die eher zurückhaltende Gwen Graham dazu zu bekommen, mit mir zu reden, noch dazu vor der Kamera, war ein deutlich schwierigeres Unterfangen. Ich bediente mich deshalb einer kleinen List, um sie zu ködern: Ich schrieb ihr einen Brief, in dem ich erklärte, dass ich ein paar Dinge richtigstellen wolle ... dass ich kein Wort von dem glaube, was Cathy Wood mir vor der Kamera erzählt hatte, und schon gar nichts davon, was über sie in der Presse stand. Und das hat funktioniert!

Während einem unserer Treffen hat Lowell Cauffiel einmal Folgendes gesagt – und ich hätte es selbst nicht treffender formulieren können: »Es gibt eigentlich zwei Cathy Woods. Vordergründig trägt sie eine Maske der

Vernunft und ist eine ruhige, intelligente und eloquente Frau, die auf den ersten Blick recht sympathisch und zurückhaltend, auf jeden Fall keineswegs aggressiv wirkt. Doch hinter dieser Fassade befindet sich eine äußerst komplexe Persönlichkeit.« Ich teile Lowells Meinung, dass es zwei Cathy Woods gibt. Nur der Rest der Welt scheint da immer noch anderer Ansicht zu sein.

Die polizeilichen Ermittlungen im Alpine-Manor-Pflegeheim begannen, als Gerüchte die Runde machten, der Tod mehrerer Bewohner Anfang 1987 sei kein natürlicher gewesen, obwohl es auf den Totenscheinen so angegeben worden war. Ein damals anonymer Tippgeber (Cathys Ex-Mann Ken) hatte bei der Polizei angerufen und behauptet, dass mit den Todesfällen etwas nicht stimme. Er gab an, dass sechs bis acht Heimbewohner in ihren Betten erstickt worden waren, sodass die Ermittler nach anfänglichem Zögern schließlich Wood und Graham ins Visier nahmen.

Am 29. Dezember 1989 sagte Cathy Wood zu Lowell Cauffiel: »Ich habe mich gern um diese alten Leute gekümmert.«

Catherine May Wood, geborene Carpenter, wurde als eine von vier Schwestern am 7. März 1962 auf einer Armeebasis im US-Bundesstaat Washington geboren, wo ihr Vater stationiert war. Kurz nach der Geburt ihrer Schwester Barbara zog die Familie nach Massachusetts, während der Vater sich auf seinen Einsatz in Vietnam vorbereitete.

Ihre Schwester Barbara Burns, geborene Carpenter, erklärte mir später: »In unserer Kindheit haben wir vier Schwester ständig gestritten, uns Streiche gespielt, gelacht und uns Geheimnisse verraten. Dass wir in einer nicht intakten Familie aufwuchsen, hat uns nur enger zusammengeschweißt.«

Cathy Wood erzählte mir dagegen, dass sie sich kaum mit ihren Schwestern abgegeben habe und meist für sich allein geblieben sei. »Ich war ein ziemlich schüchternes Mädchen«, behauptete sie und fügte hinzu: »Und äh, mein Vater … als er aus Vietnam zurückkam, hatte er ganz schlimme Träume. Er war Alkoholiker und hat uns mental und emotional missbraucht. Das war eine schwere Zeit. Als ich 12 oder 13 war, gab mein Vater mir das Gefühl, ich sei total hässlich. Dabei begann ich mich zu dieser Zeit gerade für Jungs zu interessieren.«

Barbara Burns hat das teilweise bestätigt: »Cathy war ein Bücherwurm. Sie war wirklich schlau. Die meiste Zeit blieb sie in ihrem Zimmer und hat gelesen. Ich glaube, das hatte auch damit zu tun, dass sie sehr groß und recht dick war. Die anderen Kinder waren deswegen manchmal richtig gemein zu ihr.«

Bevor Sie nun nach einer Packung Taschentücher greifen, um sich die Tränen zu trocknen, lesen Sie selbst, was Wood mir in unserem Gespräch mitgeteilt hat. Hat sie die Wahrheit gesagt oder war das alles nur Blödsinn?

> *»Ich ging mit einem Jungen namens David. Er war 16. Als wir eines Tages zu ihm wollten, sahen wir den Wagen meiner Mutter vor dem Haus stehen. Er rief: ›Hol deine Mutter da raus.‹ Er schien richtig verzweifelt. Also gingen wir zum Haus. Als ich mich umsah, war er plötzlich verschwunden. Ich klopfte an die Tür und meine Mutter öffnete. Sie sagte, dass man sie erst gar nicht hatte reinlassen wollen, weil die Bewohner des Hauses behauptet hatten, sie hätten gar keinen Sohn namens David. Da stand aber ein großer lila Cadillac … ähm, ein pinker Cadillac mit einem Sticker auf der Stoßstange, auf dem ›Labour‹ (auf Deutsch: Arbeit) stand. David war oft mit diesem Wagen vor dem Haus meiner Mutter vorgefahren. Der Wagen parkte nun in Davids Einfahrt, meine Mutter wusste also, dass dies die richtige Adresse war.*
> *Als ich das Haus betrat, sagte sie: ›Catherine May, setz dich.‹ Da wusste ich, dass ich etwas verbrochen hatte, ich wusste zu diesem Zeitpunkt nur noch nicht, was. Dann meinte Davids Mutter: ›Wir haben keinen Sohn. Wir haben eine Tochter namens Debbie.‹ Daraufhin zeigte sie mir ein Foto. Darauf zu sehen war David mit langen Haaren. Ich … ähm … konnte nicht sagen, dass wir Sex gehabt hatten, weil wir über Sex noch nicht mal gesprochen hatten. Das war schließlich … na ja, eben nicht erlaubt. Ich war damals total durcheinander und wusste nicht, ob David nun ein Mann oder eine Frau war. Das musste ich herausfinden.«*

Dass sie lügt, hatte ich da längst durchschaut. Woods Augen und Körpersprache hatten sie verraten: Unschuldiges Gesicht, falsche Tränen und nach unten gerichteter Blick – während sie weiter an ihrer Lügengeschichte bastelte, vermied sie jeden Augenkontakt zu mir. Nur gelegentlich schaute sie kurz auf, ein verstohlener Blick, um zu prüfen, ob mich ihre frei erfundene Geschichte überzeugte. Ich kannte diese hinterlistigen Blicke schon von so vielen Serienmördern, die versucht haben, mich reinzulegen, dass ich Wood kein einziges Wort abkaufte.

In den USA gibt es eine berühmte TV-Richterin namens Judy. Wenn sie Kläger oder Angeklagte befragt, wird sie wütend, wenn diese ihr dabei nicht in die Augen blicken. »Schauen Sie mich an«, brüllt sie dann. »Schauen Sie nicht nach unten oder dort rüber und HÖREN SIE AUF, SICH HIER GESCHICHTEN AUSZUDENKEN!« Dasselbe hätte ich am liebsten auch Cathy Wood zugerufen, doch ich behielt es für mich. Hier ist ein kostenloser Tipp für Sie: Falls Sie jemanden zu etwas Unerfreulichem befragen, machen Sie es wie die Richterin Judy und achten Sie auf die Augen. Dann werden Sie verstehen, was ich meine.

Weil sie vermutlich spürte, dass ihre Story nicht so recht bei mir ankam, überspannte Wood den Bogen noch weiter. Deshalb lasse ich Menschen, die meines Erachtens lügen, immer so viel reden, wie sie wollen, ohne sie dabei zu unterbrechen. Und Wood tappte voll in die Falle, wie Sie gleich sehen werden. Nachdem die Eltern des angeblichen David bereits bestätigt hatten, dass »David« eigentlich »Debbie« hieß und ein Foto ihrer langhaarigen Tochter in weißer Bluse, kariertem Rock, weißen Söckchen und schwarzen Lackschuhen jeden eindeutig davon hätte überzeugen müssen, dass David ein Mädchen war, genügte Cathy Wood all das noch nicht als Bestätigung und sie strickte weiter an ihrem Ammenmärchen:

»Später sagte ich also zu ihr: ›David … oder Debbie, ich weiß, dass du eine Frau bist.‹ Keine Ahnung, warum ich das gesagt habe, Christopher, aber ich musste einfach die Wahrheit wissen. Also habe ich es getan und ich … sie kam mit diesem Mann zu mir und wir fuhren in die Stadt Lowell, wo sie lebte. Dort waren wir in einem großen, alten Haus. Ich schlief mit ihr, wobei ich alles sehen konnte – und sie war ein Mann.«

Verwirrend, oder? Seitdem wird unter Woods Unterstützern jedenfalls diskutiert, ob sie diese Geschichte nur erfunden hat, damit ihre Mutter nicht herausfindet, dass sie lesbisch ist. Ich glaube das allerdings nicht. Der Großteil aller Amerikaner sollte inzwischen wissen, dass sie bisexuell war und zu 99,9 Prozent Sex mit Frauen bevorzugte. Zu den Morden in Grand Rapids gehörte das Element eines starken lesbisch-sexuellen Liebespakts. Was Wood mir außerdem nicht erzählt hat – dafür aber dem Gericht während ihrer Verhandlung –, war, dass sie in ihrer Beziehung mit »David« alias »Debbie« (oder umgekehrt) von Beginn an stets einen Umschnall-Dildo beim Sex trug. Zu Marke, Modell, Farbe und Größe hatte sie sich allerdings nicht geäußert.

Bei allen mordenden Paaren, mit denen ich je zu tun gehabt habe – und auch bei jenen, die ich nie getroffen habe –, gab es ausnahmslos immer einen dominanten Part. Nehmen wir als Beispiel den Narzissten Ian Brady und seine schreckliche Komplizin Myra Hindley. Letztere hätte ohne den Einfluss des dominanten Dreckskerls Brady niemals eine Serie von Morden begangen. Dasselbe gilt für Frederick West und seine abscheuliche Frau Rosemary. Ich würde sogar so weit gehen zu behaupten, dass auch der Hüne Gary Stretch – dessen geistiger Horizont kaum von der Tapete bis zur Wand reichte – ohne das verführerische Einwirken der eitlen Egozentrikerin Joanna Dennehy (von der Sie in diesem Buch noch mehr hören werden) niemals zum Serienmörder geworden wäre.

Auch bei den beiden berüchtigten »Hillside Stranglers« (Hügel-Würger) – Kenneth Alessio Bianchi und dem stotternden Angelo Buono – war es so. Mit Ersterem hatte ich jahrelangen Briefkontakt, bevor ich ihn im September 1966 schließlich im Staatsgefängnis von Washington, in Walla Walla, interviewt habe. Natürlich gibt es eine Reihe von Leuten, die felsenfest behaupten werden, der arme Ken sei in Wirklichkeit von Buono herumkommandiert und zum Töten angestiftet worden. Auch in diesem Fall bin ich absolut anderer Meinung und hier sind zwei schlagende Argumente dafür:

Erstens gilt der extreme Egoist Bianchi nach wie vor als Hauptverdächtiger für die Morde an den drei Schulmädchen Carmen Colon, Wanda Walkowitz und Michelle Maenza, die zwischen November 1971 und November 1973 in Rochester, im US-Bundesstaat New York, begangen wurden. Die Medien verpassten der Mordserie aus offensichtlichen Gründen die Bezeichnungen »Doppel-Initialen-Morde« und »Alphabet-Morde«.

Zweitens hat sich Bianchi nach der gemeinsamen Mordserie mit Buono, zwischen 17. Oktober 1977 und 16. Februar 1978 in Los Angeles (insgesamt zehn Morde), von seinem Komplizen getrennt und ist nordwärts nach Washington weitergezogen ins verschlafene Örtchen Bellingham, wo er am späten Abend des 11. Januar 1979 im Alleingang die beiden Studentinnen Karin Manic und Diane Wilder umbrachte. Über Bianchis Leben und Verbrechen berichte ich ausführlich in meinem Buch *Talking with Serial Killers 2* (auf Deutsch etwa: Wie Serienmörder denken, Band 2) aus dem Jahr 2005.

Genau wie Cathy Wood hört Bianchi nie auf zu reden und buhlt mit allem, was er tut, um Aufmerksamkeit. Er kann einfach seine Klappe nicht halten! Er plappert unaufhörlich, seit er am 12. Januar 1979 im beschaulichen winterlichen Bellingham festgenommen und später weggesperrt wurde. Zwei Jahre lang saß er anschließend während Buonos Prozess in L. A. im Zeugenstand und redet bis heute immer und immer weiter. Falls Sie Lust haben, ihm zu schreiben, deuten Sie in Ihrem Brief an, dass Sie ihn für unschuldig halten, und legen Sie am besten noch das Foto einer hübschen jungen Frau bei (auch falls Sie in Wahrheit ein Mann sind). Sie werden schneller eine Antwort erhalten, als eine Mausefalle zuschnappen kann. Hier seine Adresse: #266961 BIANCHI. A Kenneth. Washington Corrections Center. PO Box 900. Shelton. WA 98584. USA.

Worauf ich hinauswill: Wenn Sie Bianchis Geschichte mit der von Buono vergleichen, dann wird ziemlich schnell deutlich, dass er zweifellos der Dominantere der beiden war und der inzwischen verstorbene Buono ohne Bianchi und dessen perverse Triebe wohl bis heute durch sein tristes Leben geschlurft wäre, ohne je auf den Gedanken zu kommen, mehrere Morde zu begehen. Das ändert natürlich nichts an der Tatsache, dass beide Männer gleichermaßen Schuld auf sich geladen haben, und genau so war es auch bei Wood und Graham. Doch ich bin abgeschweift, kommen wir nun also zu den beiden mordenden Altenpflegerinnen zurück. Im Folgenden werde ich Ihnen erläutern, was genau Burking ist und warum die Körpermasse des Täters bei dieser besonderen Form des Erstickens eine wichtige Rolle spielt.

Der Begriff »Burking« stammt aus dem englischen Sprachraum und beschreibt einen Mord durch Ersticken, bei dem nur wenige oder gar keine Würgemale und sonstigen Spuren hinterlassen werden. Benannt wurde diese Mordmethode nach dem kleinen und stämmigen William Burke, der am 28. Januar 1892 im schottischen Edinburgh gehängt wurde. Er und sein Komplize William Hare waren damals als »The Body Snatchers« (Die Leichendiebe) bekannt. Sie haben gewissermaßen eine neue Mordmethode erfunden, bei der sie ihre schlafenden Opfer erstickten, indem sie sich auf sie setzten. Die Leichen verkauften sie anschließend an einen der angesehensten Anatomiedozenten Edinburghs, Dr. Robert Knox, der ein brillanter, doch gleichermaßen skrupelloser Chirurg war. Nach allem, was man weiß, war Dr. Knox ein drahtiger kleiner Kerl, der vor Bosheit und Neid nur so strotzte. Er besaß nur noch ein Auge und wurde deshalb »Old Cyclops« genannt, der alte Zyklop. Weil er ein herausragender Anatom war, genoss der Exzentriker allerdings größten Respekt in Edinburghs Medizinerkreisen. Als herauskam, dass er Burke und Hare mehrere frische Leichen abgekauft hatte, war seine einst so schillernde Karriere jedoch abrupt beendet.

Burke und Hare waren zwei unbedarfte Idioten. Burke hatte einen watschelnden Gang und musste sich vor jedem Mord gehörig Mut antrinken. Oft war er so betrunken, dass er sich nicht mehr an die Details seiner Taten erinnern konnte. Und Hare besaß das unbeschwerte Gemüt eines Clowns. Er mochte die Erregung, die er bei seinen schrecklichen Taten empfand, und machte sich über die Konsequenzen seines Tuns keinerlei Gedanken. Er handelte so spontan und gedankenlos wie ein Kleinkind.

Wood und Graham nutzten eben diese Technik für ihre Morde. Sie töteten ihre betagten Opfer, indem sie sich auf deren Brustkorb setzten und ihnen einen Waschlappen auf Mund und Nase drückten, um sie zu ersticken, während sie mit der anderen Hand den Kiefer zuschoben. Die Leichen wiesen nur wenige, kaum sichtbare Verletzungen auf, die sich ganz plausibel erklären ließen. Ältere Patienten, insbesondere solche, die an Demenz leiden, schlagen häufig um sich und müssen dann fixiert werden, um sich und ihre Pfleger nicht zu verletzen.

Im Volksmund sagt man ja, auf die Größe komme es nicht an. Für die Heimbewohner, die sediert und schlafend in ihren Betten lagen, als Cathy May Wood sich auf ihre Brust setzte, war dem allerdings durchaus so, denn Wood war eine äußerst korpulente Frau, um es ganz vornehm auszudrücken. Sie war einen ganzen Kopf größer als viele andere Frauen in ihrem Alter und überragte auch die zierliche Gwen Graham erheblich. Mit ihren 1,80 Meter wog sie fast 150 Kilogramm. Wood war stark wie ein Pferd – und ist es bis heute. Alles in allem war sie also die perfekte Mordmaschine. Zu Gwen Graham komme ich gleich noch. Vergegenwärtigen Sie sich vorher aber bitte noch einmal den massiven Größenunterschied des ungleichen Paares und Ihnen dürfte schnell klar werden, wer von beiden für das Burking verantwortlich gewesen sein muss. Dennoch erhielt Cathy Wood eine vergleichsweise milde Haftstrafe, während die dünne Gwen Graham den Rest ihres Lebens im Knast verbringen muss. Die stark übergewichtige Wood hatte vor Gericht nämlich ausgesagt, dass sie nur vor den Zimmern der Opfer Wache geschoben habe, während Graham die Morde begangen habe – angesichts des gravierenden Gewichtsunterschieds beider Frauen eine wenig glaubhafte Geschichte.

1995 verriet mir Woods Ex-Mann Ken: »Ich hätte alles für diese Frau getan, und das wusste sie auch. Mir war bewusst, dass ich hin und wieder manipuliert wurde, aber das war mir egal, weil ich sie so liebte.« Im selben Jahr erzählte mir Barbara Burns allerdings: »Ken war nicht gut für Cathy. Er wollte sie kontrollieren und im Haus festhalten.«

Im Interview mit mir sagte Wood selbst: »Ich habe Ken getroffen, und wenn Sie ihn sehen, dann wissen Sie sofort, dass er eindeutig ein Mann ist. Bei unserem ersten Date fragte ich ihn direkt: ›Wollen wir zu dir gehen?‹ Und er sagte: ›Na klar!‹« Dann liefen Krokodilstränen ihre Wange hinab und sie beschrieb, wie sie zu ihm gegangen seien, er sich zu ihr gesetzt und begonnen habe, sich auszuziehen. Doch sie habe gar keinen Sex mit ihm gewollt, sie habe ihn nur ansehen wollen. Und nachdem sie alles gesehen hatte, habe sie ihn aufgefordert, sich wieder anzuziehen.

Als sie 16 oder 17 war (sie konnte sich nicht mehr genau erinnern), heirateten die beiden. Ken Wood nahm Cathy daraufhin aus der Schule und brachte sie weg von ihrer Familie. »Obwohl ich schwanger war, versuchte ich, weiter zur Schule zu gehen. Es war immerhin mein Abschlussjahr«, berichtete sie mir. Wenig später brachte sie eine Tochter zur Welt.

Die Ehe mit Ken verlief alles andere als harmonisch. »Ich wurde langsam erwachsen und meine Beziehung zu Ken wurde immer körperlicher. Ich mochte es aber nicht, von ihm berührt zu werden, und verbrachte auch nicht gerne Zeit mit ihm. Am Ende stritten wir uns ständig und es wurde irgendwann zu viel. Ich hatte nie meinen Frieden, weil er mich einfach nicht in Ruhe ließ.«

Und dann bohrte sie ihrem Ex-Mann auf boshafte Weise den sprichwörtlichen Dolch in den Rücken: »Der Sex … der war … der war nix, einfach gar nix. Das war etwas, das er wollte, und ich habe mitgemacht, weil er es wollte. Aber es hat keinen Spaß gemacht und es war auch nicht schön. Er hat es einfach gemacht, und wenn er fertig war, hat er Football geschaut. Wissen Sie, es war einfach nix.«

Unter Tränen gab Wood dann noch zu, Ken keine gute Frau gewesen zu sein. »Ich habe all die Dinge, die seine Mutter für ihn getan hat, nicht gemacht. Ich wollte das nicht, also verließ ich ihn.« An diesem Punkt begann Cathy Wood, sich nach einem Job umzusehen. Kurz darauf fand sie eine Anstellung als Altenpflegerin im Alpine-Manor-Pflegeheim von Grand Rapids.

»Als Jugendliche habe ich als Freiwillige im Krankenhaus mitgeholfen«, so Wood. Die Arbeit habe ihr Spaß gemacht. Mit dieser praktischen Erfahrung, so glaubte Wood, würde sie eine gute Pflegekraft abgeben. Das sah die Heimleitung offenbar genauso und stellte sie ein.

Im März 1995 verriet mir Ken Kolker, ein Journalist bei der Tageszeitung *Grand Rapids Press*, im Vertrauen: »Eine der Pflegerinnen in Alpine Manor (das inzwischen den Besitzer gewechselt und einen anderen Namen bekommen hat) erzählte mir, das Heim sei eine regelrechte Spielwiese für Lesben.«

Mittlerweile von Ken getrennt begann Cathy nun, auf eigenen Beinen zu stehen. Sie hatte ein geregeltes eigenes Einkommen (wenn auch nur 3,35 Dollar pro Stunde) und konnte jenseits ihrer Arbeitszeit im Pflegeheim frei über ihren gesamten Tag verfügen. Nach einer Weile kaufte sie sich ein Auto, traf ihre eigenen Entscheidungen und begann Affären mit Kolleginnen.

»Ich ging also zur Arbeit, Christopher, und dann war da diese Frau namens Jane [Name zum Schutz ihrer Identität vom Autor geändert]«, erzählte sie mir. »Ich arbeitete seit sechs Monaten dort, ein Jahr vielleicht. Ich bin mir nicht mehr ganz sicher. Die Frau war 18 und war sehr zugewandt und freundlich zu mir. Da musste ich daran denken, was in meiner Jugend passiert war, und begann mich zu fragen, ob ich vielleicht lesbisch bin. Gwen arbeitete zu dieser Zeit auch in dem Pflegeheim. Sie war mir vorher nicht groß aufgefallen, eines Tages saß ich aber im Pausenraum mit Jane. Sie und Gwen waren Freundinnen. Gwen war gerade erst aus Texas dorthin gezogen, um bei ihrer Freundin Fran zu leben. Sie waren schon lange zusammen. Ich saß also mit Jane im Frühstücksraum, als Gwen hereinkam. Da fielen mir zum ersten Mal ihre Narben auf, also beobachtete ich sie ein wenig.«

Cathys jüngere Schwester Barbara Burns erinnerte sich: »Nachdem Cathy Gwen kennengelernt hatte, begann sie zum ersten Mal in ihrem Leben, sich die Hörner abzustoßen, denn bis dato war sie eher eine Eigenbrötlerin gewesen, die viel Zeit daheim verbracht hatte. Während der Ehe mit Ken verließ sie praktisch nie das Haus. Nachdem sie sich getrennt und Gwen getroffen hatte, ging sie plötzlich ins Kino, spielte Billard und begann zum ersten Mal in ihrem Leben wirklich zu leben. Doch mit der Zeit veränderte sie sich.«

Sie wurde hartherziger, gab Burns an. »Wenn ich mit ihr telefonierte, war Cathy nicht mehr sie selbst. Sie machte keine Späße mehr und war nicht mehr so locker drauf wie sonst, sondern kurz angebunden und barsch. Das passte überhaupt nicht zu ihr.« Und Burns weiter: »Gwen zeigte Interesse an Cathy, was vorher sonst niemand getan hatte. Dabei sehnte sich Cathy so sehr nach Liebe und Aufmerksamkeit. Als sie beides von Gwen bekam, folgte sie ihr blind. Gwen ist ein Biest!«

Dies ist eine interessante, auch boshafte Bemerkung von Burns, die zeigt, wie manipulativ Cathy Wood tatsächlich ist. Nun ist man fast schon geneigt zu glauben, was Barbara Burns da erzählt, und ihr nachzusehen, dass sie ihre ältere Schwester schützen will. Wir dürfen dabei aber nicht vergessen, dass Cathy Wood keinerlei Gewissen besitzt und Menschen wie sie bis zu einem gewissen Punkt äußerst überzeugend sein können. In den allermeisten Fällen ist die Maske, hinter der sich Mörder wie sie verstecken, komplett erlogen. Und früher oder später finden wir immer heraus, wer diese Monster wirklich sind.

Auftritt Gwendolyn Graham, geboren am 6. August 1963. Als ich sie im Gefängnis interviewt habe, beschrieb sie ihre frühen Lebensjahre folgendermaßen:

»Ich bin die meiste Zeit über in Texas aufgewachsen. Nachdem ich die fünfte Klasse beendet hatte, waren meine Eltern dorthin gezogen und ich habe den Großteil meiner Jugend dort verbracht«, erzählte sie und wirkte dabei äußerst niedergeschlagen. »Die meisten Erinnerungen aus meiner Kindheit stammen aus Texas. Wir lebten auf einer Farm in einem Ort namens Gresham, in der Nähe von Tyler City. Dort arbeiteten wir und hatten Schweine, Kühe, Hühner und so weiter. Solange ich denken kann, habe ich mich von Frauen angezogen gefühlt.«

Laut Lowell Cauffiel ist Graham eine ziemlich verstörte Frau, die als Kind zeitweise missbraucht wurde. »Sie ist ein Mensch, der sehr stark von anderen abhängig ist«, erklärte er mir. »Sie möchte es einer Partnerin, mit der sie zusammen ist, ständig recht machen und ist eigentlich eine eher tragische Figur. Sie hat sich mit Rasierklingen und Zigaretten selbst verletzt – ein typisches Verhalten von Menschen mit einer Borderline-Persönlichkeitsstörung.« Diese Einschätzung von Lowell ist von großer Bedeutung, denn die Borderline-Persönlichkeitsstörung befindet sich im Übergangsbereich zwischen einer neurotischen und einer psychotischen Störung. Das heißt: Gwen Graham leidet an keiner voll entwickelten Psychopathie und zeigte auch während meines Besuchs bei ihr im Gefängnis keinerlei entsprechende Merkmale. Cathy Wood besitzt dagegen kein Gewissen (was typisch ist für Psychopathen), da bin ich mir weiterhin sicher.

Als ich mit Graham sprach, bat ich sie, mir ihre Narben zu zeigen. Daraufhin krempelte sie beide Ärmel ihrer blauen Gefängnisuniform nach oben und sagte: »Hier habe ich mich mit Zigarettenstummeln verbrannt. Ich habe auch ein paar Schnittnarben, die ich mir mit 16 zugefügt habe. Ich habe nie wirklich verstanden, warum ich mir das angetan habe. Ich war einfach nur wütend. Ich wurde missbraucht und wollte hässlich sein, damit mir das nie wieder passiert.« Diese Aussage stimmte nicht ganz. Der Gefängnisarzt hat mir verraten, dass sie sich bis heute selbst verletzt, und das sogar recht häufig. Bei genauem Hinsehen zählte ich insgesamt 31 Narben, 19 runde auf ihrem linken Arm und 12 auf dem rechten. Hinzu kamen mehr als 20 weniger auffällige, kleine vernarbte Streifen in seltsamen Winkeln – alle hauchdünn.

Mit 20 Jahren zog Graham von Texas nach Michigan um. Ihre Freundin war bereits zuvor dorthin gezogen, um in der Nähe ihrer Eltern zu leben, die in Grand Rapids wohnten und arbeiteten. Kurze Zeit später nahm Graham eine Stelle im Alpine-Manor-Pflegeheim an. »Wir haben die Bewohner gebadet und alles für sie getan … für solche, die es nötig hatten«, sagte Graham. »Einige brauchten eine Rundumversorgung, für die mussten wir alles machen, und andere benötigten nur ein klein wenig Unterstützung.«

Als ich sie danach fragte, wie sie Wood kennengelernt hatte, antwortete sie: »Ich traf Cathy May Wood im Pflegeheim. Sie hatte Nachtschicht, genau wie ich an dem Tag. So lernten wir uns kennen. Drei Wochen später zogen wir schon zusammen in ein kleines Haus.«

Ursprünglich war das als WG gedacht, um sich die Miete zu teilen. Doch innerhalb weniger Tage wurde aus den Wohnungsgenossinnen ein Paar. »Bei Gwen fühlte ich mich schön«, gestand Wood. »Sie gab mir das Gefühl, etwas Besonderes zu sein. Sie tat Dinge, auf die ich Lust hatte. Sie war fürsorglich. Sie war einfach nett zu mir.« Dann trug sie ein wenig zu dick auf, als sie fortfuhr: »Sie brüllte mich nicht an und sagte keine bösen Dinge zu mir. Wir unternahmen alles gemeinsam und trafen alle Entscheidungen zusammen. Alles geschah auf Augenhöhe. Wir waren uns ebenbürtig. Wenn ich saubergemacht oder gekocht habe, erledigte sie so lange die Wäsche. Endlich hatte ich das Gefühl, gleichberechtigt zu sein.«

Beide Frauen haben außerhalb ihrer Arbeit im Pflegeheim viel getrunken und Wood zufolge sprachen sie und Graham dann über alles und jeden. Einmal habe Graham ihr gestanden, dass sie eine Zeit lang in einer »Klapsmühle« verbracht habe. »Gwen erzählte mir, dass sie einen Hund umgebracht hat. Sie hatte ihm in den Kopf geschossen. Und von da an ging es los.« Ab diesem Zeitpunkt unterhielten sich die beiden darüber, wie sie jemanden umbringen würden. »Könntest du dich bei jemandem ins Haus schleichen? Was für Sachen würdest du dabei tragen?«, wollte Wood etwa von Graham wissen.

Wood scheute sich auch nicht, immer wieder das Thema Sex in ihre Erzählungen vom angeblichen gemeinsamen Liebesglück mit Graham einzustreuen. So erzählte sie mir etwa: »Gwen zeigte mir mehr. Sie lehrte mich Dinge über mich selbst. Dass Sex Spaß machen kann. Dass ... Sex ... etwas Schönes ist. Wir taten Dinge, die ich nie zuvor gemacht hatte, und probierten vieles aus.« Im krassen Gegensatz dazu sagte Graham: »Cathy war in- und außerhalb des Schlafzimmers extrem dominant.«

Lowell Cauffiel beschrieb das Verhältnis zwischen den beiden Frauen folgendermaßen: »Die Beziehung zwischen Gwen Graham und Cathy Wood war, oberflächlich betrachtet, rein sexueller Natur. Dabei brachte sich Graham, die Cathy eine Zeit lang viel Zuwendung und Liebe zuteilwerden ließ, deutlich mehr ein. Sie animierte sie dazu, sich schicker zu kleiden, verhätschelte sie regelrecht und Cathy nahm das bereitwillig an. Cathy war wiederum die Mutterfigur, die Dominante in der Beziehung, die sich um die Rechnungen kümmerte und die Entscheidungen traf. Sie hatte in der Beziehung eindeutig die Hosen an.«

Dennoch trug Wood immer dicker auf und meinte: »... mit der Zeit wurde Gwen immer öfter handgreiflich und gewalttätiger und der Sex wurde ziemlich heftig. Wir stritten uns ständig. Sie hat mich aber sonst nie geschlagen oder so, die Gewalt gab es immer nur im Zusammenhang mit Sex.«

Nachdem sie sich in ihrer Rolle als »Unschuld vom Lande« warmgelaufen hatte, setzte Wood noch nach: »Ich ließ mich von ihr fesseln, weil sie versprochen hatte, mir niemals wehzutun, und ich ihr geglaubt und vertraut habe. Dann schob sie ein Gewehr in meine Vagina und drohte damit abzudrücken.«

Graham erinnerte sich dagegen folgendermaßen an das Ereignis: »... sie fesselte mich und schob mir eine Waffe zwischen die Beine ... ich hatte ein Gewehr zwischen den Beinen und flehte sie an, weil ich dachte, sie würde abdrücken. Dann stand sie eine Minute lang da, während ich das Ding in mir hatte. Anschließend zog sie es raus, sah mich ganz komisch an und ging aus dem Zimmer.«

Beide erzählten mir also dieselbe Geschichte. Dass die eine die andere gefesselt und ihr eine Waffe in den Intimbereich eingeführt habe, um ihr Angst zu machen. Hier steht also Aussage gegen Aussage, bedenken Sie jedoch, dass die Details in diesem Fall von der redseligen Cathy Wood stammen und ihre Behauptungen darauf abzielen, Gwendolyn Graham als Monster darzustellen. Warum, fragen Sie sich? Aus einer durch Eifersucht angetriebenen Boshaftigkeit heraus.

Wood hat sich große Mühe gegeben, als das verletzliche Opfer in der Partnerschaft mit Graham rüberzukommen, allerdings war das Gegenteil der Fall. Sie war mit Sicherheit der dominante Charakter der beiden, und die folgenden typischen Merkmale einer missbräuchlichen lesbischen Beziehung passen genau zu dem geschilderten Verhaltensmuster: Einschüchterung, Nötigung, häusliche Gewalt und regelrechter Terror, durch die eine Partnerin Macht und Kontrolle über die andere erlangt und aufrechterhält. Diese häusliche Gewalt umfasst in lesbischen Partnerschaften physischen Missbrauch wie Schlagen, Würgen, Fesseln und den Einsatz von Waffen, was auch als »Misshandlung« bezeichnet werden kann. Ebenso emotionaler Missbrauch, etwa durch Lügen, Missachtung, Erniedrigung und Drohungen (zum Beispiel das Androhen von massiver Gewalt gegenüber dem Opfer selbst, seinen Angehörigen oder Tieren), sowie sexueller Missbrauch durch das Erzwingen von Sex oder das Ablehnen von Verhütung. Weitere Formen des Missbrauchs in Partnerschaften sind das Zerstören von Eigentum, beispielsweise durch Zerschlagen der Einrichtung und Kaputtmachen von Kleidung oder persönlichen Gegenständen, sowie ein ökonomischer Missbrauch durch Kontrolle der Finanzen des Opfers, das so in eine finanzielle Abhängigkeit gerät. In lesbischen Beziehungen leiden viele Opfer Studien zufolge unter psychischer Gewalt. Untersuchungen haben gezeigt, dass Schläge mit der flachen Hand, wie etwa Ohrfeigen, unter Frauen die am häufigsten zur Anzeige gebrachte Form des Missbrauchs sind, während gewaltsame Schläge und der Einsatz von Waffen weniger häufig vorkommen. Sexuelle Gewalt, oft das Ergebnis von Eifersucht und der Furcht, die Partnerin zu verlieren, hat mit 55 Prozent einen großen Anteil am Missbrauch in lesbischen Beziehungen. Am häufigsten kommt es dabei zu erzwungenen Küssen, dem Anfassen der Brüste und des Genitalbereichs sowie oraler, vaginaler und analer Penetration, die – wie ich glaube – auch Graham massiv durch Wood erleiden musste.

Vielleicht hatte Cathy ja sogar allen Grund dazu, eifersüchtig zu sein. Denn obwohl die beiden bereits ein Paar waren, spielte noch eine andere Frau eine Rolle in Grahams Leben: Carol (Name zum Schutz ihrer Identität vom Autor geändert), eine ehemals enge Freundin der beiden. So erinnerte sich Wood:

»Gwen wollte von Anfang an mit dieser Schlampe Carol befreundet bleiben. Sie [Carol] kam zu uns rüber und wir feierten zusammen. Dann gingen wir in die ›Carousel Bar‹ und hatten Spaß. Wir haben ohne Ende getrunken und ich dachte, wir wären einfach nur gute Freundinnen. Bis ich herausfand, dass Gwen eine Affäre mit Carol hatte. Ich hatte Angst, dass die Liebe meines Lebens mich verlassen würde. Ich glaubte, ich könnte nie wieder glücklich sein. ›Das war's!‹, dachte ich. Ich meinte, ich müsste sterben … Ich dachte wirklich, ich müsste sterben, und habe die ganze Zeit nur geweint. Ich konnte nicht sprechen … ich habe nichts mehr gegessen … ich tat gar nichts mehr. Ich blieb einfach nur zu Hause.«

Und dann fiel der entscheidende Satz: »Wenn ich Gwen nicht haben konnte, dann sollte sie niemand sonst haben!«

Dies führte schließlich dazu, dass Wood gegen Graham aussagte. Vor allem auf Basis dieser Zeugenaussage wurde Graham des Mordes in fünf Fällen und der Verabredung zum Mord in einem Fall schuldig gesprochen und erhielt dafür fünf lebenslange Freiheitsstrafen.

Ken Wood erzählte mir in einem Interview: »Es gab da ein paar Dinge, die Cathy im Januar und Februar 1987 erzählt hatte. So was wie: ›Du würdest nie glauben, was für Sachen wir da in diesem Pflegeheim anstellen.‹ Da wusste ich, dass die Dinge außer Kontrolle geraten waren, und sprach mit einem ihrer Nachbarn, der mir von dem Rumgebrülle, den wilden Partys und den Schreien in ihrem Haus berichtete. Ich wusste, wie schnell Cathy an die Decke geht und dass sie sich ständig mit Gwen stritt. Deshalb fragte ich mich, was genau da eigentlich los war.«

MARGUERITE CHAMBERS

Am Abend des 18. Januar 1987 war Grand Rapids von einer 8 Zentimeter dicken Schneeschicht bedeckt. Die Flagge mit dem Alpine-Manor-Logo flatterte vor dem Pflegeheim im Wind und machte dabei dumpfe Geräusche. Im warmen Inneren des Heims huschten ausgebildete Pflegerinnen zum Klang von »An der schönen blauen Donau« emsig von Raum zu Raum und verteilten die abendlichen Medikamente. Nur wenig später wurde eine der Bewohnerinnen ermordet.

Kurz zuvor hatte eine Pflegerin noch nach der 67-jährigen Marguerite Chambers gesehen und einen Blutdruck von 60 Schlägen pro Minute festgestellt, was vollkommen normal für eine Frau ihres Alters ist. Während der gesamten Nachtschicht über war Chambers äußerst unruhig. In der Nacht zuvor hatte sie 38 Grad Fieber gehabt. Nun war sie in Raum 614 der Station »Dover« schon fast eingeschlafen. Sie konnte nicht sprechen, und selbst wenn sie es gekonnt hätte, wäre sie doch nicht in der Lage gewesen, das, was gleich passieren würde, mit einer bestimmten Person in Verbindung zu bringen – wenn sie es denn überlebt hätte.

Vielleicht hat die alte Dame noch bemerkt, dass jemand neben ihrem Bett stand. Oder der Angriff erfolgte so plötzlich, dass er sie im Schlaf überraschte. Als eine Hand den Vorhang zuzog, gab es ein zischendes Geräusch. Womöglich war auch das Knistern der Kleidung zu hören, als Graham sich bewegte.

Zwei Hände fixierten Chambers' Kopf und richteten ihn ganz gerade aus, sodass ihr Blick nach oben zeigte. Vielleicht grob, vielleicht aber auch ganz sanft. Wir werden es nie erfahren.

Plötzlich bekam die alte Frau keine Luft mehr. Überhaupt keine! Dicker Frotteestoff lag zusammengerollt auf ihrem Gesicht. Eine Hand hielt ihr die Nase zu, die andere befand sich unter ihrem Kinn – eine drückte zu, die andere schob gewaltsam das Kinn nach oben und presste so Marguerite Chambers' zahnlosen Kiefer zusammen. Sie fing an, wild um sich zu schlagen und von tief aus ihrem Bauch heraus zu stöhnen.

Als die Luftnot immer akuter wurde, begannen ihre Wangen sich zu wölben und wieder einzufallen. Ihre Lunge sog die wenigen Kubikzentimeter Sauerstoff ein, die Chambers noch hatte einatmen können, bevor ihr Kiefer zusammengepresst worden war.

Unter großer Anstrengung versuchte sie, ihren Kopf zu drehen, doch gegen einen solchen Angriff konnte sie nichts ausrichten. In ihren letzten Augenblicken begann sie zu krampfen.

Während der letzten Sekunden, die sie noch bei Bewusstsein war, konnte sie nurmehr die Augen öffnen und in das langsam verschwimmende Gesicht über ihr blicken. Es gehörte einem Todesengel, der ganz anders aussah als die Engel, die Michelangelo in der Sixtinischen Kapelle gemalt hatte.

Wood erzählte mir später: »Als ich in das Zimmer sah, stand Gwen auf der hinteren Seite des Betts. In der Hand hielt sie einen Frotteewaschlappen, mit dem sie Marguerite erstickt hatte. Als später andere Pflegerinnen den Raum betraten, rechnete ich noch immer damit, dass sie sich bewegen würde. Das hätte ich mir so sehr gewünscht. Ich wollte wirklich, dass sie noch lebte! Gwen stand mit dem Rücken zur Wand in der Ecke und sah mich einfach nur an.«

Eine Pflegerin nach der anderen betrat das Zimmer, um sich davon zu überzeugen, dass Marguerite Chambers wirklich tot war. Linda Dapore, eine examinierte Krankenschwester, schrieb um 20:30 Uhr den letzten Eintrag in die Patientenakte der alten Dame. Sie konnte weder Blutdruck noch Puls messen. Chambers war schon seit einiger Zeit tot. Ihre Haut hatte eine »gelblich-graue Farbe«, schrieb die Krankenschwester, und ihre Haut war »fleckig«. Arme und Hände waren kalt. Der Gerichtsmediziner Dr. Piskin stellte am nächsten Tag erst den Totenschein aus. Sonntags untersuchte er prinzipiell keine Leichen.

In unserem Gespräch stellte Gwen Graham ganz deutlich klar: »Ich war beim Tod von keinem dieser Menschen dabei. Ich kann nicht sagen, wo ich mich da im Gebäude aufhielt. Ich war irgendwo unterwegs, das ist alles, was ich weiß.« Cathy Wood blieb dennoch bei ihrer Geschichte, dass sie nur Schmiere gestanden habe, während Graham den Raum betreten und die hilflose Frau erstickt habe.

MYRTLE LUCE

Cathy May Wood hatte mir in unserem Gespräch Folgendes erzählt: »Myrtle Luce wohnte auf der Station ›Abbey Lane‹ und Gwen hatte mir verraten, dass sie vorhatte, ›die Sache zu erledigen‹. So haben wir darüber gesprochen, damit niemand verstand, worum es ging. Und hätte es doch jemand kapiert, dann hätten wir so getan, als wäre das nur ein Witz gewesen. Ich sollte niemandem etwas davon erzählen. Ihr Name war also Myrtle und ähm … ich weiß nicht mehr so recht, wo ich war, als Gwen sie getötet hat. Ich kann mich nicht mehr daran erinnern.«

Die 1,58 Meter kleine Myrtle Luce hatte blaue Augen und schwarze Haare. Sie war am 20. Februar 1891 geboren worden, war also bereits 95 Jahre alt und auf umfassende Pflege angewiesen. Laut ihrem Sohn Ted hatte sie in ihrem gesamten Leben immer anderen Menschen geholfen. In jungen Jahren hatte sie als Verkäuferin gearbeitet, besaß aber das »Herz einer Missionarin«, wie er es Lowell Cauffiel gegenüber bezeichnete. So nahm sie etwa einen schwer erziehbaren Jugendlichen bei sich auf und zog ihn im Kreis der Familie groß. Sie pflegte außerdem die beiden kranken Schwestern ihres Mannes und zwei schwer kranke Tanten. Und sie leistete viel ehrenamtliche Arbeit in ihrer Gemeinde. Zuletzt hatte eine Reihe kleinerer Schlaganfälle ihr stark zugesetzt.

Ihr Arzt hatte bei ihr das Organische Psychosyndrom diagnostiziert, eine neuropsychiatrische Störung, die nach Schlaganfällen auftreten kann – laut Kfz-Mechaniker Ted etwas »Ähnliches wie Alzheimer«. »Ihr Herz war stärker, als gut für sie war«, ergänzte er. »Sie litt unter Bluthochdruck und Arteriosklerose, aber ihr Herz schlug trotzdem weiter, trotz all der Schäden in ihrem Gehirn.«

Myrtle Luce hätte gut und gerne noch fünf Tage, fünf Monate oder sogar fünf Jahre weiterleben können. Das habe niemand genau festlegen können, so ihr Arzt. Zuletzt hatte sie jedoch stark abgenommen und es wurde immer schwieriger, ihr Nahrung zuzuführen. Das Pflegepersonal setzte sie dazu in einen speziellen Stuhl und verabreichte ihr die pürierten Mahlzeiten mit einer großen Spritze. Dabei streichelten sie ihr den Hals, um sie zum Schlucken zu animieren. Laut Ted Luce taten die Angestellten von Grand Rapids für die liebenswerte alte Dame alles, was sie nur konnten. Sie spielten sogar ihre Lieblingsmusik: »An der schönen blauen Donau«. Am 3. Februar entdeckte eine Pflegerin während der Tagschicht, dass etwas Blut aus Luces rechtem Nasenloch lief. Sie versuchte, die Blutung mit einem feuchten Waschlappen zu stoppen. Bei all den Schläuchen, verengten Äderchen und dem hohen Blutdruck dachten sich die Pflegerinnen nichts wegen des Nasenblutens. Im Winter war die Luft in Alpine Manor aufgrund der Heizung auch oft ziemlich trocken. Das beeinträchtigte die Schleimhäute und führte vor allem an besonders trockenen Tagen bei Patienten gern zu Nasenbluten.

Was das Personal jedoch nicht ahnte, war, dass Wood und Graham nur 20 Minuten zuvor versucht hatten, die hilflose Myrtle Luce zu ersticken. »Ich werde Myrtle erledigen« (Cathy Wood zu Gwen Graham am Abend des 9. Februar 1987).

Um exakt 2:20 Uhr meldete am 10. Februar 1987 die Pflegerin Sally Johnson eine Tote in Raum 206 der Station »Abbey Lane«. Die diensthabende Schwester Martha Slocum fand daraufhin die leblose Myrtle Luce. Cathy Wood half angeblich sogar dabei, die Leiche herzurichten, bevor sie zum Bestatter überführt wurde. Sie gab an, ihr die Haare gekämmt und einen Frotteewaschlappen in ihrem Bett gefunden zu haben. Laut Martha Slocum stimmte das aber nicht. »Wood war gar nicht bei der Leiche«, berichtete sie. »Sie hat die Tote nie gesehen, nicht einmal als sie weggebracht wurde.«

An dieser Stelle redete Wood sich erneut um Kopf und Kragen. Mir erzählte sie nämlich: »… als ich in ihr Zimmer kam, sah ich Myrtle und ihre Nase war … ganz zerdrückt. Sie hatte ständig Schleim und so was in der Nase und es sah aus, als hätte man das alles drin gehalten. Niemandem war das aufgefallen, nur mir.«

MAE »MAISY« MASON

Am 2. Februar war Mae Masons 79. Geburtstag. Sie war erst vor Kurzem von der Station »Camelot« nach »Abbey Lane« verlegt worden und hatte Besuch von ihrer Tochter Linda und Enkelin Stephanie. Sie halfen »Maisy« aus dem Bett und brachten sie ins Wohnzimmer. Jede hielt dabei einen Arm. Seit die alte Dame sich das Bein gebrochen hatte, fürchtete sich die sonst so emsige Spaziergängerin davor, allein herumzulaufen. Als Tochter und Enkelin gingen, musste sie weinen. Irgendwie spürte sie wohl, dass sie sich niemals wiedersehen würden. Einige Tage später war ihr Ende gekommen.

Die Altenpflegerin Shawn Dougherty war in ihrer Schicht für Mason zuständig und wollte ihren Raum 207-1 betreten. Doch als sie versuchte, die Schiebetür zu öffnen, schien sie zunächst zu klemmen. Dann konnte sie die Tür plötzlich ohne großen Widerstand öffnen. Vor ihr standen Cathy Wood und Gwen Graham. Sie kicherten, huschten an ihr vorbei und Wood rief: »Jetzt haben wir dich aber reingelegt!«

Dougherty arbeitete zu diesem Zeitpunkt noch keinen Monat in Alpine Manor, wusste aber bereits, dass die beiden Frauen bei einer ihrer Patientinnen nichts zu suchen hatten. Außerdem sollten während der Nachtschicht stets alle Türen geöffnet bleiben. Sie meldete den Vorfall deshalb bei einer der zuständigen Pflegerinnen, hörte aber nie wieder etwas darüber.

Anschließend geschah nichts Nennenswertes mehr bis zum 16. Februar, als Shawn Dougherty um 2 Uhr nachts bei ihrem Kontrollgang wieder in Zimmer 207-1 vorbeischaute. Mason war am Leben, sehr unruhig und lag in ihrem eigenen Kot, der ihr an den Fingern und unter den Fingernägeln klebte. Als Dougherty sie mit einem Waschlappen und einem Handtuch sauber machte, wurde sie immer aufgeregter. Beim Anblick des Waschlappens hatte sie offenbar Todesangst und klammerte sich daran, als ginge es um ihr Leben.

Nachdem Dougherty ihr ein sauberes Nachthemd angezogen hatte, legte sie Mason wieder ins Bett, schüttelte ihr Kopfkissen auf, drehte sie auf den Rücken und setzte ihren Kontrollgang fort. Als sie um 4 Uhr zurückkam, fiel ihr sofort Masons gräuliche Gesichtsfarbe auf. Die alte Dame lag noch immer auf dem Rücken, die Hände geöffnet an den Seiten. Ihre Augen waren geschlossen und ihr Mund stand weit offen, der Kiefer hing an einer Seite herunter. Wood und Graham hatten erneut getötet.

BELLE BURKHARD

Cathy Wood soll einmal gesagt haben: »Ich mochte Belle nicht, sie war wirklich schwierig zu pflegen.«

Das letzte belegte Opfer von Wood und Graham ist die 79-jährige Belle Burkhard. Es gibt keinerlei Beweise für spätere weitere Mordversuche des Duos an Bewohnern des Pflegeheims in Grand Rapids. Burkhard lebte elf Jahre in Pflegeheimen, acht davon in Alpine Manor. Sie war senil, taub und blind. Dennoch redete sie viel, sie nahm die Mahlzeiten in ihrem Rollstuhl ein und war alles in allem eine umgängliche alte Dame.

Am 25. Februar hatte Graham laut Dienstplan frei. In den Morgenstunden des 26. Februars erschien sie aber im Alpine Manor, um ein paar Überstunden zu machen, und hatte wieder Schicht mit Cathy Wood. Graham wurden die Flure 600 und 700 auf der Station »Dover« zugewiesen, die sich ganz in der Nähe von Gang 100 der Station »Abbey Lane« befanden, wo Wood arbeitete und Belle Burkhard lebte – ihr Bett befand sich neben dem Fenster.

In den ersten beiden Februarwochen war Cathy Wood während der Nachtschicht die für Burkhard zuständige Pflegerin gewesen und sie fand die ältere Dame nach eigener Aussage »frustrierend«. Offenbar war Burkhard ganz besonders störrisch, wenn Wood Dienst hatte und sie im Bett wenden wollte. Burkhard hielt sich dann oft mit eisernem Griff am Bettgitter fest und wollte sich einfach nicht bewegen lassen. Häufig tat sie das und lachte dabei. Graham kam dagegen sehr gut mit Burkhard aus. Besondere Erwähnung verdient ein Eintrag in Burkhards Krankenakte vom 15. Februar. An jenem Morgen hatte eine Pflegerin die alte Dame mit rötlichen Blutergüssen an der Nase, der rechten Wange und den Schläfen vorgefunden. Nun sollte man meinen, dass dies ein Warnsignal für die Pflegerinnen gewesen sein müsste, dass etwas nicht stimmte. Da Burkhard in der Vergangenheit aber immer wieder krampfartige Anfälle gehabt hatte und dabei oft mit dem Kopf an das eiserne Bettgitter gestoßen war, dachte sich in der Pflegedienstleitung niemand etwas dabei und der Vorfall wurde nicht weiter untersucht.

In den letzten elf Tagen von Belle Burkhards Leben wurde Cathy Wood als ihre Pflegerin abgezogen und von der Pflegerin Pat Ritter ersetzt. Warum genau das geschah, wurde nie abschließend geklärt. Es war allerdings bekannt, dass die 41-jährige Ritter Wood absolut nicht ausstehen konnte und sie kritisierte, wo es nur ging. Ritter verdächtigte Graham und Wood, kaltes Wasser in die Betten der Bewohnerinnen zu gießen. Außerdem wechselten sie den Bewohnern in ihrer Obhut nicht die Windeln. Ritter meldete all das ihrer Vorgesetzten. Trotzdem überließ man am 26. Februar während der 3-Uhr-Pause, wenn die meisten Pflegerinnen sich eine kurze Auszeit nahmen, die gesamte »Abbey Lane«-Station der Aufsicht von Cathy Wood. Sie wurde während der Zeit einige Male dabei beobachtet, wie sie allein irgendwo herumsaß, auf ihrer Lippe herumkaute und ihre Nägel betrachtete.

Wenig später wurde beobachtet, dass Graham aus Richtung der Station »Dover« herüberkam. Während sie Woods Platz im Stationszimmer einnahm und den Gang im Auge behielt, ging diese in Burkhards Zimmer 112. Als ich Wood im Gefängnis interviewte, beharrte sie darauf, dass es Graham gewesen war, die an jenem Abend Zimmer 112 betreten hatte. »Ich hörte über die Sprechanlage, die mit dem Stationszimmer verbunden war, Stöhnen und das Rascheln von Bettlaken. Es gab gurgelnde, würgende Geräusche. Eine ganze Zeit lang ging das so.« Dann änderte sie ihre Geschichte und behauptete plötzlich: »Einige Minuten später kam eine Frau aus Zimmer 112 und ging auf den Flur. Ein Waschlappen hing aus ihrer Gesäßtasche heraus, während sie durch die Station ›Abbey Lane‹ lief.«

Ritter hatte am 26. Februar ihren Kontrollgang um 4 Uhr morgens gerade begonnen, als sie vor der Tür zu Zimmer 112 stehen blieb. Eigentlich wollte sie Burkhard in ihrem Bett wenden, so wie sie es um Mitternacht und um 2 Uhr bereits getan hatte. Doch kurz darauf kam sie schreiend aus dem Raum gerannt. Burkhard war die erste Leiche , die sie als Pflegerin gesehen hatte. Als Erstes begegnete sie Cathy Wood, die grinsend im Stationszimmer stand.

Um 4:25 Uhr wurde Belle Burkhard für tot erklärt. Zwei Pflegerinnen wurden damit beauftragt, ihre Leiche zu waschen, darunter auch Cathy Wood. Die protestierte zwar dagegen, wurde aber angewiesen, es dennoch zu tun.

DAS EINGESPIELTE MÖRDERINNEN-TEAM

Woods und Grahams Leben und Verbrechen sind zu komplex, um sie in diesem Buch über Serienmörderinnen bis ins kleinste Detail wiederzugeben. Auf jeden Fall zeigt sich, dass hier zwei Mörderinnen als eingespieltes Team zusammengearbeitet haben, wobei Wood als Dominantere der beiden einen kontrollierenden Einfluss auf Graham ausgeübt haben muss. Ich bezweifle stark, dass Graham jemals auch nur an Mord gedacht hat, bevor sie an Wood geraten ist. Meiner Meinung nach wäre ihr so etwas nie in den Sinn gekommen.

Wenn man sich Grahams psychische Beschaffenheit einmal genauer anschaut, dann besteht kein Zweifel daran, dass sie alles getan hätte, um Wood zu gefallen – womit ich nichts, was sie getan hat, schönreden will. Auch wenn meine Einschätzung keine fachliche Diagnose ist, die in schlaue Worte und schicke Phrasen verpackt ist, bin ich überzeugt, dass Wood eine mordende Missbildung der Natur ist, die kein Gewissen besitzt und niemals auch nur einen Funken Reue wegen ihrer schrecklichen Taten gezeigt hat.

Die Viktimologie dieser Serienmorde dürfte Sie als Leser sicher interessieren: Wir werden niemals erfahren, wie viele unschuldige Babys, kleine Kinder und hilflose Alte oder Kranke schon von Alten- und Krankenpflegern umgebracht wurden, die allein handelten und als Einmaltäter in Erscheinung traten. Wir kennen aber die Opferzahlen von Serienmörderinnen, auch wenn die folgenden Informationen mit Sicherheit unvollständig sind.

Opfer von Gesundheitsdienstleistern, die zu Serienmördern werden, sind meist die ganz besonders Hilflosen, also Säuglinge, Menschen mit Entwicklungsstörungen und Erwachsene mit Demenz, so Beatrice Crofts Yorker, Co-Autorin einer 2006 erschienenen Studie zu Ärzten und Pflegekräften, die töten. Sobald Menschen aus diesen Berufsgruppen erkennen, wie einfach das Morden ist, fühlen sie sich regelrecht dazu »ermutigt«.

Die in der Fachzeitschrift *Journal of Forensic Sciences* erschienene Studie zeigt, dass seit 1970 weltweit 90 Fachkräfte aus dem Gesundheitswesen wegen Serienmorden angeklagt worden sind, 86 Prozent davon waren Alten- und Krankenpflegerinnen. Von den 54 Tätern, die zum Zeitpunkt der Veröffentlichung der Studie bereits verurteilt waren, hatten alle außer dreien in Europa und den USA ihr Unwesen getrieben. Die Verurteilten wurden für schuldig befunden, insgesamt 312 Patienten getötet zu haben, und weiterer 2113 Morde verdächtigt.

Der Großteil der Morde geschah in Krankenhäusern, 13 der verurteilten Täter mordeten in Pflegeheimen. Die bevorzugte Mordmethode war die Injektion nicht narkotischer Medikamente wie etwa Insulin.

»Insulin ist besonders reizvoll, weil es eine ganze Zeit lang dauert, bis jemand daran stirbt«, so Yorker in einem Interview. »Insulin lässt viele Möglichkeiten zu. Wenn ein Patient an den Folgen einer Injektion stirbt, ist der Täter vielleicht schon gar nicht mehr auf der Station, sondern längst zu Hause im Feierabend.«

Weitere mordende Pflegekräfte

Nun, da Sie das Burking als Mordmethode von Wood und Graham kennengelernt haben, wenden wir uns einer weiteren ungewöhnlichen Tötungsart zu, die von den Wiener Stationshilfen Maria Gruber, Irene Leidolf, Stephanija Maya und Waltraud Wagner angewandt wurde. Es handelt sich dabei gewissermaßen um »Burking mit Wasser«. Das als »Todesengel« bezeichnete Quartett tötete zwischen 1983 und 1989 49 Patienten im Geriatriezentrum Am Wienerwald in Lainz, indem sie ihnen einen Überdosis Morphium verabreichte oder ihnen Wasser in die Lunge leitete, sodass die Opfer an einem Lungenödem verstarben.

Dabei gingen sie ähnlich vor wie Wood und Graham: Eine fixierte den Kopf der Opfer und hielt ihnen die Nase zu, während eine andere ihnen Wasser in den Mund laufen ließ, bis sie im eigenen Bett ertranken. Das Motiv hinter den Morden bleibt unklar. Die Patienten waren allesamt alt und schwach, doch nur wenige unheilbar krank. Diese Tötungsart lässt sich, ähnlich wie das Burking, nur schwer nachweisen, da ältere Patienten häufig Flüssigkeit in der Lunge haben. Deshalb wäre die Mordserie vermutlich weitergegangen, hätte ein Arzt nicht zufällig einen prahlerischen Kommentar mitbekommen, was zur Folge hatte, dass die vier Stationshilfen verhaftet wurden.

Während ich dieses Buch schreibe, habe ich gerade die Dreharbeiten für eine TV-Doku abgeschlossen, die den Namen *Voice of a Serial Killer* trägt (auf Deutsch etwa: Stimme eines Serienmörders). In einer der Folgen geht es um die kanadische Krankenpflegerin Elizabeth Mae Wettlaufer, die zwischen

2007 und 2016 acht ältere Patienten mit Morphium umgebracht hat und im Südwesten der Provinz Ontario versucht hat, sechs weitere zu töten, bevor sie sich selbst der Polizei gestellt und ein umfassendes Geständnis abgelegt hat, wobei sie wenig bis gar keine Reue zeigte.

Die attraktive, junge tschechoslowakische Säuglingskrankenschwester Marie Fikáčková wurde am 13. April 1961 im Gefängnis Pankrác für die brutalen Morde an zehn Babys gehängt. Sie knackte die Schädel der winzigen Neugeborenen auf, brach ihnen die Hände und fügte ihnen derart unmenschliche Schmerzen zu, dass ihr Leid unvorstellbar gewesen sein muss. Es gab durchaus den Verdacht, dass sie etwas mit dem Tod der Kinder zu tun hatte, doch später wurde niemand, weder ein verantwortlicher Arzt noch die Klinikleitung, angeklagt, entlassen oder wenigstens getadelt und die ganze Angelegenheit wurde jahrzehntelang vor der Öffentlichkeit geheim gehalten. Als strafmildernd hatte Fikáčková angegeben, dass sie während ihrer Menstruation unter Depressionen leide und die Babys ständig geweint hätten.

Dagmar Johanne Amalie Overby war eine dänische Kinderpflegerin, die von 1913 bis 1920 zwischen 9 und 25 Kinder ermordet hat. Wie man ihr mehr als sieben Jahre lang nicht auf die Schliche kommen konnte, ist mir ein Rätsel, denn sie hat die Kinder entweder erwürgt, ertränkt oder bei lebendigem Leib in einem Warmwasserboiler zu Asche verbrannt. Die Leichen vergrub sie oder versteckte sie auf dem Dachboden ihres Hauses. Am 3. März 1921 wurde sie zum Tode verurteilt. Die Strafe wurde später in lebenslange Haft umgewandelt und Overby starb im Alter von 42 Jahren im Gefängnis.

Die bisher vorgestellten Mörderinnen Wood, Graham, Wettlaufer, Fikáčková, Overby und die vier Todesengel aus Österreich haben insgesamt wohl 83 Menschen auf dem Gewissen. Eine stattliche Hausnummer, mögen Sie vielleicht denken, allerdings haben wir da Aino Nykopp-Koski noch nicht berücksichtigt.

Die finnische Krankenpflegerin hat in Krankenhäusern, Pflegeheimen und bei Patienten zu Hause ambulant gearbeitet und mithilfe von Beruhigungsmitteln und Opiaten fünf Menschen im Alter zwischen 71 und 91 Jahren getötet. Doch diese Morde markierten nur den Höhepunkt ihres ellenlangen

Strafregisters: fünfmal versuchter Mord, dreimal gefährliche Körperverletzung, viermal Diebstahl und zweimal Drogenbesitz, wobei der letzte Punkt angesichts der übrigen Taten kaum erwähnenswert scheint. Als strafmildernd gab sie an, an einer antisozialen Persönlichkeitsstörung zu leiden. Doch dies wurde vom Gericht nicht anerkannt, ebenso wenig wie ihr Plädoyer auf »nicht schuldig« – ihre Patienten hatten sich angeblich selbst eine Überdosis verabreicht.

Der Serienmörderin Elizabeth Wiese, einer Kinderpflegerin aus Deutschland, die als »Engelmacherin von St. Pauli« in die Geschichte einging, stiegen ihre Taten offenbar zu Kopf – bis sie selbigen verlor, als sie am 2. Februar 1905 in Hamburg per Guillotine hingerichtet wurde. Wiese wurde am 1. Juli 1853 geboren und führte illegale Abtreibungen durch, wofür sie einige Zeit im Gefängnis verbrachte. Später tötete sie mindestens fünf Kinder mithilfe von Morphium und anderen giftigen Substanzen und verbrannte ihre Leichen im Ofen. Marianne Nölle, eine weitere deutsche Serienmörderin, musste am Ende ihrer »Karriere« eine lebenslange Haftstrafe für die Morde an sieben ihr anvertrauten Kindern absitzen, die sie zwischen 1984 und 1992 begangen hatte. Nölle wurde 1938 geboren und stand im Verdacht, für weitere 18 Mordversuche verantwortlich gewesen zu sein. Sie brachte ihre Opfer mit hohen Dosen des Antipsychotikums Chlorprothixen (Truxal) um.

Wie Elizabeth Wiese nahm auch die 1890 in Mexiko geborene Felícitas Sánchez Aguillón, alias Sánchez Neyra, unerlaubte Abtreibungen vor, bevor sie Arbeit als Krankenschwester, Hebamme und sogenannte »Baby Farmerin« fand. Ein Baby Farmer nimmt Eltern ihre ungewollten Babys ab und verkauft sie weiter, ist also quasi eine Art Menschenhändler. Babys, die sie nicht verkaufen konnte, vergiftete sie entweder oder erwürgte sie, zerstückelte die Leichen und verbrannte sie im Ofen ihrer Wohnung in der Salamanca Straße in der Colonia Roma in Mexiko-Stadt – oder warf sie einfach in den Gully. Die Medien verpassten ihr grausige Spitznamen wie »Die Menschenbrecherin von Little Angels«, »Das Ungeheuer von Colonia Roma« und »Die Schlächterin von Colonia Roma«. Am 16. Juni 1941 beging sie im Gefängnis Selbstmord, noch bevor ihr der Prozess gemacht werden konnte.

Halten Sie an diesem Punkt kurz inne und atmen Sie einmal tief durch. Bedenken Sie, dass dieser Abschnitt des Buchs sich ausschließlich mit Serienmörderinnen befasst (keinen Eimaltäterinnen), die – aus welchen Motiven auch immer – nur die Wehrlosesten töten, also alte Menschen, kleine Kinder und sogar ihnen anvertraute Säuglinge. Deshalb habe ich Wood und Graham als Beispiel gewählt. Beim Schreiben dieser Zeilen ist mir aufgefallen, dass nur sehr wenige männliche Serienmörder, die ältere Menschen pflegen oder Kinder betreuen, dieselbe Art von Verbrechen begehen. In dieser Hinsicht scheinen Frauen also tatsächlich gefährlicher zu sein als Männer. Eine Ausnahme war vielleicht der am 25. Oktober 1936 geborene Norweger Arnfinn Nesset. Der Pflegeheimleiter tötete 22 Bewohner der Einrichtung Orkdal Aldersog Sjukheim, bevor er 1983 verhaftet wurde. Wenn man das Ausmaß seiner Verbrechen betrachtet, sollte man meinen, die Behörden hätten ihn für immer eingesperrt und den Schlüssel weggeworfen. Doch offenbar ist das in Norwegen gar nicht so einfach. Nesset saß nur mickrige zwölf Jahre und elf Monate hinter Gittern, bevor er auf Bewährung wieder freikam. Er lebt bis heute irgendwo unter falschem Namen – er könnte also sogar Ihr Nachbar sein!

Maria Catherina Swanenburg war eine niederländische Serienmörderin, die am 9. September 1839 geboren wurde und deren Verbrechen, was die Opfer betrifft, durchaus zu diesem Kapitel passen, auch wenn man ehrlicherweise sagen muss, dass praktisch jeder in ihr Beuteschema gepasst hätte. Offiziell belegt sind 27 Morde von ihr, sie stand aber im Verdacht, fast 100 Menschen auf dem Gewissen zu haben. Ihr Spitzname lautete groteskerweise »Goeie Mie« oder »Goede Mie«, was so viel bedeutet wie »die Gute« – was sie allerdings ganz und gar nicht war! Den Namen hatte Swanenburg bekommen, weil sie viel gemeinnützige Arbeit leistete und in einer ärmeren Gegend von Leiden Alte, Kranke und kleine Kinder pflegte. Sie tötete ihre Opfer mit Gift, genauer gesagt mit Arsen. Das Motiv hinter den Morden war meist Habgier, da Swanenburg häufig die Lebensversicherung der Verstorbenen kassierte oder vom Erbe profitierte. Und sie war wirklich fleißig! All ihre Morde und Mordversuche fanden innerhalb von nur drei Jahren statt, zwischen 1880 und 1883. Sie starb 1915 im Alter von 76 Jahren im Gefängnis.

Doch warum verwendete sie Arsen?

Wie Sie bereits gehört haben, greifen Frauen gerne zu Gift. Statistiken zeigen, dass Hausfrauen, Haushälterinnen, Krankenschwestern und anderes Hauspersonal für mehr als 60 Prozent der Vergiftungsfälle in den USA verantwortlich sind. Der Journalist Dan Keating hat am 7. Mai 2015 einen interessanten Artikel in der *Washington Post* veröffentlicht, in dem er basierend auf offiziellen Daten aufgeschlüsselt hat, mit welchen Waffen Frauen töten. In der Küche und im Krankenzimmer ist und bleibt die weibliche Lieblingswaffe Gift. Das ist wenig überraschend, wen man die körperlichen Unterschiede zwischen Frauen und Männern bedenkt. Um jemanden zu vergiften, braucht es eben keine Kraft.

Ein besonderer »Trick« dabei ist die Methode des langsamen Vergiftens, bei der kleine Mengen Gift über einen längeren Zeitraum hinweg immer wieder verabreicht werden. Die toxische Substanz sammelt sich dann im Körper an und führt irgendwann zu extrem unangenehmen Symptomen, die zumindest früher häufig als Zeichen einer schweren Krankheit gesehen wurden. Die Mörder hatten in diesen Fällen also oftmals Glück und kamen davon, weil die Verbrechen gar nicht als solche wahrgenommen wurden.

Das viktorianische Zeitalter war in England die goldene Ära der Giftmorde. Am beliebtesten für langsam voranschreitende Vergiftungen waren Antimon und Arsen. Beide verursachen Symptome, die an eine Magen-Darm-Erkrankung erinnern. Außerdem haben beide Stoffe die Eigenschaft, bereits vorhandene Erkrankungen noch massiv zu verschlimmern, was es noch unwahrscheinlicher macht, das Gift zu entdecken. Darüber hinaus wurden auch Thallium und Gifte mit »verzögerter Reaktion« wie etwa Phosphor eingesetzt. Letztlich ist die Auswahl aber praktisch unendlich groß und dem Erfindungsreichtum der Täter sind kaum Grenzen gesetzt. Zum Beispiel starb 1855 eine wohlhabende Frau aus Yorkshire an wiederholten Einläufen mit Arsen, die mithilfe eines Emailletopfes und eines Gummischlauchs von »unbekannter Hand« verabreicht wurden. An dieser Stelle möchte ich Sie vorwarnen: Was nun folgt, könnte ein wenig unappetitlich werden.

Im 19. Jahrhundert gab man Müttern und Gouvernanten den Rat, bei Frauen regelmäßig Einläufe vorzunehmen, um sie zu ein bis zwei Stuhlgängen am Tag zu erziehen. Das war in jener Zeit übliche Praxis und die meisten Mitglieder einer Familie erhielten mindestens einen Einlauf pro Woche. Können Sie sich vorstellen, alle sieben Tage eine Darmspülung zu bekommen? Oder gar zweimal am Tag? Auf gar keinen Fall!

Auf diese Weise ersparte man sich damals die Umstände, sein »großes Geschäft« in einem Korsett und aufwändiger Unterwäsche zu verrichten. Zumal Klopapier noch nicht erfunden war (auch wenn Bessergestellte wohl Schwämme zur Reinigung benutzten).

Ein weiterer Grund, der Einläufe für Frauen in der viktorianischen Zeit sinnvoll erscheinen ließ, war die Tatsache, dass praktisch keine öffentlichen Toiletten existierten, weder in Zügen noch in Postkutschen. Und wenn es welche gab, dann waren sie in der Regel ziemlich ekelhafte und völlig verdreckte Plumpsklos. Im Winter war es darin eiskalt und im Sommer stank es zum Himmel. Und keine Frau hatte auch Lust, sich etwa in der öffentlichen Toilette eines Theaters auf einen schmutzigen, halb vollen Nachttopf zu setzen.

Doch ich schweife ab … Wer war wohl die »unbekannte Hand«, die der wohlhabenden Frau aus Yorkshire die vergifteten Einläufe verpasst hat? Nun, man muss nicht Sherlock Holmes sein, um den Ehemann, den Butler und den Gärtner ausschließen zu können. Es muss eine Person gewesen sein, die ständig präsent war und zu der ein so intimes Vertrauensverhältnis bestand, dass sie unterhalb der Gürtellinie ihrer Arbeitgeberin agieren durfte.

Lassen wir die Frage nach dem Motiv noch für einen Moment beiseite, bis wir uns weiteren Serienmörderinnen widmen. Dass so viele Giftmorde von Frauen begangen wurden, lag in der Vergangenheit vermutlich an den gängigen gesellschaftlichen Konventionen. Es ist ja noch nicht allzu lange her, dass der Platz einer Frau einzig und allein in der Küche angesiedelt war. Ein ideales Umfeld für eine Giftmörderin. Eine Köchin, die ihre Position voll und ganz ausgenutzt hat, war die Massen- und Serienmörderin Hélène Jégado, die 1852 mit der Guillotine geköpft wurde, weil sie 23 Speisende bei einem einzigen Abendessen vergiftet hat – und vermutlich noch viele andere mehr.

Auch das Krankenzimmer bietet viele Möglichkeiten, jemanden unbemerkt mit Gift zu töten, und dort haben Frauen ebenfalls von jeher eine wichtige Rolle gespielt. Zu viktorianischen Zeiten waren solche Krankenzimmer ein wahres Paradies für Giftmischer, weil das Zusammenrühren von Medizin, die häufig auch giftige Komponenten enthielt, in der Regel zu Hause erfolgte und nicht etwa durch einen Fachmann in der Apotheke. Dafür wurden dort alle möglichen Gifte, darunter auch Arsen und Strychnin, frei verkauft. Sie standen nicht einmal in einem verschlossenen Sicherheitsschrank. Gesetze, die den Verkauf von Gift regulierten, wurden erst später eingeführt, 1868 nämlich.

Dass Frauen Kosmetik verwenden, erleichterte den Einsatz von Gift ebenso. Viele Präparate im 19. Jahrhundert wiesen giftige Inhaltsstoffe auf wie Tollkirsche (für die Augen) und Arsen (für den Teint). Selbst als ab 1851 alles im Handel angebotene Arsen entweder mit Ruß oder Indigo eingefärbt werden musste, behauptete die prominente Glasgower Schauspielerin Madeleine Hamilton Smith (1835–1928) immer noch, das Gift 1857 nur zu kosmetischen Zwecken erworben zu haben und nicht, um ihren französischen Liebhaber Pierre Emile L'Angelier umzubringen, einen Gärtnerlehrling, der ursprünglich von den Kanalinseln stammte. Bei seiner Autopsie wurden 88 Körnchen Arsen in seinem Magen gefunden, ein bis dahin beispielloser Wert. Seinem Tagebuch war zu entnehmen, dass er sich immer schlecht gefühlt hatte, nachdem Smith ihm Kaffee serviert hatte. Das kann ich mir lebhaft vorstellen! Smith wurde trotzdem für nicht schuldig befunden.

Vom Butler einmal abgesehen, hatte eine Haushälterin damals vermutlich die meisten Möglichkeiten, jemanden zu vergiften. Sie beaufsichtigte den Einkauf von Lebensmitteln und Produkten des täglichen Bedarfs, darunter – Achtung! – auch Unkrautvernichtungsmittel und Rattengift auf Strychninbasis. Letzteres fand in größeren Städten breite Anwendung als Schädlingsbekämpfungsmittel. Strychnin schadet allerdings nicht nur Ratten, sondern auch dem Menschen ganz erheblich. Es kommt etwa zu Schaumbildung im Mund und zu Muskelkrämpfen, die immer stärker werden, bis das Opfer erstickt, weil seine Nervenbahnen komplett gelähmt sind. Die geneigte Haushälterin kam damals auch problemlos an Zyanid. Das Zeug war praktisch überall enthalten, ob in Wandfarbe, in Daguerreotypien (Vorläufer von Fotos) oder Tapeten. Sollte Ihnen jemand Zyanid verabreichen, dann könnte Ihnen das sofort auffallen, denn die Wirkung dieses Gifts ist unverkennbar. Los geht es mit Übelkeit, gefolgt von heftigen Krämpfen und Brustschmerzen bis hin zu Herzstillstand und Tod, oft innerhalb von nur wenigen Sekunden. Zyanwasserstoff (Blausäure), Zyankalium und Natriumzyanid werden in den USA noch immer für Hinrichtungen in Gaskammern genutzt. Zumindest theoretisch in einigen wenigen Staaten. Wer in diesen Kammern an den Stuhl gefesselt ist, weiß genau, wann sein Ende naht, das Gas ist nämlich sichtbar. Den Delinquenten wird geraten, tief einzuatmen, um schneller bewusstlos zu werden. Trotzdem kommt es häufig zu Krämpfen und vermehrtem Speichelfluss. Wer Pech hat, leidet bis zu acht Minuten lang und scheidet dabei Urin, Kot und Erbrochenes aus.

Rückten Haushälterinnen in der viktorianischen Zeit auch zu Gefährtinnen ihrer Dienstherren auf, etwa weil diese geistig oder körperlich beeinträchtigt waren, verstärkte dies noch den Anreiz zu töten, weil das Ehegesetz den Frauen damals ein starkes Mordmotiv gab.

Früher war es nämlich so, dass aller Besitz einer Frau ihrem Mann gehörte. Nur im Falle seines Todes konnte sie zumindest etwas finanzielle Unabhängigkeit erlangen. Die Schande, die mit einer Scheidung einherging, war dabei ein zusätzliches Stimulans. Während Männer bedenkenlos neu heiraten durften, galten geschiedene Frauen damals als »verbraucht«. Gift war deshalb für viele Frauen ein bequemes Mittel, ihren Mann loszuwerden und dennoch ihr Gesicht zu wahren.

Trotz der weiten Verbreitung von Zyanid und Strychnin war Arsen das beliebteste Gift im viktorianischen Zeitalter und vergleichsweise schwer zu erkennen. Es ist geruch- und geschmacklos und ruft ähnliche Symptome wie eine Lebensmittelvergiftung hervor. Eine Arsenvergiftung nachzuweisen war dementsprechend schwierig. Arsen war unter viktorianischen Mörderinnen derart begehrt, dass 1851 ein neues Gesetz namens Arsenic Act verabschiedet wurde, das den Verkauf des Gifts stärker reglementierte und vorschrieb, dass die meisten Arsenprodukte blau eingefärbt werden mussten, damit sie nicht mehr so leicht untergemischt werden konnten.

Wie ich zu Beginn dieses Buchs bereits erwähnt habe, reiste ich sehr gerne nach Russland. Während dieser Reisen habe ich dort viele »Besserungsanstalten« für Männer und Frauen besucht und war jedes Mal erstaunt, mit welcher Milde dort Frauen behandelt werden, die teils schrecklichste Verbrechen verübt haben. Ein Beispiel gefällig?

Irina Viktorovna Gaidamachuk bekam von den Medien den Namen »Teufel im Rock« verpasst. Während ich dieses Buch schreibe, ist sie 45 Jahre alt und verbüßt ihre lächerliche 20-jährige Haftstrafe dafür, dass sie 17 ältere Menschen zwischen 61 und 89 Jahren ermordet hat. Das ist nur etwas mehr als ein Jahr pro Menschenleben, das die Russin auf dem Gewissen hat. Die Morde fanden zwischen 2002 und 2010 statt und zogen sich von ihrer Heimat Krasnoufimsk in der Oblast Swerdlowsk bis nach Jekaterinburg, Serov, Achit und Druzhinino. Sie gab sich als Sozialarbeiterin aus, um Zutritt zu den Wohnungen ihrer Opfer zu erlangen, schlug sie mit einer Axt oder einem Hammer tot und stahl anschließend, was sie finden konnte, um ihre Alkoholsucht zu finanzieren. An einem guten Tag konnte sie mit einem Mord vielleicht 1000 Euro verdienen, an einem schlechten nur 20, wenn überhaupt. Gaidamachuk wurde 2012 verhaftet und wegen versuchten Mordes angeklagt. Später kamen 17 Mordanklagen hinzu. Nie zeigte sie auch nur das kleinste Anzeichen von Reue. Ich kenne das russische Justiz- und Strafsystem recht gut und bin mir sicher, dass diese Frau, seit ich sie getroffen habe, aus dem Gefängnis entlassen worden ist.

Über die Schuld von Serienmörderin Enriqueta Martí i Rippollés wurde viel geschrieben und hitzig debattiert. Die 1886 geborene und am 12. Mai 1913 gestorbene Spanierin stand unter anderem im Verdacht, eine Hexe gewesen zu sein, und nach ihrer Verhaftung wurden die Überreste kleiner Kinder in ihrem Haus gefunden. Spätere Recherchen ergaben, dass die meisten Zeitungsartikel aus der damaligen Zeit, die Rippollés als Serienmörderin darstellten, auf reinen Spekulationen basierten. Deshalb wollen wir es für dieses Kapitel dabei belassen.

Schauen wir stattdessen auf das Vereinigte Königreich und Beverley Gail Allitt. Die am 4. Oktober 1968 geborene staatlich geprüfte Kinderkrankenschwester bekam den Spitznamen »Todesengel«, weil sie vier Babys in ihrer

Obhut mithilfe von Insulin umgebracht hat. Dasselbe versuchte sie bei neun weiteren Babys und wurde 1991 zu lebenslanger Haft verurteilt. Ihr wahres Motiv werden wir vermutlich nie erfahren, sie behauptete allerdings an der artifiziellen Störung Münchhausen-Stellvertreter-Syndrom zu leiden.

Dies ist eine interessante Begründung für mildernde Umstände. Unter Eltern und Pflegekräften ist das Münchhausen-Stellvertreter-Syndrom gar nicht so selten. Betroffene (oder angeblich betroffene) Erwachsene erfinden Krankheitssymptome bei Kindern und täuschen dazu bewusst andere Menschen, insbesondere Ärzte. Manche gehen sogar so weit, dass sie die Symptome selbst verursachen, etwa indem sie das Kind vergiften, ihm unnötige Medikamente verabreichen oder es ersticken. In den meisten Fällen (mindestens 85 Prozent) sind in erster Linie die Mütter für die vermeintliche »Krankheit« der Kinder und deren Symptome verantwortlich.

In Allitts Fall war offenbar das Verlangen nach Aufmerksamkeit und Sympathie der Ärzte, Schwestern und Kollegen der Auslöser. Einige Experten glauben jedoch, dass nicht nur die Aufmerksamkeit, die Erwachsene durch die »Erkrankung« des Kindes bekommen, maßgeblich für das Verhalten ist, sondern auch *die Befriedigung, andere, vermeintlich wichtigere und besser ausgebildete Menschen in Bezug darauf getäuscht zu haben.*

Ich habe diesen letzten Teilsatz kursiv hervorgehoben, um eine Feststellung zu unterstreichen, die meines Erachtens auch im Hinblick auf Cathy Wood und Gwen Graham relevant sein könnte. Denn ist es nicht offensichtlich, dass diese beiden Pflegekräfte bei den Morden an ihren Opfern andere, in ihren Augen wichtigere und besser ausgebildete Menschen täuschen wollten? Und wenn wir uns einige der anderen Geschichten aus diesem Kapitel ein wenig genauer ansehen würden, könnten wir mit Sicherheit ähnliche Motive hinter den grauenhaften Machenschaften dieser Kindsmörder entdecken. Mit anderen Worten: Diese Mörderinnen erhalten einen Teil ihrer Befriedigung daher, dass sie Kollegen, die besser ausgebildete Mediziner sind, als sie selbst es je sein werden, hinters Licht führen. Weil Leute wie Wood, Graham und Allitt aber so aufmerksam und fürsorglich wirkten, hatte niemand einen Verdacht. Denn dass eine Pflegekraft jemanden, der sich in ihrer Obhut befindet – gleich welchen Alters –, absichtlich verletzt oder gar tötet, ist für die meisten Menschen einfach unvorstellbar – und macht diese Verbrechen zu etwas besonders Abscheulichem.

Allitt sitzt ihre Strafe aktuell im Rampton Secure Hospital in Nottinghamshire ab und könnte ab 2022 auf Bewährung entlassen werden, sollten die Behörden davon ausgehen, dass die zu diesem Zeitpunkt 54-Jährige keine Gefahr mehr für die Allgemeinheit darstellt.

Der Vollständigkeit halber möchte ich Ihnen noch zwei weitere britische Serienmörderinnen vorstellen, auch wenn ihre Taten schon ziemlich lange zurückliegen: Amelia Dyer und Margaret Waters. Dyer sagte einmal: »Sie erkennen meine Opfer am Klebeband um ihren Hals.«

Die 1837 geborene Serienmörderin Amelia Elizabeth Dyer, alias »Die Baby Farmerin aus Reading«, war eine Zeit lang Mitglied der Heilsarmee und nahm Kinder in ihrem Haus in Bristol auf. 1895 zog sie nach Reading um. Mein früherer Co-Autor, der weltbekannte Kriminalhistoriker und True-Crime-Autor Robin Odell, schrieb in seinem Bestseller *The Murderer's Who's Who* (auf Deutsch etwa: Das Who is Who der Mörder) aus dem Jahr 1979: »… sie war 15 Jahre lang eine Baby Farmerin. Insgesamt sieben Morde hat sie in dieser Zeit begangen.« Vielleicht, vielleicht auch nicht. Wichtig für uns ist ihr Tatmotiv. Denn wir haben hier eine weitere ausgebildete Krankenschwester, eine Pflegekraft, die aus finanzieller Gier um die 400 Kinder ermordet haben soll, wie einige Quellen behaupten, wenn auch ohne handfeste Belege.

In Reading warb sie damit, Kinder aufzunehmen und zu adoptieren – gegen eine Gebühr, versteht sich. Einige dieser Kinder wurden dann an Paare weiterverkauft, die keine eigenen bekommen konnten. Die restlichen hat sie erwürgt, als kleine Pakete verschnürt und in Flüssen oder Seen versenkt.

Im März 1895 fischte ein Kahnführer auf der Themse eine Kinderleiche aus dem Wasser, die ein Klebeband um den Hals gewickelt hatte. Sie lag in einem Paket mit einer Adresse aus Reading – der Adresse von Amelia Dyer. Dyer, die eine Reihe von Pseudonymen verwendete, war zu dem Zeitpunkt allerdings bereits in ein anderes Haus umgezogen. Schon bald wurden zwei weitere tote Säuglinge aus der Themse geborgen.

Dyer wurde im April 1896 verhaftet und versuchte, Selbstmord zu begehen. Innerhalb weniger Wochen wurden die Leichen von insgesamt sieben Kindern gefunden, alle waren mit einem Klebeband erwürgt und in Paketpapier eingewickelt worden.

Während Amelia Dyers Prozess im Mai 1896 versuchte ihr Verteidiger zu beweisen, dass sie geisteskrank war. Es konnte nie ermittelt werden, wie viele Kinder sie tatsächlich getötet hat. Da sie nach eigener Aussage aber 15 Jahre lang das sogenannte Baby Farming betrieben hatte, war die Zahl ihrer Opfer mit ziemlicher Sicherheit höher als die bekannten sieben, auch wenn 400 meiner Ansicht nach ein wenig übertrieben scheint.

Dyers Motiv war zweifellos Gier, denn sie hat an den Verkäufen und Aufnahmegebühren für all die Kinder verdient, die sie in ihre Obhut genommen und schon bald weiterverkauft oder ermordet hat. Am 10. Juni 1896 wurde sie in Newgate gehängt. Es heißt, ihr Geist habe ihren Aufseher bis ans Ende seiner Tage verfolgt – eine weitere Schauergeschichte, für die es keinerlei Belege gibt. Bezüglich der Hinrichtung von Margaret Waters am 11. Oktober 1870 durch den Henker William Calcraft im alten Londoner Gefängnis Horsemonger Lane Gaol gibt es dagegen keine Gespenstergeschichte.

Waters wurde 1835 geboren und verbrachte ihr ganzes Leben in Brixton. Wie Dyer war auch sie eine Baby Farmerin, die mindestens 19 Kinder vergiftete oder verhungern ließ. Sie selbst musste deshalb im zarten Alter von 35 Jahren vor ihren Schöpfer treten.

Eine Analyse der Motive von Serienmörderinnen

Wo stehen wir nun also und welche Schlussfolgerungen können wir angesichts der Serienmörderinnen ziehen, die ihre Opfer unter den Schwächsten unserer Gesellschaft suchen, die in ihre Obhut gegeben wurden? Vielleicht hatte Rudyard Kipling – der Autor vom *Dschungelbuch* – ja recht, als er sagte, dass die Weibchen (speziell der mörderischen menschlichen Spezies) tödlicher sind als die Männchen, auch wenn ich mich da gerne raushalten würde.

Wenn es nun um die Motive geht, muss klar sein, dass es dabei um den Beweggrund eines Verbrechens geht und nicht um die Intention, also den Zweck desselben. Weil man dabei leicht durcheinanderkommen kann, möchte ich an dieser Stelle gern Christmas Humphreys zitieren, einen hochrangigen britischen Juristen, der Kommissionsmitglied am Zentralen Strafgerichtshof Old Bailey und später auch Richter war und eine passende Analogie für die bessere Unterscheidung von Motiv und Intention gefunden hat:

»Das Motiv eines Menschen kann ein gutes sein und seine Intention dennoch eine schlechte. Nehmen wir an, ein Mann stiehlt einen Laib Brot. Die Intention des Mannes war Diebstahl und daher kriminell, sein Motiv jedoch war es, sein hungerndes Kind zu retten, und damit gut.« (Christmas Humphreys in seinem 1931 erschienenen Buch *Seven Murderers*, auf Deutsch etwa: Sieben Mörder.)

Nun haben die Täter in diesem Buch allerdings keine Brote gestohlen, sondern anderen Menschen das Leben genommen. Motiv und Intention sind dabei in der Regel derart eng miteinander verwoben, dass es oft schwierig ist, sie voneinander zu trennen. Ich kann Ihnen aber basierend auf einer fundierten Quelle die häufigsten Tatmotive aufzählen:

- Das Verlangen, ein reales oder vermeintliches Unrecht zu rächen.
- Das Beseitigen eines Rivalen oder einer unerwünschten Verbindung.
- Der Versuch, finanziellen oder anderweitigen Verpflichtungen zu entkommen.
- Das Beschaffen von Diebesgut oder anderen wertvollen Dingen.
- Das Aufrechterhalten der eigenen Reputation.
- Das Befriedigen einer egoistischen oder bösartigen Vorliebe.

Die erwähnte »fundierte Quelle« stammt aus den Jahren 1991/92, als ich gerade das Buch *Ladykiller* (auf Deutsch etwa: Frauenmörder) schrieb, in dem es um den Briten John David Guise Cannan ging, der sich in jener Zeit gerade zum Serienmörder entwickelte, falls er nicht bereits einer war. Ich diskutierte Cannans Motiv damals mit dem inzwischen verstorbenen Lord Oberrichter Englands, Lord Lane, und wir waren uns sofort einig, dass Cannans Motive für seine Taten im Grunde das gesamte oben erwähnte Spektrum umfassten. Insbesondere der letztgenannte Punkt war zutreffend und zugleich ein typisches Motiv eines Serien-Sextäters. Soll heißen: Cannan war geradezu besessen vom egoistischen, bösartigen Drang, Frauen zu entführen, zu vergewaltigen und umzubringen. Christmas Humphreys hatte die häufigsten Mordmotive schon sechs Jahrzehnte früher kurz und bündig zusammengefasst mit »Geld, Hass und Frauen«.

Das ist so heute natürlich nicht mehr politisch korrekt, weshalb ich ergänzen möchte: »… und Männer!«

Während ich mich über Jahrzehnte mit mehr als 30 männlichen, weiblichen und hinsichtlich ihrer Geschlechteridentität mehr oder weniger unentschlossenen Serienmördern beschäftigt habe, war ich eigentlich der Meinung, bei allen immer wieder dasselbe Spektrum von Tatmotiven zu finden. Das traf, wie ich schließlich aber feststellte, allerdings nicht auf die Frauen zu, die immer und immer wieder töten. Dies war das Licht, das mir eines Nachts aufging und von dem ich in der Einleitung zu diesem Buch gesprochen habe, weshalb es mir wichtig war, dass Sie diese Einleitung lesen.

DAS VERLANGEN, EIN REALES ODER VERMEINTLICHES UNRECHT ZU RÄCHEN

Dies lässt sich unterschiedlich auslegen. Auf einer zutiefst persönlichen Ebene kann ein eifersüchtiger Mann sich etwa an einem Nebenbuhler rächen und ihn oder sie verprügeln oder gar töten. Er kann seinem Rivalen das Leben zur Hölle machen, indem er ihm Drohmails sendet oder peinliche Lügen im Internet postet, und das, obwohl die Beschuldigungen häufig gar nicht stimmen, weil sein Partner oder seine Partnerin vollkommen treu ist. Das Gleiche gilt für Frauen, die, wenn sie betrogen werden, schon mal den Anzug des untreuen Partners zerschneiden oder seinen neuen Porsche mit Nagellackentferner traktieren. In ganz extremen Fällen töten Frauen ihre Partner auch aus purer Boshaftigkeit. Und wer kann es ihnen verdenken, wenn ihr Mann ein absoluter Mistkerl ist? Vielleicht erinnern Sie sich an Ruth Ellis, Model und Hostess in einem Nachtclub, die 1955 als letzte Frau im Vereinigten Königreich gehängt wurde. Als sie wegen ihres untreuen Liebhabers David Blakely irgendwann mit ihrem Latein am Ende war, erschoss sie ihn am 10. April 1955 – einem Ostersonntag – kurzerhand vor dem »Magdala Pub« im Londoner Stadtteil Hampstead.

DAS BESEITIGEN EINES RIVALEN ODER EINER UNERWÜNSCHTEN VERBINDUNG

Dies bedeutet das Töten einer oder mehrerer Personen, umgangssprachlich auch »umlegen«, »kaltmachen«, »an die Fische verfüttern« oder »ausknipsen«, wie es im Mafia-Sprech so schön heißt. Das Bedürfnis, einen Rivalen oder eine unerwünschte Verbindung loszuwerden, steht oftmals im direkten Zusammenhang mit der Rache für ein reales oder vermeintliches Unrecht.

Auch einige Serienmörderinnen beseitigen Rivalinnen durch Vergiften oder auf andere Art und Weise.

DER VERSUCH, FINANZIELLEN ODER ANDERWEITIGEN VERPFLICHTUNGEN ZU ENTKOMMEN

Dies lässt sich wieder unterschiedlich auslegen. Meiner Erfahrung nach trifft dieses Motiv auf jeden zu, der aus jedweder Form von krimineller Handlung einen finanziellen Vorteil zieht. Bei mordenden Frauen beschränkt sich dieses Motiv aber meist – bis auf wenige Ausnahmen – auf den Mord am Ehemann oder Lebensgefährten, von dessen Lebensversicherung oder Erbe sie profitieren wollen.

DAS BESCHAFFEN VON DIEBESGUT ODER ANDEREN WERTVOLLEN DINGEN

Dieses Tatmotiv scheint unter Mörderinnen praktisch nicht zu existieren, vor allem nicht unter Serienmörderinnen, es sei denn, wir würden das Stehlen von Wertgegenständen mit dem Raub eines Menschenlebens gleichsetzen, was natürlich alle Serienmörder tun.

DAS AUFRECHTERHALTEN DER EIGENEN REPUTATION

Dies ist ein weiteres Motiv, das bei Serienmörderinnen kaum vorkommt, deshalb möchte ich an dieser Stelle auch nicht näher darauf eingehen.

DAS BEFRIEDIGEN EINER EGOISTISCHEN ODER BÖSARTIGEN VORLIEBE

An dieser Stelle wird es interessant. Männliche Serienmörder befriedigen ihre extrem egoistischen, sexuell motivierten und bösartigen Gelüste, indem sie ihren Opfern so viel Leid und Schmerzen zufügen, wie nur irgend möglich, bis es eine Art Droge für sie wird. Diesen tödlichen Hunger können sie nur stillen, indem sie innerhalb von Wochen, Monaten oder gar Jahren mehrmals töten, wobei zwischen den »Ereignissen«, wie die Morde in der Kriminalpsychologie bezeichnet werden, jeweils ein gewisser Abstand liegt.

Eine Besonderheit bei Frauen ist, dass bei ihnen, bis auf wenige Ausnahmen, kein sexuelles Motiv existiert. Nur extrem selten ist eine Serienmörderin beim Akt des Tötens sexuell erregt, während dies bei Männern sehr häufig der Fall ist. Selbst die berüchtigte Joanna Dennehy, die 2013 in England drei Männer erstach und versucht hat, zwei weitere umzubringen, tötete nur, um ihre perverse Gier nach Blut zu befriedigen. Sexuelle Erregung empfand sie bei ihren Morden aber nicht. Als ich sie im Gefängnis besucht habe, erklärte sie mir, dass sie schlicht deshalb tötete, weil sie es wollte.

Andere Serienmörderinnen befriedigen ihre bösartigen Triebe und werden dabei gleichzeitig noch von einem zweiten Tatmotiv geleitet, so etwa, wenn sie unbedingt Geld brauchen (Gier), oder sie bringen Kinder oder Babys aus irgendeinem tief sitzenden perversen Antrieb heraus um. Einige Mörderinnen werden aus eher eigenartigen und gleichzeitig unvorstellbar banalen Gründen zu Serientätern – wie Cathy Wood und Gwendoline Graham zum Beispiel.

Und natürlich gibt es auch einige Frauen, die im Gesundheitssektor arbeiten und die Entscheidung treffen, die Schwächsten in unserer Gesellschaft, darunter auch ältere Menschen, zu erdrücken, zu erwürgen, zu quälen, zu ertränken, zu ersticken, zu vergiften, sie totzuprügeln, ihnen den Kopf mit einer Axt zu spalten oder Kleinkinder und Babys ohne Reue bei lebendigem Leib zu verbrennen und zu töten. Selbst während ich dieses Buch schreibe, vergeht kaum ein Monat, in dem nicht über den körperlichen oder psychischen Missbrauch von alten Menschen durch heimtückische Pflegekräfte in Altenheimen auf der ganzen Welt berichtet wird. Sie alle sollten vor Scham im Boden versinken.

Joanna Christine Dennehy – die Gier nach Blut

Tötungsart: Erstechen

Bei Messerverletzungen unterscheidet man einerseits Schnittwunden, bei denen die Klinge lange Risse in Haut und Fleisch verursacht, oft während eines Kampfs zugefügt und häufig an den Händen und Armen des Opfers, das versucht, sich zu schützen (Abwehrverletzungen). Und andererseits Stichwunden, bei denen erst die Spitze und schließlich die gesamte Klinge in den Körper des Opfers eindringt. Joanna Dennehy verwendete ein Klappmesser mit 7,6 Zentimeter langer arretierbarer Klinge.

Opfer:

Lukasz Slaboszewski (31), John Chapman (56) und Kevin Lee (48)

In einem Brief vom 24. Februar 2014 schrieb Joanna Dennehy mir: »Christopher, es ist kein Geheimnis, dass ich meine Taten nicht bereue. Ich habe mich auch geweigert, ein Motiv oder eine Entschuldigung dafür zu benennen, und nehme meine Schuld die ganze Zeit auf mich.« In einem weiteren Brief, vom 8. Juni 2014, schrieb sie: »Es sind zu viele Lügen, die über mich und die Dinge, die ich angeblich gesagt und getan habe, verbreitet werden, als dass ich mich noch darum scheren würde … Jetzt machen Sie mich wirklich wütend.«

Infolge dieses Briefwechsels schickte mir Hauptkommissar Martin Brunning von der Abteilung für Kapitalverbrechen der Polizei Bedfordshire,

Cambridgeshire und Hertfordshire, eine E-Mail, in der stand: »Christopher, Sie haben Dennehy ganz schön auf die Palme gebracht.«

Joanna Christine Dennehy ist der Prototyp einer mordenden Wahnsinnigen. Die zierliche, wohlerzogene Britin beging grauenhafte Verbrechen, die die Vorstellungskraft normaler Menschen völlig übersteigen. Ich würde sogar noch weitergehen: Ich habe mehr als 30 der bösartigsten Serienmörder beider Geschlechter interviewt und viele Frauen, die »nur« einmal gemordet haben, doch niemand davon war auch nur annähernd so böse wie »Jo« Dennehy.

Egal ob Sie ein Mann oder eine Frau sind, es gibt sicher kaum eine furchterregendere Vorstellung, als mit einer Person allein zu sein, die zunächst freundlich und liebevoll zu Ihnen ist und sich im nächsten Moment urplötzlich in eine messerschwingende Psychopathin im Blutrausch verwandelt. Sie können weder davonlaufen, noch können Sie sich verstecken, während dieses Monster gnadenlos auf Sie zukommt, taub gegenüber Ihrem Flehen um Hilfe. Ein Albtraum wie aus einem Buch von Stephen King. Drei Männer sind aus diesem Albtraum nicht mehr aufgewacht. Die Panik, die Qualen und die schreckliche Angst, die diese Männer gespürt haben müssen, waren vollkommen real. So real wie Dennehy und ihre funkelnde Klinge. Es gab für diese armen Seelen keinen Ausweg. Das einzig Gute an Dennehys Prozess und Verurteilung war, dass es nun auch für sie keinen Ausweg mehr gibt – sie sitzt eine lebenslange Haftstrafe ab und wird das Gefängnis erst in einer Holzkiste wieder verlassen, bevor sie verbrannt und ihre Asche irgendwo verstreut wird. Würde man sie auf herkömmliche Weise bestatten, gäbe es sicher einige, die sie wieder ausgraben und ihr einen Pfahl ins Herz rammen würden, um ganz sicher zu sein, dass sie auch wirklich tot ist.

Wie Sie sehen, habe ich für diese Serienmörderin nicht das kleinste Fünkchen Sympathie übrig. Die Ungeheuerlichkeit ihrer Verbrechen stellt selbst Rosemary West in den Schatten. Normalerweise arbeiten Serienmörderinnen im Team, zu zweit, zu dritt oder zu viert. Dennehy sticht aus all diesen weiteren Serienmörderinnen heraus und ist nicht einmal vergleichbar mit der Amerikanerin Aileen Wuornos, die mit einem Revolver tötete –, denn die Britin arbeitete allein und verwendete ein Messer. Mit einem Messer zu töten ist etwas sehr Persönliches, man kommt dem Opfer dabei schließlich ganz nah. Dennehy nutzte ein Klappmesser mit einer 7,6 Zentimeter langen arretierbaren Klinge, um damit immer und immer wieder zuzustechen. Ihr Hass auf Männer war so groß, dass sie ihre Opfer nicht einfach nur tötete, sondern sich in einen ekstatischen, hemmungslosen Mordrausch hineinsteigerte und anschließend das Blut von der Klinge leckte.

»In Großbritannien wird der Großteil der etwa 600 Morde pro Jahr mit Messern verübt. Die Opfer sterben an den Stichwunden oder an den Komplikationen, die durch die Stiche in den Körper verursacht werden«, schreibt Brian Lane in seiner *Encyclopedia of Forensic Science* (auf Deutsch etwa: Enzyklopädie der forensischen Wissenschaft). Diese Zahlen haben sich leider kaum verändert, seit das Buch 1992 erschienen ist.

Die britische Statistikbehörde Office of National Statistics (ONS) veröffentlichte im März 2016 ihre jährliche Übersicht mit 571 dokumentierten Tötungsverbrechen in England und Wales (darunter Mord, Totschlag und Kindesmord). Frauen werden danach viel häufiger von Partnern oder ehemaligen Partnern getötet als Männer (bei 44 Prozent der weiblichen Opfer war dies der Fall und nur bei 7 Prozent der männlichen Opfer) und Männer werden häufiger von Freunden oder Bekannten umgebracht (35 Prozent, bei Frauen waren es nur 13 Prozent). Schon lange vor dem viktorianischen Zeitalter war die gängigste Mordwaffe das Messer, und das ist auch heute noch so. 213 Opfer wurden 2015/2016 damit getötet, was mehr als einem Drittel (37 Prozent) aller Morde entspricht.

Messer sind aufgrund ihrer Eigenschaften »Vollkontaktwaffen«, denn um jemanden damit zu erstechen, müssen Täter und Opfer nah beieinanderstehen. Und für den Angreifer ist es unmöglich, die Tat zu erledigen, ohne mit dem Blut des Opfers beschmutzt zu werden. So war es auch bei Dennehy. Schnittwunden verursachen in der Regel eine große Menge Blut, während es bei Stichwunden nur zu geringen äußeren Blutungen kommt. Das Problem ist hierbei eher, dass Organe verletzt werden, sodass es zu inneren Blutungen kommt, was letztlich zum Tod führt. Einem ihrer Opfer hatte Dennehy das Messer ganze 35 Mal in den Körper gerammt.

Meine gute Freundin Claire Harris sagte 2016 einmal zu mir: »Joanna Dennehy verachtet Schwäche, nach der sie aber gleichzeitig auch absolut süchtig ist, genauso wie danach, ihre Macht über Männer auszuleben.«

Joanna Dennehy hat sich stets rundheraus geweigert, das Motiv zu benennen, wieso sie drei Männer erstochen und es bei zwei weiteren versucht hat. Vielleicht versteht sie ja selbst nicht wirklich, warum sie zur Serienmörderin geworden ist. Ich glaube jedenfalls, dass Claire Harris recht hat. Nachdem ich diese teuflische Mörderin mehrere Jahre lang analysiert und sie im Gefängnis interviewt habe, kann ich nur zu dem Schluss kommen, dass sie alle Männer mit blutiger Leidenschaft hasst.

Dennehy wurde am 29. August 1982 in St. Albans, in der englischen Grafschaft Hertfordshire, als Tochter von Kevin und Kathleen Dennehy geboren. Während ihre jüngere Schwester Maria erfolgreich Karriere machte, schlug die ältere »Jo« einen Weg mit kleineren Verbrechen, Drogen, Alkohol und letztlich Mord ein. Bis zum Alter von 14 Jahren war sie eine ganz hervorragende Schülerin. Sie spielte gern Flöte und trieb Sport. Hauptkommissar Martin Brunning verriet mir, dass sie im Jugendalter Anwältin hatte werden wollen. Sie war lebendig, eloquent und schlau. Sie genoss außerdem alle Vorteile eines Mittelschichtskindes. Doch irgendwann geriet sie auf die schiefe Bahn.

Mit 14 veränderte sie sich komplett zum Negativen. Sie gab sich plötzlich mit herumreisenden Schaustellern ab, begann zu trinken und probierte zum ersten Mal Drogen – auch wenn sie all das, genau wie ihre perverse Psychopathologie, mir gegenüber abstritt: »Alles Lügen«, behauptete sie. »Ich habe nie Drogen genommen und nur sehr selten getrunken.« In Wahrheit trank Dennehy sogar in der Schule Hochprozentiges! Sie war ein Ärgernis für ihre Lehrer, brachte Unruhe in ihre Klasse und störte ihre Mitschüler. Ihr zerstörerisches Verhalten zeigte sie auch zu Hause, bis ihre Eltern sie einfach nicht mehr im Griff hatten. Sie lief davon und zog mit einem 18-jährigen Schausteller nach Milton Keynes, bevor sie gefunden und gegen ihren Willen und unter großem Protest nach Hause zurückgebracht wurde.

Kurz darauf lief sie erneut weg. Mit 15 verliebte sie sich in den 21-jährigen arbeitslosen John Treanor. Das Paar brannte durch und lebte fortan im schäbigsten Teil von Luton, wo es eine Unterkunft in einem heruntergekommenen Haus bezog, das sonst nur von Drogendealern genutzt wurde. »Das war eine schlimme Zeit«, erinnerte sich Treanor. »Wir hatten kein Geld, deshalb mussten wir klauen, um etwas zu essen zu haben.« Dann wurde Dennehy schwanger und das Paar beantragte Unterstützung vom Staat. Sie zogen in eine Sozialwohnung in Milton Keynes und nahmen Sozialleistungen in Anspruch. 1999 kam ihre gemeinsame Tochter zur Welt, doch Treanor merkte schnell, dass Dennehy mit dem Baby überhaupt nichts anfangen konnte. Sie wollte es nicht einmal anfassen. Stattdessen betrank sie sich lieber jeden Tag und schlief ständig mit anderen Männern, darunter auch einem Ex-Häftling.

Mein 2015 erschienenes Buch *Love of Blood* (auf Deutsch etwa: Gier nach Blut), das in Kooperation mit der Polizei entstanden ist, enthält eine umfassende Dokumentation des Lebens und der Verbrechen von Joanna Dennehy. Wenn Sie ihren rasanten Abstieg hin zu einer kaltblütigen Serienmörderin detailliert nachvollziehen möchten, lege ich Ihnen diesen Titel ans Herz. Ich bin mir sicher, dass er sie fesseln und Ihnen die eine oder andere schlaflose Nacht bereiten wird. Aber zurück zu Treanor: Der war irgendwann mit seinem Latein am Ende, schnappte sich seine Tochter und zog zu seiner Mutter, die damals in Wisbech, in der Grafschaft Cambridgeshire, wohnte.

Dennehy war nun allein und wurde von anderen Männern nach Belieben als Sexobjekt benutzt. Sie beging kleinere Verbrechen, darunter Betrug, Ladendiebstahl und verstieß durch das offene Führen einer Rasierklinge in der Öffentlichkeit gegen das Gesetz. Außerdem wurde sie wegen eines Angriffs auf einen Mann in eine psychiatrische Klinik zwangseingewiesen. Man diagnostizierte eine psychotische Störung bei ihr, bewertete sie als »emotional instabil« mit einer Neigung zu »unvorhersehbarem, explosivem Verhalten«. Kurz gesagt: Dennehy war eine tickende Zeitbombe, die jeden Augenblick in die Luft gehen konnte.

18 Monate lang hörte Treanor nichts von Dennehy. Als sie offenbar begriffen hatte, dass es so nicht weitergehen konnte, meldete sie sich wieder bei ihm und bat ihn um Verzeihung. Sie flehte ihn buchstäblich an, zurückzukommen, was er auch tat. Allerdings musste er feststellen, dass sich absolut nichts geändert hatte. Dennehy konnte einfach nicht aus ihrer Haut. Sie

wurde erneut schwanger, zeigte jedoch für keines ihrer beiden Kinder auch nur das kleinste Fünkchen Zuneigung, sodass Treanor sie ein weiteres Mal verließ, nur diesmal nicht mit einem, sondern mit zwei Kindern im Schlepptau. Seitdem hat sie ihn und die Kinder nicht wiedergesehen.

Ende Februar 2013 trat Dennehy dann das nächste Mal in Erscheinung: Sie tauchte beim Wohnungsvermieter Quicklet Ltd. in Peterborough auf. Im Schlepptau hatte sie den Hünen Gary Stretch, einen Ex-Häftling, Wiederholungstäter und erfolglosen Einbrecher, der mit 2,20 Meter und 146 Kilos eine furchteinflößende Erscheinung war, allerdings dumm wie Stroh und völlig in Dennehy vernarrt. Dennehy erzählte dem Firmeninhaber Kevin Lee, dass sie eine Wohnung suche und gerade erst nach einer längeren Haftstrafe wegen des Mordes an ihrem Vater, der sie als Kind sexuell missbraucht habe, aus dem Gefängnis entlassen worden sei. Nichts davon entsprach der Wahrheit, wie ihr Vater Kevin Dennehy hätte bezeugen können, der sich zu dieser Zeit bester Gesundheit erfreute.

Kevin Lee war ein erfolgreicher Geschäftsmann, der allerdings auch dem einen oder anderen krummen Geschäft nicht abgeneigt war. Er war mit der wunderschönen Christina verheiratet und hatte zwei bezaubernde Kinder. Christina liebte ihn abgöttisch, trotzdem hatte »Flash Kev«, wie seine Kumpel ihn nannten, stets eine Schwäche für andere hübsche Frauen. Mit ihrer schlanken Figur, frisch frisierten Haaren, etwas Make-up im Gesicht und ihrer verführerischen Art erregte Dennehy schnell seine Aufmerksamkeit. Er bot ihr eine Wohnung ganz in der Nähe an, in Rolleston Garth No. 11, Peterborough. Dort durfte sie fortan für wenig bis gar keine Miete wohnen, half beim Renovieren des Hauses und ließ Stretch bei sich einziehen. Kevin genoss nun das Beste aus vier Welten: Er hatte zu Hause eine tolle Familie, ein rentables Geschäft, ein Pärchen, das eines seiner Gebäude renovierte, und hin und wieder die Möglichkeit zu einem schnellen Seitensprung. Innerhalb kürzester Zeit brachen jedoch alle vier Welten auf einmal zusammen.

LUKASZ SLABOSZEWSKI

Einen Tag bevor er ermordet wurde, hatte Lukasz Slaboszewski noch zu einem Freund gesagt: »Das Leben ist wunderbar.«

Lassen Sie mich die tragische Geschichte des 31-Jährigen grob zusammenfassen: Wir wissen, dass Slaboszewski 2015 von Nowa Slupia, einem westpolnischen Städtchen an der Oder, nach England ausgewandert ist. Dort arbeitete er in einem DHL-Lagerhaus und lebte bis zu seinem Tod in der Lincoln Road, Nummer 695, in Peterborough. Er war ein unbekümmerter Mann, der Musik mochte, gern Karten spielte und versuchte, seine Kokainsucht in den Griff zu bekommen, wofür ihm Methadon als Substitut verschrieben worden war.

Wie die Polizei später ermittelte, traf Slaboszewski Dennehy am 18. März 2013 in der Queensgate Shopping Mall in Peterborough. Mehr ist nicht bekannt, wir können aber davon ausgehen, dass sie ihn an diesem Tag bereits bezirzt hat, denn am selben Abend noch erzählte er einem Freund am Telefon, dass er eine junge, sexy Frau kennengelernt habe und das »Leben wunderbar« sei. Zuletzt gesehen wurde er am darauffolgenden Tag, als er seine Wohnung verließ. Er hatte ein Date mit Dennehy, doch leider auch eines mit dem Sensenmann. Nachdem er Dennehys Wohnung betreten hatte und in die Küche gegangen war, stürmte diese mit einem Messer in der Hand auf ihn zu und begann, wie von Sinnen auf ihn einzustechen. Das Muster der Blutspritzer am Tatort hat gezeigt, dass er keinerlei Chance hatte.

Obwohl die Polizei nie beweisen konnte, dass Stretch zum Tatzeitpunkt ebenfalls in der Wohnung war, belegten spätere Recherchen von mir (eine forensische Untersuchung des Briefverkehrs zwischen Stretch und Dennehy nach deren Verurteilung), dass er tatsächlich vor Ort gewesen sein muss. Belegt ist außerdem, dass er Dennehy anschließend half, die Leiche in eine grüne Mülltonne zu stopfen, wo sie einige Tage blieb, bevor sie in einem abgelegenen Graben nahe des Örtchens Thorney entsorgt wurde. Die Polizei fand die Leiche am 3. April.

JOHN CHAPMAN

Am Tag bevor John Chapman ermordet wurde, erzählte er einem Nachbarn: »Die [Dennehy] ist ein echtes Mannweib und will mich mit allen Mitteln aus der Bude schmeißen. Die ist einfach durchgeknallt!«

Sofort nach dem Mord an Lukasz Slaboszewski rief Dennehy Kevin Lee an. Sie erklärte ihm, dass im Haus jemand umgebracht worden sei und sie ein Fahrzeug brauche, um die Leiche fortzuschaffen und zu entsorgen. Wie ein Narr gab Lee ihr Geld, von dem sie einen grünen Opel Astra mit dem Kennzeichen R660 ECT kaufte. Da Dennehy keinen Führerschein besaß, musste Stretch den Wagen fahren. In dem kleinen Auto stießen die Knie des Riesen fast an seinem Kinn an. Nach dieser Aktion bekam er den schaurigen Spitznamen »The Undertaker« – der Totengräber.

John Chapman war ein 56-jähriger Veteran der Royal Navy und inzwischen Witwer. Seine einzigen Freuden im Leben waren Karpfenangeln und Trinken. Er war Alkoholiker, machte gerade eine schwierige Zeit durch und lebte in einer Einzimmerwohnung in einem heruntergekommenen Haus von Kevin Lee in 31 Bifield, Orton Goldhay, einem Vorort von Peterborough. In dem Haus wimmelte es von Läusen, die zunehmend auch die Häuser der Nachbarn befielen, welche sich daraufhin natürlich bei Lee beschwerten. Verschärfend kam hinzu, dass Chapman mit seiner Miete im Rückstand war und Lee ihn aus dem Haus haben wollte.

Der geschäftstüchtige Vermieter hatte sich noch nie gescheut, das Gesetz hier und da ein wenig zu umgehen. Statt eine langwierige Zwangsräumung zu veranlassen, schickte er deshalb einfach Dennehy in Chapmans Wohnung. Gemeinsam mit dem furchteinflößenden Stretch sollte sie Chapman aus der Wohnung werfen und ihn notfalls irgendwie loswerden.

In den frühen Morgenstunden des 29. März 2013 – einem Karfreitag – war Chapman in seiner Wohnung – vermutlich der saubersten und ordentlichsten im Haus – gerade eingeschlafen. Er war betrunken und schlief, als wäre er tot – was er kurze Zeit später auch sein sollte.

Bei der Obduktion der Leiche stellte Pathologe Dr. Carey fest, dass die Täterin Chapman fünfmal in die Brust gestochen hatte. Zwei Stiche trafen das Herz, einer wurde mit einer solchen Wucht ausgeführt, dass er das Brustbein durchbohrte. Anschließend stach Dennehy ihm noch einmal in den Hals, wobei sie die Halsschlagader durchtrennte. Er starb ohne Gegenwehr und seine Leiche wurde wenig später neben der von Lukasz Slaboszewski im selben Graben entsorgt.

KEVIN LEE

Etwa eine Stunde vor seinem Tod sagte Lee zu seinem besten Freund Dave Church: »Joanna hat mir gesagt, dass sie mich gern vergewaltigen würde, während ich ein Kleid trage. Die ist wie Uma Thurman in *Kill Bill* oder diese Alte aus *Terminator*.«

Christina Lee war nicht nur wunderschön, eine großartige Mutter und treue Ehefrau, sie war auch ziemlich intelligent und wurde langsam misstrauisch, was das nächtliche Verhalten ihres Mannes betraf, das sich deutlich verändert hatte, seitdem er Joanna Dennehy kennengelernt hatte. Mit jedem Tag wuchs in ihr die Gewissheit, dass ihr Mann eine Affäre mit der jüngeren Frau hatte. Ob sie ihm von ihrem Verdacht erzählt hat, werden wir wohl nie erfahren. Doch alles rächt sich irgendwann und Kevin Lee bekam eine brutale Quittung für seine Seitensprünge. Wie so viele andere Männer vor ihm (von denen die meisten allerdings Dummköpfe und Nichtsnutze waren, wenn man ehrlich ist) konnte auch Lee einfach nicht die Finger von Dennehy lassen. Inzwischen war er vollkommen in sie vernarrt.

Als sie ihm erzählte, dass ein Mann ermordet worden war, wäre jeder normale Mensch sofort zur Polizei gegangen. Doch wie bereits gesagt, lieh er ihr stattdessen Geld, um einen alten Wagen zu kaufen und die Leiche zu entsorgen. Das ist nichts anderes als Beihilfe zum Mord, mindestens aber Vorschubleistung – beides hätte im Fall einer Verurteilung lange Haftstrafen nach sich ziehen können. Dann tat er sogar etwas noch Dümmeres: Am Karfreitag – dem Tag, an dem Chapman in seiner Wohnung bereits in einer Blutlache lag – schickte »der hübsche Kev« (ein weiterer Spitzname) Dennehy eine Osterkarte. Später am selben Tag rief sie ihn an, um ein Rendezvous in ihrer Wohnung zu vereinbaren. Doch Dennehy wollte keinen Sex wie sonst. Sie plante bereits ihren dritten Mord. Sie köderte Lee mit der Aussicht, seine außergewöhnlichen sexuellen Gelüste befriedigen zu können und ein schwarzes Kleid anziehen zu dürfen, bevor sie beide miteinander intim werden würden.

Früh am darauffolgenden Morgen ging der 68-jährige Terry Walker in der ländlichen Gemeinde Newborough mit seinem Hund spazieren und entdeckte in einem Entwässerungsgraben am Rande der Middle Road eine Leiche, die dort mit dem Gesicht nach unten lag. Die Leiche trug ein schwarzes, paillettenbesetztes Kleid, das bis über die Pobacken hinaufgezogen war. Ein »Objekt« steckte in ihrem Anus.

»Dies war ein entwürdigender Akt der Erniedrigung nach dem Tod. Die Leiche wurde bewusst so inszeniert«, erklärte mir Hauptkommissar Martin Brunning in unserem Gespräch. Die Fotos der Leiche waren derart verstörend, dass sie später etwas »abgemildert« wurden, bevor die Jury sie während des Prozesses zu Gesicht bekam.

Die Ermittlungen der Polizei konzentrierten sich schnell auf Dennehy und Stretch, die inzwischen auf der Flucht waren und wenig später im Ort Hereford auftauchten, mit einem weiteren Kriminellen namens Mark Lloyd im Schlepptau. Am Nachmittag des 2. April 2013 machten sie Halt bei Green Lane, einem Laden an einem Kreisverkehr zwischen Wordsworth Road und Westfaling Street. Dort kaufte Dennehy, gemeinsam mit Llyod, offenen Tabak und eine Flasche Whisky. Dabei wurde sie von den Sicherheitskameras aufgezeichnet. Laut dem Verkäufer des Ladens war sie »ziemlich aufgedreht und geradezu euphorisch«.

ROBIN BEREZA

Während seiner Vernehmung in Dennehys Prozess tätigte Robin Bereza folgende Aussage: »Ich spürte einen Stoß gegen meine rechte Schulter. Zunächst habe ich nicht realisiert, dass ich angegriffen wurde. Ich drehte mich um und sah diese Frau [Dennehy]. Sie schien durch mich hindurchzustarren. Ich trat nach ihr und traf auch.«

Gegen 15:35 Uhr ging der 63-jährige ehemalige Feuerwehrmann Robin Bereza mit seinem Labrador Samson die Westfaling Street entlang, eine viel befahrene Straße, die links und rechts von Doppelhaushälften mit roten Klinkerfassaden gesäumt ist. Als er an eine Kreuzung kam, hielt hinter ihm ein Wagen. Was dann geschah, berichtete er dem fassungslosen Gericht folgendermaßen:

»Ich trat nach ihr und traf auch. Das schien sie aber überhaupt nicht zu beeindrucken. Sie kam ganz nah an mich heran. Ich dachte, dass sie mich ausrauben wollte, und rannte auf die Straße. Als ich meine Jacke mit der Hand berührte, bemerkte ich erst all das Blut und begriff: ›Die will Blut!‹ Sie versuchte noch mal, mir näher zu kommen. Ich trat sie erneut, aber sie reagierte immer noch nicht darauf. Ich fragte sie, was das soll. Darauf antwortete sie: ›Ich will dir wehtun. Verdammt noch mal, ich werde dich kaltmachen!‹«

Obwohl Dennehy nur zweimal zustechen konnte, brachte sie Robin Bereza damit potenziell tödliche Verletzungen bei. Die tiefe Wunde in seinem Rücken verursachte ein Hämatopneumothorax sowie Quetschungen an der Lunge und eine Rippenfraktur. Hätten Ärzte nicht schnell den Brustbereich von Blut und Luft befreit, wäre Bereza vielleicht gestorben. Durch den zweiten Stich wurde sein Schulterblatt zerschmettert und der Oberarmknochen gebrochen. Es war pures Glück, dass keine Nerven irreparabel beschädigt wurden und er seinen Arm noch benutzen kann.

Mark Llyod sagte in Dennehys Prozess Folgendes zum Angriff auf Bereza aus: »Dennehy stach auf Robin Bereza ein wie im Film *Psycho*. Sie stieß mit ihrem ganzen Körpergewicht zu. Klinge und Griff des Messers waren voller Blut. Sie selbst stank nach Blut. Danach fuhr Gary ganz, ganz ruhig davon, so als hätten sie nur kurz bei McDonald's gehalten.«

Trotz seiner schweren Wunden schleppte Bereza sich noch nach Hause und rief einen Krankenwagen. Um 15:42 Uhr nahm die Polizei einen Anruf der Midlands Ambulanz entgegen mit der Meldung, dass ein Mann in der Westfaling Street mehrfach mit einem Messer attackiert worden war. Bereza wurde umgehend ins Krankenhaus von Hereford County gebracht und von dort ins Queen-Elizabeth-Krankenhaus in Birmingham geflogen.

Direkt nach dem Mordversuch an Bereza sagte Dennehy zu Stretch: »Du hast deinen Spaß gehabt, jetzt will ich meinen. Ich will keine Frau umbringen, schon gar keine mit Kind. Finde einen anderen Kerl mit Hund für mich!«

JOHN ROGERS

Dieser bedauernswerte Mann dachte nur: »Hier werde ich also sterben.«

Es war inzwischen etwa 15:45 Uhr, rund neun Minuten nach Dennehys Angriff auf Robin Bereza. Der 56-jährige John Rogers ging mit seinem grauen Lurcher namens Archie auf einem Weg am Fluss im Städtchen Hereford spazieren, zwischen Golden Post und dem Belmont Estate im Stadtteil Hunderton.

Bei seiner Vernehmung im Doppel-Prozess von Dennehy und Stretch 2013 berichtete ein finster dreinblickender Rogers der Jury Folgendes:

> *»Ich spürte einen Stoß gegen meinen Rücken. Zunächst dachte ich, es wäre nur ein Freund oder Nachbar, der mich etwas aufziehen will. Ich drehte mich um und sah die Frau, die mich attackiert hatte, einfach so dort stehen. Als sie mir in die Brust stach, fragte ich sie, was das solle, und sie antwortete: ›Du blutest ja schon, dann mache ich besser weiter.‹*
>
> *Ich flehte sie an, mich in Ruhe zu lassen, aber das tat sie nicht. Sie zeigte keinerlei Emotionen. Sie schien auch keinen Spaß dabei zu haben. Es war, als würde sie einfach stumpf ihre Arbeit erledigen.*
>
> *Ich fiel zu Boden, aber die Attacke ging weiter. Ich wartete nur noch darauf, dass es aufhörte. Überall war Blut. Und während ich so dort lag, dachte ich: ›Hier werde ich also sterben.‹«*

Dennehy stach mehr als 30 Mal auf John Rogers ein. Er hatte tiefe Wunden in Brust, Bauch und Rücken. Beide Lungenflügel waren kollabiert. Sein Darm war durchlöchert und exponiert. Die Stiche wurden mit einer solchen

Wucht ausgeführt, dass neun Rippen dabei brachen. Hinzu kamen Abwehrverletzungen an Händen und Armen, die irreparable Nervenschäden hätten verursachen können. Wie Robin Bereza litt auch Rogers nach dem Angriff zudem unter ganz massiven emotionalen und psychischen Problemen. Er erholte sich nie ganz von Dennehys mörderischem Angriff und starb im November 2014.

Dennehy, Stretch und andere wurden noch am Tag der Angriffe in Hereford verhaftet. Alle, die in irgendeiner Weise an den Morden und deren Vertuschung beteiligt gewesen waren, wurden zu Haftstrafen verurteilt, die von 18 Jahren (Stretch) bis hin zu lebenslänglich (Dennehy) reichten. Sie sitzt aktuell in der Haftanstalt HMP Bronzefield in der Woodthorpe Road von Ashford, in der Grafschaft Middlesex ein.

DAS MOTIV FÜR DIE MORDE

Joanna Dennehy besitzt die Arroganz zu glauben, dass sie eine Art von Kontrolle wiedererlangt, wenn sie die wahren Gründe für ihre schrecklichen Morde nicht verrät – und das wollen gewissenlose Monster wie sie immer. Meiner Meinung nach hat sie ihre Motive allerdings schon vor langer Zeit offenbart, denn Hinweise dafür lassen sich in ihrer langen kriminellen Karriere immer wieder finden.

Zunächst einmal haben wir hier eine bisexuelle Frau mit einer gravierenden psychischen Störung und einem offensichtlich ganz leidenschaftlichen Hass auf Männer. Dies zeigt sich an den Unmengen Blut, die bei den Morden an Lukasz Slaboszewski, John Chapman und Kevin Lee sowie während der Mordversuche an Robin Bereza und John Rogers am helllichten Tag geflossen sind. Bei Letzterem aus über 30 Stichwunden (inzwischen gehen Ermittler sogar von beinahe 40 aus), als er nichtsahnend mit seinem Hund spazieren ging.

Betrachten wir als Nächstes, wie Dennehy, gemeinsam mit Gary Stretch, die Leichen von Slaboszewski, Chapman und Lee entsorgt hat. Sie haben die Toten einfach wie einen Haufen Müll in einen Straßengraben geworfen. Lee trug dabei ein schwarzes Paillettenkleid, das so drapiert worden war, dass sein Gesäß zu sehen war – und damit auch das Objekt, das ihm rektal eingeführt worden war. Dennehy brachte ihre drei Opfer auch nicht einfach nur um, sie schlachtete sie regelrecht ab wie Uma Thurman im Film *Kill Bill*.

Dennehy hatte einmal geäußert, dass sie niemals einer Frau etwas antun würde, schon gar keiner Frau mit Kind. Wie unglaubwürdig diese Aussage ist, zeigt die Tatsache, dass sie keine Sekunde darüber nachgedacht hat, ob eines ihrer Opfer vielleicht Familie und Kinder haben könnte. Slaboszewski hatte eine Schwester und eine Mutter. Lee hatte eine Frau und eine Tochter, um die Dennehy sich einen Dreck geschert hat. Und sie hat vor ihren Angriffen auch nicht darüber nachgedacht, ob es vielleicht eine Frau Bereza oder eine Frau Rogers gab, die daheim auf ihre Männer warteten. Mit den Angriffen auf diese Männer hat Dennehy meiner Meinung nach auch deren Frauen und Kinder sowie ihre eigene Mutter und jüngere Schwester verletzt und deren unschuldige Leben mitruiniert. Ein interessantes Postskriptum in diesem Zusammenhang: Seit Dennehy im HMP Bronzefield einsitzt, hat sie eine lesbische Mitgefangene mit dem Tod bedroht, als sie herausgefunden hat, dass diese draußen eine Freundin hat. Und sie saß monatelang in Isolationshaft, nachdem sie gedroht hatte, eine weibliche Aufseherin zu töten.

Und wenn sie Kindern wirklich nicht schaden wollte, was war dann mit ihren eigenen? Warum hat sie die überhaupt bekommen? Hat sie beide Kinder vielleicht nur zur Welt gebracht, um Leistungen vom Staat zu kassieren? Schließlich ließ sie keines der beiden auch nur ein Fünkchen Mutterliebe spüren.

Wenn man tiefer in den verqueren Geist dieses Monsters vordringt, deckt man schnell eine weitere ihrer Lügen auf: Dennehy hat stets behauptet, dass sie niemals einem Hund wehtun könnte. Auch das stimmt nicht ganz. Als sie John Treanor kennengelernt hat, war er mit seinem Hund unterwegs, einem Deutschen Schäferhund, den er bei seiner Mutter ließ, als das Paar nach Luton durchbrannte. Sie hat außerdem versucht, Robin Bereza und John Rogers zu töten, die beide Hunde bei sich hatten. Nach dem Angriff auf Rogers nahm sie ihm seinen Hund Archie sogar weg und brachte ihn in ihrem Auto fort. All das zeigt doch, dass sie nur Verachtung für Hundeliebhaber und deren Tiere übrighatte.

Sicher werden manche Leser dieses Buchs, sogar einige Psychiater, argumentieren, dass man für Dennehy eine Form von Strafminderung geltend machen müsse, weil sie schon im zarten Alter von 14 Jahren Alkohol und Drogen konsumierte und das der Entwicklung ihres Gehirns massiv geschadet hat. Das ist natürlich ein gutes Argument, allerdings gibt es Millionen Jugendliche da draußen, die noch viel früher mit Drogen und Alkohol anfangen als Dennehy und sich trotzdem nicht zu gewissenlosen Serienmördern mit einer Vorliebe für menschliches Blut entwickeln. Von daher würde ich dieses Argument einfach ablehnen.

Frauen, die aus nächster Nähe mit einem Messer töten, finden sich in den schwarzen Annalen der Kriminalgeschichte zuhauf. Doch meines Wissens war keine so brutal wie Dennehy – und das will was heißen. Ich habe viele Einmalmörderinnen interviewt und sogar die berüchtigte amerikanische Serienmörderin Aileen »Lee« Carol Wuornos, doch keine von denen könnte der grausamen Joanna Dennehy das Wasser reichen.

Und meiner Meinung nach wird sie auf jeden Fall immer wieder töten.

Suzanne »Sue« Margaret Basso

Tötungsart: andauernde Folter
Ihre Absicht war es, extreme körperliche Schmerzen zu verursachen, psychische und physische Qualen zu bereiten und mentales Leid herbeizuführen.

Opfer:
Carmine Basso (47) und Louis »Buddy« Musso (59)

Als Christianna Hardy, geborene Basso und Tochter von Suzanne Basso, erfuhr, dass über ihre Mutter die Todesstrafe verhängt worden war, kommentierte sie dies mit: »Wunderbar. Das ist einfach wunderbar. Endlich wird der Gerechtigkeit Genüge getan. Nun wird sie nie wieder frei herumlaufen und kann niemandem mehr schaden.«

Es gibt das Böse und es gibt eine Boshaftigkeit, die jedes normale Böse noch übersteigt. Wie im folgenden Fall, der Ihnen den Magen umdrehen wird. Wenn eine Frau die Todesstrafe verdient hat, dann Basso. Am 5. Februar 2014 wurde sie im Gefängnis The Walls in Huntsville mit der Giftspritze hingerichtet.

Louis »Buddy« Mussos Leiche wurde am 26. August 1998 gefunden. Laut Gerichtsakten aus dem Harris County in Texas war ein gewisser Mical Renz auf der North Main Street in Galena Park, einem Städtchen östlich von Houston, joggen, als er gegen 6:15 Uhr jemanden im Straßengraben liegen sah. Renz dachte sich zunächst nichts dabei und setzte seinen morgendlichen Lauf fort. Nachdem er damit fertig war und sich für die Arbeit fertig gemacht hatte, kehrte er doch noch einmal zu dem Ort zurück, an dem er die liegende Person gesehen hatte. Es war inzwischen kurz vor 8:00 Uhr. Als er sich der Person näherte, stellte er fest, dass es sich um den leblosen Körper eines Mannes handelte. Er verständigte sofort die Polizei.

Innerhalb weniger Minuten war Officer Kevin Cates von der örtlichen Polizei zur Stelle. Ihm fiel sofort auf, dass der Tote saubere Kleidung trug, obwohl sein Körper zahlreiche Verletzungen aufwies und voller Blut war. Dies brachte Cates zur Schlussfolgerung, dass der Tote nicht an dieser Stelle umgebracht, sondern nach der Tat hier entsorgt worden war.

Kurz darauf erschien auch sein Kollege Robert Pruett am Fundort, der über Funk anfragte, ob es in den Nachbarorten Meldungen zu vermissten Personen gab. Und tatsächlich: In Jacinto City, das direkt an Galena Park grenzte, hatte eine gewisse Suzanne Basso erst kürzlich eine Vermisstenanzeige aufgegeben. Nachdem er diese Information erhalten hatte, machte Pruett sich umgehend auf den Weg zu Bassos Adresse in der Hoffnung, dort erste Hinweise zur Identität des bis dato noch unbekannten Opfers zu bekommen.

Suzanna Basso wurde am 15. Mai 1954 in Schenectady, im US-Bundesstaat New York, geboren und war zum Zeitpunkt des Leichenfunds 44 Jahre alt. Sie lebte mit ihrem Sohn, James O'Malley, in einer Wohnung in Jacinto City. Als Chief Pruett dort eintraf, war Basso nicht zu Hause, sondern ihrerseits bei der Polizei, um den Personalausweis des Vermissten Louis Musso vorbeizubringen.

Pruett wartete einige Minuten, bis Basso wieder zurückkehrte. In diesem ersten Gespräch erfuhr Pruett, dass Musso mit Basso und ihrem Sohn in der Wohnung lebte. Basso bat den Ermittler herein und stellte ihn ihrem Sohn O'Malley vor. Zu Pruetts Überraschung fand er im Wohnzimmer neben einem Gästebett blutverschmierte Kleidung und ein Laken vor.

Auf die blutigen Textilien angesprochen, erklärte Basso, dass Musso im Wohnzimmer geschlafen habe und die Kleidung ihm gehöre. Der Ermittler bat sie und O'Malley, ihn zum Fundort der Leiche zu begleiten, um den Toten zu identifizieren, was sie ohne jede Überraschung oder Emotion taten. Danach nahm Pruett das Duo mit auf die Polizeiwache, um dort ihre Aussagen schriftlich festzuhalten. Beiden blieb nichts anderes übrig, als mitzukommen.

O'Malley gestand recht schnell, dass er etwas mit dem Mord zu tun hatte. In einer mündlichen und schriftlichen Aussage beschrieb er die Ereignisse, die zu dem Mord geführt hatten, und nannte die Namen weiterer Tatbeteiligter. Auf dieses erste Geständnis folgte eine umfassende Mordermittlung, die ein entsetzliches Geschehen zutage brachte, in dessen Rahmen ein geistig zurückgebliebener Mann von sechs Menschen auf brutalste Weise geschlagen und gefoltert worden war. Die Strippenzieherin hinter dieser unmenschlichen Tat war Suzanne Basso.

Basso war 1,58 Meter groß und hatte graue Haare und blaue Augen. Laut Unterlagen der texanischen Strafvollzugsbehörde, aus denen vor ihrer Hinrichtung vorgelesen wurde, hatte Basso Büroangestellte, Schneiderin und Hilfsarbeiterin als frühere Berufe angegeben. Zum Zeitpunkt ihrer Verhaftung war sie noch niemals vor Gericht gestanden.

Eine verlässliche Vita von Basso zu erstellen ist gar nicht so einfach, denn vieles, was sie die Öffentlichkeit glauben machen wollte, wurde später in Zweifel gezogen oder als glatte Lügen entlarvt. Zumindest, dass sie am 15. Mai 1954 als Tochter von Florence und John Richard Burns zur Welt kam, ist belegt. Sie hatte sieben Geschwister. Ihre Mutter Florence war übrigens die älteste Schwester von Amokläufer Robert Garrow, der 1973 vier Menschen umgebracht hat. Der Onkel von Suzanne Basso war ein sadistischer Vergewaltiger und Einbrecher, dessen Vorstrafenregister ellenlang war. Er wurde 1978 im Alter von 42 Jahren bei einem Fluchtversuch aus dem Gefängnis Fishkill erschossen.

Anfang der 1970er-Jahre heiratete die damals noch attraktive Basso den US-Marinesoldaten James Peek. Das Paar bekam eine gemeinsame Tochter, Christianna, sowie einen Sohn, den sie James Kirby nannten. Peek wurde 1982 verhaftet und verurteilt, weil er sich an seiner Tochter vergangen hatte. Er verbrachte daraufhin elf Monate in Haft, während denen seine Kinder in eine Pflegeeinrichtung kamen.

Ebenfalls gesichert ist die Tatsache, dass Suzanne Basso eine der bösartigsten Mörderinnen der Neuzeit war und die Todesstrafe mehr als verdient hat. Genauso belegt, weil vor Gericht attestiert, ist, dass Basso schon in den 44 Jahren vor ihrer Verhaftung immer wieder einen Hang zu Grausamkeit und sadistischem Verhalten gezeigt hat. Ihr damals 23-jähriger Sohn James »JD« Peek (der seinen Nachnamen später aus unerfindlichen Gründen in O'Malley geändert hat) gab vor, schreckliche Angst vor Basso gehabt zu haben, und ihre inzwischen verheiratete Tochter, Christianna Hardy, sagte aus, dass ihre Mutter sowohl sie als auch ihren Bruder emotional und sexuell missbraucht habe.

Es gibt wohl keine deutlichere Verurteilung dieser boshaften Frau als die ihrer eigenen Tochter, die das Todesurteil ihrer Mutter freudig kommentierte: »Wunderbar. Das ist einfach wunderbar! Endlich wird der Gerechtigkeit Genüge getan. Nun wird sie nie wieder frei herumlaufen und kann niemandem mehr schaden.« Und weiter: »Sollen die anderen Häftlinge sie umbringen, mir ist das egal. Sie hatte auch kein Mitleid mit Buddy oder irgendjemandem sonst, dem sie etwas angetan hat. Warum sollten wir also Mitleid mit ihr haben?«

Der erste dokumentierte Hinweis auf Bassos Vergangenheit stammt aus der Tageszeitung *Houston Press*: ein Artikel, der die Umstände des Todes von Bassos zweitem Ehemann, Carmine Basso, behandelte, dessen Leiche am 27. Mai 1997 in Büro Nr. 215 eines Bürokomplexes in 6633 Hillcroft, in Südwest-Houston, gefunden worden war. Offenbar hatte sie zuvor, am 22. Oktober 1995, im *Houston Chronicle*, einer anderen Zeitung, eine Heiratsanzeige drucken lassen. In dem schwülstig formulierten und weitgehend erlogenen Text stand: »Suzanne Margaret Anne Cassandra Lynne Theresa Marie Veronica Sue Burns-Standinslowski und Carmine Basso haben den Bund der Ehe geschlossen.« Die frischverheiratete Mrs. Basso behauptete darin nicht nur, einen elfteiligen Namen zu besitzen, sondern ebenso elf Brüder zu haben und eine Erbin der »Öldynastie in Halfiax, in der kanadischen Provinz Nova Scotia« zu sein.

Als wäre dies nicht schon hanebüchen genug, gab die vermeintliche Erbin eines »schwarzen Goldimperiums« außerdem an, in England zur Schule gegangen zu sein, nämlich am renommierten Saint Anne's Institute in Yorkshire, wo sie angeblich einen Abschluss in Hauswirtschaftslehre und als Schneiderin gemacht hatte. Basso schien ein richtiger Tausendsassa zu sein, denn nach ihrem Abschluss in England sei sie nach eigener Aussage ins Kloster gegangen, um Nonne zu werden. Fortan habe sie auf den Namen Schwester Maria Theresa gehört.

Ihr Vorbild dafür mag vielleicht Mutter Theresa gewesen sein, allerdings hatte sie mit der frommen Friedensnobelpreisträgerin von 1979 rein gar nichts gemein. Mit ihren stattlichen 165 Kilo war die unförmige Basso eher für ein Footballspiel geeignet als für ein Leben im Kloster. Fasten und ein Leben in Abstinenz und Askese waren ihr nämlich völlig fremd. Wenig überraschend klärten Vertreter von besagtem Kloster die *Houston Press* bald darüber auf, dass keine von Bassos Behauptungen stimmte. Und das St. Anne's Institute in Yorkshire gab es überhaupt nicht.

Das war nicht das Einzige, was im Lebenslauf dieser Lügnerin nicht stimmte, der vor Auszeichnungen und Superlativen nur so strotzte. Laut Carmine Bassos Stiefmutter Arlene waren sie und ihr Mann sich alles andere als sicher, dass Carmine und Suzanne überhaupt wirklich verheiratet gewesen waren. Arlene Basso wurde folgendermaßen von einem Journalisten zitiert: »Glauben Sie mir, wenn ich Ihnen sage: Diese Frau ist vollkommen verrückt!«

Die Stiefmutter erzählte, dass die angeblich frischvermählte Suzanne Basso behauptet hatte, Zwillingstöchter zu haben. Sie habe sogar ein Foto der Zwillinge an Familie Basso geschickt, die jedoch sofort erkannt hätten, dass darauf nur ein – schlecht fotografiertes – Mädchen zu sehen war, das vor einem Spiegel stand. Dilettantischer konnte man ein Bild nicht fälschen.

Ich und auch Sie, liebe Leser, dürfen deshalb mit ziemlicher Sicherheit davon ausgehen, dass Suzanne Basso eine pathologische Lügnerin war, die in einer Welt lebte, in der Elefanten fliegen und Bleikugeln hüpfen können und Märchenfeen herrschen. Was sich bestätigte, als sie auch Carmine Bassos Stammbaum schönfärbte. In einer schicken viertelseitigen Zeitungsannonce gab sie an, ihr Gatte sei mit der Tapferkeitsmedaille Medal of Honor geehrt worden, der höchsten militärischen Auszeichnung der USA – was natürlich nicht der Wahrheit entsprach. Dass ihm die Sicherheitsfirma Latin Security and Investigation gehörte, stimmte dagegen tatsächlich.

Als Sitz der Firma war das schäbige Büro 215 in der 6633 Hillcroft Street in Houston registriert – also genau die Adresse, an der Officer J. R. Martinez Carmines bereits verwesende Leiche gefunden hatte.

Bei der Obduktion wurden zunächst keinerlei Spuren von Gewalteinwirkung an Bassos Leiche gefunden. Der Mord an Louis Musso, nur kurze Zeit später, veranlasste die Polizei allerdings, auch die Umstände von Carmine Bassos Tod noch einmal genauer unter die Lupe zu nehmen.

Laut dem Untersuchungsbericht war Suzanne Basso offenbar die Letzte, die mit ihrem Mann gesprochen hatte, und zwar am 20. Mai 1997 um 11 Uhr. Sie hatte ihn von New Jersey aus angerufen, wo sie angeblich ihre Mutter besucht hatte. In dem Bericht stand außerdem, dass die Bassos offenbar mehrere Monate in dem Büro gehaust hatten, obwohl es dort weder Bad noch Toilette gab, sodass der Raum sich in einem dementsprechend »unangenehmen Zustand« befunden habe. Es standen dort laut Bericht »mehrere Mülleimer voller Kot und Urin« herum. Das Büro war derart verdreckt, dass sogar die Reinigungskräfte einen großen Bogen darum machten, weil von innen ein ganz fürchterlicher Gestank nach außen drang. Bassos verwesende Leiche dürfte die Raumluftqualität nicht eben verbessert haben.

Suzanne Basso wurde für das plötzliche Ableben ihres Mannes nie angeklagt oder gar verurteilt. Ich bin allerdings felsenfest davon überzeugt, dass sie ihre Finger dabei im Spiel hatte. Die Obduktion wurde von Joye Carter, der Gerichtsmedizinerin von Harris County, durchgeführt. Sie kam zunächst zum Ergebnis, dass Carmine Basso eines natürlichen Todes gestorben sei. Diese Einschätzung revidierte sie aber später, als sie vom Mord an Buddy Masso erfahren hatte.

In ihrer ersten Beurteilung schloss Carter damit, dass Bassos Tod die Folge einer »erosiven Ösophagitis« gewesen sei, also einer Entzündung der Speiseröhre, die durch einen Rückfluss von Magensäure verursacht wird – in Laiensprache: ein furchtbares Sodbrennen. Diese Erosion erstreckte sich bis in die Luftröhre und den Bereich der Halswirbelsäule. Die einzige »größere Auffälligkeit«, die Carter ansonsten bemerkte, sei ein »starker Körpergeruch« gewesen.

Kurzum: Es schien, als wäre Carmine Basso im zarten Alter von 47 Jahren an besonders gravierenden Magenproblemen gestorben – und sonst nichts.

Nichtsdestotrotz äußerte sich Dr. Carter zwei Jahre später folgendermaßen: »Als die Leiche von Mr. Basso gefunden wurde, deutete zunächst nichts auf ein Verbrechen hin, ein wenig seltsam erschien mir das Ganze dennoch. In Anbetracht des Musso-Falls ist hier unter Umständen eine neuerliche Beurteilung der Todesursache angebracht.«

Ob man Carmine Bassos Leiche exhumieren und erneut untersuchen sollte, wird – während ich dieses Buch verfasse – noch immer diskutiert. Dass Buddy Musso keines natürlichen Todes gestorben ist, darüber sind sich dagegen alle einig. Er wurde ganz eindeutig ermordet.

»Ich habe Buddy das Versprechen gegeben, stets auf ihn aufzupassen. Dieses Versprechen habe ich gebrochen und diese Schuld werde ich für immer mit mir tragen« (Mimi Averill während Bassos Prozess 1999).

Buddy Musso war geistig zurückgeblieben. Obwohl er bereits 59 Jahre alt war, verfügte er über die kognitiven Fähigkeiten eines achtjährigen Kindes. Bekannte bezeichneten ihn als leichtgläubig. Musso wurde in New Jersey geboren und ist dort aufgewachsen. Er ging regelmäßig zur Kirche, wo er rund 20 Jahre vor seinem Tod auch Mimi Averill kennenlernte. Averill, die selbst einen behinderten Enkel hatte, freundete sich mit Musso an, der mit der Zeit so etwas wie ihr Adoptivsohn wurde.

Wir schreiben das Jahr 1998. Wie genau Musso und Basso ein Paar wurden, ist bis heute nicht bekannt. Wir wissen aber, dass Musso schon einmal verheiratet war und einen Sohn hatte, seine Frau war 1980 an Krebs gestorben. Musso lebte in einer betreuten Einrichtung in Cliffside Park, New Jersey, und arbeitete als Einpacker in einem Supermarkt.

Ebenfalls bekannt ist, dass Musso und Basso sich erstmals auf einem Kirchenbasar begegneten. Sie hatte ihren Sohn James dabei, der nur einen IQ von 70 besaß, sowie ihre Mutter Florence, ebenfalls eine fromme Kirchengängerin. Musso war vermutlich mit Mimi Averill dort, die beiden älteren Damen kannten sich aus der Kirche. Das erste Kennenlernen von Musso und Basso erfolgte also ganz zufällig und harmlos.

Die gerissene Suzanne Basso begriff allerdings schnell, dass Musso einiges an Geld auf der hohen Kante hatte und regelmäßig Sozialleistungen vom Staat bezog. Sie begann, mit ihm zu flirten, und überzeugte ihn schon bald davon, dass es eine gute Idee wäre, sie zu heiraten. Im Juni desselben Jahres packte Musso seine sieben Sachen und zog, ohne den Averills ein Wort davon zu sagen, nach Texas, um bei Basso und ihrem Sohn in Houston zu leben.

Das Trio wohnte in Bassos Wohnung und die zukünftige Ehefrau begann sofort damit, Mussos Leben, insbesondere seine Finanzen, zu kontrollieren. Sie wollte veranlassen, dass seine Sozialleistungen fortan direkt an sie ausgezahlt wurden, und stellte sich von seinem Bankkonto aus selbst Schecks aus. Innerhalb von nur einem Monat hatte sie ein von ihm unterzeichnetes Testament aufgesetzt, das sie zur Alleinerbin seines Besitzes machte. Dieser ruchlose Plan, so offenkundig einfach er auch gewesen sein mag, ging so weit, dass Basso ebenso Mussos Lebensversicherung kassiert hätte. Laut Police musste die Versicherung ihr 65 000 Dollar auszahlen, sollte Musso eines gewaltsamen Todes sterben – was wenig überraschend kurz darauf exakt so eingetreten ist.

Von seiner Ankunft in Houston bis zu seinem Tod vergingen gerade einmal zwei Monate. Mit seinen Freunden, den Averills, durfte Musso in der Zeit nur ein einziges Mal sprechen. Während des Telefonats weinte er bitterlich und sagte, dass er sie vermisste, sodass ihm keine weiteren Anrufe erlaubt wurden. Dafür telefonierte Basso selbst mit den Averills, die trotz wiederholter Bitte nicht mehr mit Musso reden durften.

Basso und ihr Sohn waren mit einer gewissen Bernice Ahrens befreundet, die ganz in der Nähe mit ihren beiden erwachsenen Kindern Craig (25) und Hope (22) sowie Hopes Freund Terence Jermaine Singleton (26) zusammenwohnte – ein ziemlich eigenartiger Haufen.

Am 22. August 1998 schickte die Polizei von Houston den Streifenpolizisten Jeffery Butcher zur Klärung eines Falles von Körperverletzung, der kurz zuvor per Notruf gemeldet worden war. Als Butcher am Tatort ankam, wurde er dort vom Anrufer Jeffrey Jones begrüßt. Ebenfalls anwesend waren Buddy Musso, James O'Malley und Craig Ahrens. Jones berichtete dem Polizisten, dass O'Malley und Ahrens Musso gezwungen hätten, gegen seinen Willen ständig auf der Stelle zu laufen. Butcher fiel zudem auf, dass Musso zwei blaue Augen hatte und dazu noch weitere Anzeichen von Gewalteinwirkung zeigte. Er bemerkte außerdem, dass Musso geistig behindert und offenbar extrem erschöpft war.

Während seiner Befragung sagte Musso, dass eine Gruppe Mexikaner ihn verprügelt hätten. Er stritt ab, dass O'Malley und Ahrens für seine Verletzungen verantwortlich seien. Weil Butcher deshalb nicht mehr tun konnte, brachte er Musso zur Wohnung von Bernice Ahrens und lernte dort Suzanne Basso kennen. Die setzte eine äußerst überzeugende Maske auf und behauptete dem Polizisten gegenüber, sie sei Mussos Vormund. Dann erfand sie die Geschichte, dass Musso in New Jersey misshandelt worden sei. Sie gerierte sich als wahrer Engel der Nächstenliebe und erklärte die Situation mit O'Malley und Ahrens damit, dass sie beide losgeschickt hätte, um mit Musso laufen zu gehen, da dieser ständig in ihrer Wohnung umherrennen würde (vermutlich als Training für eine Flucht weit weg von ihr und hin zu den Averills). In jenem Moment ging Musso zu Basso hinüber und lehnte liebevoll seinen Kopf an ihre Schulter.

Damit war Butcher überzeugt, dass Musso sich nun in guten Händen befand, ließ ihn in Bassos Obhut und fuhr weg. Der Polizist hatte die Situation falsch eingeschätzt und sich von der bösartigen Psychopathin Basso täuschen lassen – ein fataler Fehler, denn vom Moment an, als Musso die Wohnung der Ahrens verlassen und die von Basso betreten hatte, musste er einen Marathon unmenschlicher und grausamer Folter über sich ergehen lassen, die erst endete, als er drei Tage später starb.

An dieser Stelle möchte ich Sie bitten, sich vorzustellen, es sei Ihr eigenes achtjähriges Kind – denn nichts anderes war Buddy Musso gemessen an seinen geistigen Fähigkeiten –, das die folgenden Qualen erleiden müsste. Stellen Sie sich all das Leid und die Angst vor und fragen Sie sich dann, ob Suzanne Basso die Todesstrafe verdient hatte oder nicht.

Das Ausmaß an Brutalität, der Musso zum Opfer fiel, und das Leid in den letzten Tagen seines Lebens werden in den Gerichtsakten von Harris County in grausamen Details dokumentiert. Musso, Basso und O'Malley blieben in den folgenden Tagen ins Ahrens' Wohnung. Angestachelt von der bösartigen und habgierigen Basso, wurde der wehrlose Musso auf eine so brutale Weise geschlagen und misshandelt, wie es sich selbst Stephen King in seinen Horrorgeschichten nicht hätte ausdenken können.

Musso wurde gezwungen, in der sogenannten »Hurricane Position« zu sitzen, also auf den Knien und mit den Händen hinter dem Kopf verschränkt. Jedes Mal, wenn die arme Seele diese Position verließ, wurde er dafür massiv bestraft, etwa indem Jermaine Singleton ihn mit aller Kraft in den »Allerwertesten« trat oder Basso ihm die metallene Stange eines Staubsaugers auf den Kopf knallte, was die erste von insgesamt 17 Platzwunden an seinem Kopf verursachte. Irgendwann schlug Craig Ahrens vor, Musso ins Krankenhaus zu bringen, um die Wunden an seinem Kopf nähen zu lassen, doch keiner nahm den Vorschlag ernst und das Martyrium des Mannes ging weiter.

Während dieser gesamten Zeit bis zu seinem Tod verwehrte man Musso jegliche Nahrung und die Prügel und Misshandlungen wurden immer schlimmer, bis irgendwann auch Baseballschläger, ein Ledergürtel und Stiefel mit Stahlkappen eingesetzt wurden. Im Prozess gab einer der Angeklagten zu, dass sie ihn sogar in ätzendem Reiniger und Bleichmittel gebadet und mit einer Drahtbürste geschrubbt hätten.

Irgendwann kam ein Streit darüber auf, ob Basso Musso einmal gesagt habe, dass sie Sex mit ihm haben wolle. Craig Ahrens, O'Malley und Singleton konfrontierten Musso damit und begannen erneut, auf ihn einzuprügeln. O'Malley trat ihm mit seinen Stahlkappenstiefeln gegen Kopf und Brust und trampelte auf seinen Armen herum. Laut Aussage von Bernice Ahrens, die während all dem tatenlos danebenstand, flehte Musso seine Peiniger an, von ihm abzulassen und ihn in ein Krankenhaus zu bringen, weil es ihm »nicht gut« ginge.

Am Dienstagabend brachten O'Malley und Singleton Musso kurz vor dem Abendessen zum Baden in die Badewanne. Darin rutschte er aus und schlug sich den Kopf an. Daraufhin sprang O'Malley in die Wanne und trat ihm auf den Kopf, was eine tiefe Platzwunde auf Mussos Schädel aufriss, die wieder stark zu bluten begann. Dann betrat Hope Ahrens das Badezimmer und alle drei schlugen und traten Musso, wodurch sein »Ohr aufplatzte« und sein Kopf noch stärker blutete. Anschließend zerrten sie ihn aus dem Bad und ließen ihn im Flur liegen, während sie zum Abendessen in den Nebenraum gingen.

Während des Essens ging die 165 Kilo schwere Basso ins Bad und schlug Musso dabei mit einer Mickeymaus-Dekofigur auf den Kopf, die eine x-förmige Platzwunde hinterließ. Singleton kam dazu und gemeinsam legten sie den inzwischen kaum mehr ansprechbaren Mann wieder in die Wanne und gossen ihm bestialischerweise Wundbenzin und Peroxid in die offenen Wunden, bevor sie an den Abendbrottisch zurückkehrten.

Kurz nach dem Essen bemerkten sie, das Musso, der – Sie erinnern sich – das Leben mit den Augen eines Achtjährigen sah, verstorben war und sein Martyrium endlich ein Ende gefunden hatte.

»Doch, Mäuschen, du zeigst nicht allein,
Dass Vorsicht kann vergeblich sein,
Der beste Plan von Maus und Mann
Gelingt oft nicht,
Und Leid und Kummer bringt uns dann,
Was Lust verspricht.«

(Robert Burns – *An eine Maus*, 1786)

Die großen Pläne von Kleinkriminellen, deren Erwartungen an sich und ihre Erfolge weit jenseits ihrer Fähigkeiten liegen – sie enden meist im Desaster. Beeinflusst von Geschichten aus Zeitungen oder dem Fernsehen, glauben diese Nichtsnutze tatsächlich, sie könnten es jenen nachmachen, die in ihren Augen völlig grundlos viel erfolgreicher sind, als sie selbst es je waren. Angetrieben von den falschen Motiven, oft Gier oder Rache, hecken sie schlecht durchdachte Pläne aus, die von vornherein zum Scheitern verurteilt sind und in aller Regel komplett schiefgehen.

Um nicht mit dem Mord in Verbindung gebracht zu werden und Mussos Lebensversicherung zu kassieren, ordnete Basso an, seine Leiche zu reinigen, ihr frische Kleidung anzuziehen, sie im Kofferraum von Bernice Ahrens' Wagen zu verstauen und an den Ort zu fahren, wo sie letztlich gefunden wurde: einem Graben an der Main Street in Galena Park, wo der Jogger Renz sie am folgenden Morgen entdeckte.

Ein Paradebeispiel für Dummheit, denn so hätte die Polizei davon ausgehen müssen, dass Musso sich nach seinem Tod noch einmal selbst umgezogen hatte. Hinzu kam ein weiterer Akt grenzenloser Dummheit: Das stümperhafte Pack hinterließ mit Mussos Blut verschmierte Handschellen und zwei Baseballschläger in Ahrens' Wohnung, auch auf dem Teppich befand sich überall Blut. Es gab dort blutige Handtücher, Gummihandschuhe und Rasierklingen. Das ganze Bad war voller Blut, ebenso Ahrens' Wagen, und die Polizei brauchte nicht lang, um all das zu entdecken.

Mussos erstes Testament war 1997 aufgesetzt worden. Auf einem Computer fand man jedoch ein zweites, neueres Testament, das Basso zur Alleinerbin von Mussos gesamtem Vermögen machte und auf den 13. August 1998 datiert war, nur zwölf Tage bevor er ermordet wurde.

Die Ermittler fanden außerdem Kontoauszüge, aus denen hervorging, dass Mussos Sozialhilfeschecks von Basso eingelöst wurden. Andere Dokumente belegten, dass diese von Grund auf böse Frau erfolglos versucht hat, Mussos Gelder vom Amt selbst zu verwalten. Offenbar wurde dieses Ansinnen von jemandem aktiv blockiert, möglicherweise von Mussos Nichte, die ihm sehr nahestand, oder von seinem Freund und Vertrauten Al Becker, der Mussos Sozialleistungen 20 Jahre lang verwaltet hatte. Und als wäre das nicht schon schlimm genug, existierte noch eine einstweilige Verfügung, die Basso veranlasst hatte und Mussos Freunden und Verwandten jeglichen Kontakt zu ihm untersagte.

Kommen wir nun zu Mussos Obduktion, deren Ergebnisse Ihnen das Blut in den Adern gefrieren lassen werden.

Unter den zahllosen Verletzungen, die der Gerichtsmediziner Dr. Shrode während des Prozesses detailliert schilderte, waren gebrochene Rippen, eine gebrochene Nase, ein Schädelbasisbruch, Brandnarben von Zigarettenstummeln, chemische Verätzungen und Blutergüsse von den Fußsohlen bis zum Oberkörper, darunter auch an Genitalien, Augen und Ohren. In seiner Mundhöhle und Luftröhre wurde zudem Blut gefunden. Die Obduktion ergab eine »Schädelfraktur infolge von Mehrfacheinwirkung stumpfer Gewalt« als unmittelbare Todesursache, die Verletzungen im Genitalbereich waren aber derart massiv, dass auch sie durchaus zum Tod hätten führen können. Dr. Shrode erklärte im Rahmen seiner Aussage außerdem, das Opfer habe in den wenigen Wochen, die er mit der sadistischen Basso verbracht hatte, bis zu 15 Kilo Gewicht verloren.

Obwohl alle Beteiligten für schuldig befunden wurden, forderte die Staatsanwaltschaft die Todesstrafe nur für Basso, nicht aber für ihre fünf Komplizen. Sie galt als Drahtzieherin hinter dem mörderischen Plan, der darauf abzielte, Mussos Lebensversicherung ausbezahlt zu bekommen. Der Staatsanwalt zeichnete während des Prozesses ein Bild von Basso als bösartige und skrupellose Betrügerin, die mehrere Scheinidentitäten benutzte. Die Polizei hatte nämlich ermittelt, dass Musso nicht der Einzige war, von dessen Tod Basso profitierte. Sie hatte zu ihren Gunsten Lebensversicherungen für eine ganze Reihe von Menschen abgeschlossen, darunter ein achtjähriges Kind, das gar nicht existierte – was mich an den natürlichen Tod zurückdenken lässt, den Carmine Basso angeblich gestorben sein soll.

Dieses Kapitel hat uns in den skrupellosen, kaltblütigen Geist einer der sadistischsten Mörderinnen der amerikanischen Kriminalgeschichte blicken lassen. Suzanne Bassos mörderische Blutlinie lässt sich bis zu ihrem Onkel, dem Amokläufer Robert Garrow, zurückverfolgen, der im Jahr 1973 vier Menschen getötet hat. Wie bereits erwähnt, war Garrow ein sadistischer Vergewaltiger und Einbrecher mit einem Vorstrafenregister so lang wie sein Arm. Bassos erster Ehemann, ein US-Marine namens James Peek, wurde 1982 verhaftet, weil er seine eigene Tochter missbraucht hatte. Ihr eigener Sohn James hatte nur einen IQ von 70 und war nicht besonders clever.

Wir wissen heute, dass Suzanne Basso eine Betrügerin war, die sich mithilfe verschiedener Identitäten und falscher Referenzen erschlich, was immer sie wollte, und das zu jedem Zeitpunkt. Ob sie tatsächlich mit Carmine Basso verheiratet war oder nicht, zählt im Gesamtbild ihrer Taten am Ende wenig. Ein rechtlich bindendes Dokument, das die Ehe der beiden bestätigt hätte, existierte aber zumindest nicht, was sicher auch daran lag, dass sie noch gar nicht von James Peek geschieden war. Auf dem Papier blieb sie also mit Peek verheiratet, bis man sie in Huntsville auf der Exekutionsliege festschnallte und ihr die Spritze mit dem tödlichen Giftcocktail verabreichte, sodass letztlich erst der Tod die beiden schied.

Carmine Basso besaß tatsächlich eine Firma namens Latin Security and Investigation. Dabei handelte es sich allerdings um ein windiges Unternehmen, das keinerlei Geld erwirtschaftete und dessen Büro – freundlich formuliert – schäbig war. Die einzige Sache von Wert, die Carmine besaß, war seine Lebensversicherung, die vermutlich die hinterhältige Suzanne als Begünstigte auswies, meinen Informationen zufolge aber nach Carmines Ableben nicht ausgezahlt wurde. Wo und wie Carmine und Suzanne Basso sich kennengelernt haben, ist nicht bekannt. Wir wissen allerdings, dass beide 1993 eine Affäre hatten und Carmine in das Haus zog, in dem Basso und ihr Ehemann lebten. Angesichts dessen, wie sie Buddy Musso in ihre Fänge gelockt, ihn kontrolliert, all sein Geld gestohlen und ihn schlussendlich umgebracht hat, um seine Lebensversicherung zu kassieren, erscheint es mir mehr als plausibel, dass sie auch etwas mit Carmines Tod zu tun hat.

Ich nehme an, dass sie auch ihn umgebracht hat!

Akten der Polizei in Houston ist zu entnehmen, dass eine gewisse Suzanne Basso am 27. Mai 1997 den Polizeinotruf gewählt hat, um mitzuteilen, dass sie sich Sorgen um ihren »Ehemann« Carmine Basso mache, weil sie nichts mehr von ihm gehört habe, seit sie ihn am 20. Mai um 11 Uhr aus New Jersey angerufen habe. Rückblickend sollte uns diese Aussage seltsam vorkommen. Immerhin hatte Basso immer wieder betont, wie sehr sie ihren Mann liebte – und dann ging sie erst nach sieben Tage ohne Kontakt zur Polizei? Die meisten verliebten Paare tauschen sich doch eigentlich täglich aus. Weil die Polizei bei Carmine Basso keine Anzeichen eines gewaltsamen Todes festgestellt hatte, stand Suzanne nicht unter Tatverdacht und musste dementsprechend auch ihr Alibi nicht belegen (sie war ja angeblich in New Jersey gewesen und hatte von dort aus ihren Mann angerufen). Was mich besonders von einem gewaltsamen Tod Carmines überzeugt hat, war der Zustand seiner Leiche und des Büros, in dem sie gefunden worden ist. Die Leiche war bereits derart verwest, dass die Gerichtsmedizinerin keine gesicherte Angabe zum Todeszeitpunkt mehr machen konnte – der Mann war also bereits seit mindestens einer Woche tot, wenn nicht schon länger. Was die Gerichtsmedizinerin aber feststellte, war der »unterernährte« Zustand des Toten. Carmine Basso war, wie auch Buddy Musso, vollkommen abgemagert, als er starb, was darauf schließen lässt, dass ihm Nahrung verwehrt wurde. Erinnern Sie sich noch an den schaurigen Thriller *Sieben* mit Brad Pitt und Morgan Freeman aus dem Jahr 1995? Ähnlich wie in diesem Film können Sie sich die Szenerie im Büro 215 in der 6633 Hillcroft Street in Houston vorstellen, wo die Temperaturen an den meisten Tagen über 27 Grad Celsius liegen. Überlegen Sie nur, was solche Temperaturen mit einer verwesenden Leiche machen, dazu der Geruch von verrottendem Abfall und Mülleimern voll menschlicher Exkremente und abgestandenem Urin. Worauf ich hinauswill: Niemand bei Verstand, nicht einmal die Bassos, würden freiwillig ihr Büro als Toilette benutzen, wo es doch im Umkreis zahlreiche Tankstellen und andere öffentliche sanitäre Einrichtungen gab. Carmine aber tat es, weil er – wie Buddy Musso – keine andere Wahl hatte, bis Suzanne Basso ihn zwang, Reinigungsmittel zu trinken, und er starb.

Der Titel dieses Buches legt den Fokus auf Serienmörderinnen und eine solche war Suzanne Basso per offizieller Definition natürlich nicht: eine Täterin, die mindestens dreimal tötet, jeweils mit längeren Phasen zwischen den »Ereignissen«. Ich kann aber mit ziemlicher Sicherheit sagen, dass sie auf dem besten Weg zur Serienmörderin war, denn ihre mörderische und sadistische Psychopathologie zog sich wie ein roter Faden durch ihre Lebensgeschichte, von der Wiege bis zum Tod. Bei Bassos Motiv – Gier – stimmen Sie mir sicher zu. Meiner Meinung nach hat sie, nachdem sie mit dem Mord an Carmine davongekommen ist, exakt dasselbe noch einmal bei Buddy Musso versucht. Das haben alle »Schwarzen Witzen« gemein: Sie hören niemals auf zu morden, solange sie nicht verhaftet werden – das ist Fakt.

Das letzte Wort in dieser Sache würde ich gerne Bassos Tochter Christianna überlassen. Kurz nach der Verurteilung ihrer Mutter und der Verkündung des Strafmaßes sagte sie nämlich: »Wenn sie die Todesspritze bekommt, werde ich vermutlich zu Hause eine Flasche Champagner köpfen. Ich habe keinerlei Mitleid mit ihr.«

Diese mörderische und manipulative Frau versuchte sogar, in ihrem Prozess unangebrachtes Mitleid bei der Jury hervorzurufen, indem sie unglaubliche 100 Kilo abnahm und dadurch regelrecht ausgemergelt wirkte. Gebracht hat ihr das nichts. Als sie der Wärter bei der Hinrichtung fragte, ob sie noch irgendwelche letzten Worte zu sagen habe, antwortete sie: »Nein, Sir!«

Zum Zeitpunkt der Entstehung dieses Buchs, war der rechtliche Status von Bassos fünf Komplizen folgender:

PEEK (O'Malley), James Kirby. #04458396.
Frühestmögliches Entlassungsdatum auf Bewährung: 26.08.2038
Aktuell inhaftiert in der Jerry H. Hodge Unit in Rusk, Texas

SINGLETON, Terence Jermaine. #00875656.
Lebenslange Haft.
Aktuell inhaftiert in der Jim Ferguson Unit, in Midway, Madison, Texas.

AHRENS, Bernice. #00875450.
Frühestmögliches Entlassungsdatum: 26.08.2078.
Aktuell inhaftiert in der William P. Hobby Unit in Falls County, Texas.

AHRENS, Hope. #00895931.
Aktuell inhaftiert in der Lockhart Work Facility, Caldwell County, Texas.

AHRENS, Craig. #00875656.
Frühestmögliches Entlassungsdatum: 26.08.2058.
Aktuell inhaftiert in der Jim Ferguson Unit in Midway, Madison, Texas.

Patricia »Pat« Wright

Diese Mörderin hat ihr Opfer, den 37-jährigen Willie Jerome Scott, erstochen.

Arletta Wright schrieb mir am 30. Mai 2003 in einer E-Mail: »Vielen Dank für Ihre Unterstützung, Chris. Ich habe Mittwoch am Telefon mit meiner Schwester Patricia Wright gesprochen und ihr gesagt, dass ich nun unbedingt die Wahrheit wissen muss. Sie meinte, dass sie tatsächlich das Geld von der Versicherung genommen hat [Willie Scotts Lebensversicherung]. Ich habe es die ganze Zeit geahnt.«

Alle Jubeljahre einmal landet ein Fall auf meinem Tisch, bei dem es nicht um verwesende Leichen im Straßengraben und blutverschmierte Tatorte geht. Grauen, wie sie Serienmörder verbreiten, spielen darin natürlich trotzdem eine Rolle, doch diese besonderen Fälle wirken vielleicht alltäglicher, banaler, geradezu langweilig, sodass es auf den ersten Blick kaum zu lohnen scheint, sich eingehender damit zu befassen. Die folgende Geschichte ist aber auf jeden Fall einen zweiten Blick wert. Es geht darin um die verzweifelten Bitten einer weiteren »Schwarze Witwe«, die zu lebenslanger Haft verurteilt wurde und felsenfest behauptete, sie sei unschuldig – und ihre ganze Familie und Tausende Unterstützer im Internet sind der derselben Meinung. Erzählt diese Frau die Wahrheit oder lügt sie wie gedruckt? Sie können es sich sicher bereits denken …

Der unglaubliche Fall von Patricia Wright ist so ungewöhnlich und komplex wie ein meisterhaftes Werk des niederländischen Künstlers Maurits Cornelis »M. C.« Escher, der für seine umwerfenden visuellen Illusionen und sogenannten unmöglichen Figuren bekannt war. Um besser zu verstehen, worauf ich hinauswill, googeln Sie doch bitte einige der Arbeiten von M. C., dann werden Sie sehen, was ich meine. Wie Escher war auch Patricia Wright ein wahres Genie, wenn es darum ging, die Augen anderer, die ihr »Kunstwerk« betrachteten, zu täuschen. Ihr Fall ist einer der interessantesten, den ich je erlebt habe.

Das Strafvollzugssystem in Kalifornien kenne ich inzwischen recht gut, ich war einmal in Alcatraz, mehrere Male im Staatsgefängnis St. Quentin (SQ) und auch in verschiedenen anderen Haftanstalten. Das im Oktober 1990 eröffnete Frauengefängnis Central California Women's Facility (CCWF) in Chowchilla hatte ich vor dem Fall Patricia Wright allerdings noch nie besucht. 3200 Frauen sitzen dort ein, viele davon lebenslänglich. CCWF ist der größte Frauenknast in den USA und erstreckt sich über 2,5 Quadratkilometer. Das ist mehr als 320 Fußballfelder! Neben anderen Insassen wollte ich auch Patricia Wright einen normalen, zweistündigen Besuch abstatten. Sie verbüßte dort eine lebenslange Haftstrafe, weil sie ihren Mann Willie Jerome Scott brutal erstochen hat.

Patricia Scott (geborene Wright) hat diesen Mord jedoch stets mit Nachdruck bestritten. In ihren Briefen an mich behauptete sie außerdem, dass ihr Mann nur eine spezielle Lebensversicherung mit doppelter Abfindung besessen und sie nach seinem Tod magere 30 000 Dollar kassiert habe. Sie stand zu diesem Zeitpunkt inmitten eines langen Berufungsprozesses, bei dem die Wahrscheinlichkeit, ihn zu gewinnen, hoch war. Ihre Verurteilung stand nämlich auf wackeligen Beinen und die Staatsanwaltschaft konnte die kritischen Punkte nicht aus der Welt schaffen. Mit ausreichend Zeit und der Unterstützung von Familie und zahlreichen Freunden hätte Wright womöglich den Knast als freie Frau und mit sprichwörtlich reiner Weste verlassen können.

Um für Unterstützung im Fall der »unschuldigen Patricia« zu werben, schrieb ihre Schwester Arletta Wright mir eine E-Mail. Sie hoffte, dass ich mich nach eingehender Prüfung des Falls auf Patricias Seite stellen würde. Nachdem sie mir auf eigene Kosten und mit Patricias Segen Tausende Dokumente hatte zukommen lassen, habe ich es mir mit der spannenden Lektüre bequem gemacht. Meine Reaktion darauf war allerdings eine andere, als die beiden sich wohl erhofft hatten!

Arletta Wright war überzeugt davon, dass ihre Schwester Patricia unschuldig war. In einem Brief aus dem Gefängnis vom 15. März 2003 schrieb Patricia Wright mir die folgenden Zeilen:

»Ich versichere Ihnen nicht nur, meinen Ex-Mann nicht getötet zu haben, der tatsächliche Mörder hat die Tat inzwischen gestanden. Es handelt sich dabei um meinen Bruder [Larry Wright], was mich außerordentlich betrübt. Er hat es der Familie nun erzählt. Ich möchte ihm eigentlich nicht schaden, doch er war es und nicht ich. Ich will mein Leben zurück! Man hat mich sechs Jahre lang für einen Mord weggesperrt, den ich nicht begangen habe. Ich bin unschuldig. Mein Bruder hat uns nun verraten, warum er ihn [Willie Scott] töten musste … weil er [Larry Wright] ein heterosexueller Mann ist und dieser homosexuelle Mann [Willie Scott] sich an ihn herangemacht hat. Das konnte er nicht zulassen. Ich stehe hier also vor dem nächsten Scherbenhaufen: dem Verhältnis zu meinem Bruder, dem ich das, was er meiner Familie, meinen Kindern und mir angetan hat, nicht vergeben kann. Ich bin ein guter Mensch. Ich verdiene das nicht. Bitte helfen Sie mir.«

Ohne Frage eine faszinierende und herzzerreißende Geschichte. Und sie schrieb weiter:

»Mein Bruder sagt, dass er niemals für diesen Mord ins Gefängnis gehen wird, dass es ihm leidtut, aber dass er diesen Mord nicht gestehen kann. Lieber lässt er mich hier drin verrotten. Ich weiß nicht, was ich nun wegen ihm und seinem Geständnis tun soll. Wie könnte ich den Behörden davon erzählen? Er würde den Rest seines Lebens im Gefängnis sitzen und dabei wäre nicht einmal sicher, dass ich dadurch entlastet und freigesprochen würde. Das ist alles sehr verstörend für mich.«

Riechen Sie den riesigen Bären, den uns Wright hier aufzubinden versucht? Traurigerweise glaubten zahlreiche Unterstützer jedes Wort dieser Mörderin, die behauptet, völlig unschuldig zu sein. Wenn man allerdings nicht ganz weltfremd ist, muss man eigentlich kein Psychologe oder gar Psychiater sein, um zu bemerken, dass an ihrer Geschichte etwas faul ist. Punkt!

Doch ich will nicht zu viel vorwegnehmen. Wenn Sie meine Bücher kennen, dann wissen Sie, dass ich kein Blatt vor den Mund nehme und frei heraus meine Meinung sage. Ich gewähre Ihnen aber auch bewusst einen tiefen Einblick in meine Fälle, damit Sie sich zu Motiv, Schuld oder Unschuld selbst eine Meinung bilden können. Deshalb entschuldige ich mich an dieser Stelle für mein frühzeitiges Fazit, mit dem ich Patricia Wright gewissermaßen vorverurteilt habe. Gott bewahre, nichts läge mir ferner! Lesen Sie also bitte weiter und ermitteln sie selbst. Streifen Sie sich sozusagen den sprichwörtlichen Trenchcoat über und spielen Sie den Columbo.

Patricia Wright bleibt eisern bei ihrer Behauptung, Verwandte und korrupte Ermittler hätten ihr den Mord in die Schuhe geschoben. Sie sagt, sie sei psychisch krank und »praktisch blind«. Dabei ist sie überhaupt nicht psychisch krank, allerdings sieht sie tatsächlich sehr schlecht.

Ich habe schnell herausgefunden, dass einige von Wrights Behauptungen wahr sind. Etwa, dass sie am 17. September 1990 von Raymond E. Gaylord untersucht wurde, der in einem medizinischen Gutachten bestätigte, dass sie aufgrund einer »Degeneration der Augenpigmente« praktisch blind ist und in beiden Augen eine bestkorrigierte Sehschärfe von nur 20/400 besitzt. Dieses System zur Angabe der Sehstärke ist vor allem in den USA verbreitet. Es bedeutet, dass Wright Dinge erst aus 20 Fuß Entfernung scharf sehen kann, die Menschen mit 100 Prozent Sehschärfe bereits aus 400 Fuß Entfernung erkennen können – ein desaströser Wert. Aufgrund ihrer schlechten Augen erhielt Wright seit 1974 zusätzliche Sozialleistungen vom Staat, bis die monatlichen Zahlungen in Höhe von 705,40 Dollar ab 1. März 1998 eingestellt wurden.

Ebenfalls wahr ist, dass die Mordwaffe – ein Messer – von der Polizei bereits vernichtet wurde, als Wright 18 Jahre nach dem Mord endlich der Prozess gemacht wurde. Außerdem wurde der Anrufer nie ermittelt, der die Polizei zur Leiche geführt hat, und das Band mit dem Notruf ist verschwunden oder – wie das Messer – gar zerstört worden. Für Wright spricht außerdem, dass weder Fingerabdrücke noch Blutspuren sie mit dem Mord in Verbindung bringen. Zugute kommt ihr ebenso, dass zwei wichtige Zeugen inzwischen verstorben sind, genau wie der Gerichtsmediziner und der Polizist, der sie verhaftet hat.

Damit endet der wahre Teil der Geschichte allerdings, wie ich schnell herausfand. Kurz zusammengefasst: Wright ist geistig relativ gesund und ist meines Erachtens eine der scheinheiligsten Mörderinnen, die je in einem amerikanischen Gefängnis saßen.

Ich hatte bereits erwähnt, dass Wright behauptete, nur von der einen kleinen Lebensversicherung profitiert zu haben, die ihr Mann Willie abgeschlossen hatte. Bedauerlicherweise für sie und ihre Tausenden Unterstützer fand ich jedoch heraus, dass dies glatt gelogen war. Doch ohne stichhaltige Beweise, die sie mit dem brutalen Mord an ihrem Ex-Mann in Verbindung bringen konnten, liefen die Ermittlungen der Behörden ins Leere. Obwohl die Polizei schnell einen Verdacht hatte, passierte lange Zeit gar nichts. Die Spatzen pfiffen bereits von den Dächern, dass Patricia Scott und Lawrence »Larry« Slaughter den Mann getötet hatten, um besagte Versicherungssumme zu kassieren. Schließlich ging irgendwann jemand zur Polizei und sagte aus. Auf Basis dieser Aussage wurden Patricia Wright und Larry Slaughter verhaftet und wegen Verabredung zum Mord verurteilt. Zu Slaughter gehörte übrigens der einzige Fingerabdruck an dem Lieferwagen, in dem die Leiche gefunden wurde. Larry Slaughter sitzt aktuell seine lebenslange Haftstrafe in Kalifornien ab. Patricia Wright wurde 2020 im Zuge der Coronapandemie wegen ihrer schweren Krebserkrankung entlassen.

Slaughter hat sich bisher nicht geäußert und weigert sich, den Fall mit mir oder sonst irgendjemandem zu diskutieren, während die redselige Patricia Wright bei jeder sich bietenden Gelegenheit ihre Unschuld beteuert. Obwohl sie die doppelte Abfindung der Lebensversicherung kassiert hat, ist ihrer Aussage nach Geld kein Motiv für sie gewesen und vom Mord an Willie Scott hätte sie gar nichts gehabt. Doch an dieser Stelle ergibt ihre Geschichte keinen Sinn.

In der »Stadt der Engel« geschehen häufig Morde. Ich weiß das, weil ich ein Zimmer in einer Wohngemeinschaft in Toluca Lake, im Stadtteil Studio City von Los Angeles habe und mehr Polizisten und Mordermittler kenne, als ich zählen kann. Im Spätherbst 1981 kam jedenfalls ein weiterer Mord zu den rund 300 hinzu, die jährlich in L. A. begangen werden.

Am 22. September wurde Sergeant Thompson nach dem anonymen Anruf einer Frau gegen 14:15 Uhr losgeschickt, um einen 1977er Dodge »Harvest« zu untersuchen, einen dreitürigen Wohnwagen, der in der 436 E Temple Avenue in östlicher Fahrtrichtung geparkt war.

Der erfahrene Polizist wusste, dass diese schäbige Gegend in Downtown L. A. ein beliebter Treffpunkt für Schwule und Stricher war. An jenem stickig heißen Nachmittag war die Straße allerdings ungewöhnlich leer.

Thompson parkte seinen ramponierten Streifenwagen am Straßenrand. Er war gerade von einer Verfolgungsjagd mit einem betrunkenen Fahrer auf Heroin zurückgekehrt, den er vom Highway abgedrängt hatte. Heißes Motoröl tropfte aus dem Auto auf die Straße und eine der Radkappen fehlte.

Er ließ Motor und Klimaanlage laufen und schaltete die Rundumleuchte ein. Danach notierte er sich das Kennzeichen des Wohnmobils – 407 YSZ – und meldete es per Funk der Zentrale.

Dann ging er zum Fahrzeug und versuchte, die beiden Vordertüren zu öffnen, doch beide waren verschlossen und die Fenster zu. Während er nach dem Griff seiner Dienstwaffe tastete, ging er vorsichtig um den Wagen herum und stellte fest, dass alle anderen Fenster offen waren. Die hintere Tür war zu, aber nicht abgeschlossen. Sergeant Thompson hatte seine gesamte Polizeilaufbahn über mit Leichen zu tun gehabt, deshalb fiel ihm sofort der unverkennbar süßliche, ekelhafte Gestank von verwesendem Fleisch auf, der aus dem Inneren des Wagens nach außen drang.

Er hielt sich ein Taschentuch vor die Nase und blickte durch eines der Fenster in den Innenraum, wo er die stark verweste Leiche eines männlichen Weißen entdeckte. Der Tote war auf groteske Weise auf einer Bank neben einem Klapptisch zusammengesackt.

Selbst von Thompsons Position außerhalb des Wagens aus schien die Todesursache eindeutig zu sein: Ein 23 Zentimeter langes Messer mit schwarzem Griff steckte in der Brust des Mannes und eine Plastiktüte war über seinen Kopf gezogen. Der Sergeant begriff sofort, dass er es hier mit Mord zu tun hatte, und erkannte, dass das Opfer eine erhebliche Anzahl von Stichwunden aufwies.

Nachdem Thompson Verstärkung gerufen hatte, wimmelte es kurz darauf in der Straße nur so vor Uniformierten, die den Tatort sicherten. Um 15:30 Uhr tauchten laut Polizeiakten die beiden Mordermittler Timothy Dotson und William Adrian auf. Die beiden waren fortan die Chefermittler in diesem Fall, der erst 18 Jahre später vor Gericht landen sollte.

Ein Führerschein mit der Nummer JO809154 offenbarte den Ermittlern, dass es sich bei dem Toten um den 37-jährigen Willie Jerome Scott handelte. Eine Überprüfung der Zulassungsunterlagen ergab, dass er den ramponierten Wohnwagen schon seit vier Jahren besaß. Der Sachbearbeiter der Zulassungsstelle gab den Beamten die Adresse des Fahrzeughalters: 4331 Alonzo Avenue, im Stadtteil Encino. Während die Ermittler die Anwohner dieser Adresse kontaktierten, wurde der Wohnwagen beschlagnahmt und zur forensischen Untersuchung zum Abschleppunternehmen Viertals Towing Services in der 1155 W Temple Street verbracht.

Der Kriminalbeamte Dotson sagte später zu Kollegen: »Der Kerl sah aus und roch, als hätte man ihn in einem verdammten Ofen gebacken. In der Karre stank es fürchterlich.«

Miss Doreen Hudson war seit gut 21 Jahren die leitende Kriminaltechnikerin der Polizei von Los Angeles. Dementsprechend war es ihre Aufgabe, in dem Wohnwagen Beweise aufzuspüren, die für die Ermittler hilfreich sein konnten. Also konfiszierte sie im Fahrzeug unter Anleitung anderer Ermittler »mehrere Gegenstände, darunter Handtücher und Lappen mit Flecken, verschiedene Kleidungsstücke und zwei Schuhe, 49 Cent, ein braunes Portemonnaie, Tabletten, einen Schlüssel, eine Zahnbürste, verschiedene Papiere und Schecks«.

Während sie sich langsam durch das beengte Innere des Wohnwagens arbeitete, durchsuchte Hudson auch den kleinen Waschraum und die Kochnische und notierte in ihrem Bericht, darin einen Ofen vorgefunden zu haben. Viele Jahre später, beim Prozess, sagte sie allerdings aus, sich nicht erinnern zu können, ob »ich in eine der Schubladen geschaut habe, in denen sich die Küchengeräte und Messer befanden«. Damit konnte eine ganz bedeutsame Frage nicht beantwortet werden: Stammte die Mordwaffe aus einer Schublade in der Kochnische des Wohnwagens oder gehörte sie dem Mörder?

Wer jemanden umbringen will, der bringt normalerweise eine Waffe dafür mit. Hätte das Messer nicht dem Toten gehört, wäre das ein Indiz dafür, dass der Mord im Voraus geplant gewesen war. Stammte das Messer aber aus dem Besitz des Toten, dann hätte das darauf hindeuten können, dass Täter und Opfer sich vielleicht kannten, was den Kreis der Verdächtigen deutlich eingeengt hätte. Die Frage, wem die Tatwaffe gehörte, blieb 17 Jahre lang unbeantwortet.

Doch es kam noch schlimmer: Ein Ermittler, der den brütend heißen Wohnwagen durchsuchte, zeigte auf einen Aschenbecher im Armaturenbrett des Fahrerhauses. Hudson nahm den darin befindlichen Zigarettenstummel heraus und legte ihn in eine Asservatentüte aus Plastik. Es bestand ja die Möglichkeit, dass jemand anderes als das Opfer die Zigarette geraucht hatte, sodass eine Speicheltypisierung die Identität des Rauchers hätte offenbaren können. Doch diese Speichelanalyse wurde nie durchgeführt!

Der gesamte Wohnwagen wurde nach Fingerabdrücken abgesucht, dabei wurden 13 verschiedene Abdrücke gefunden und natürlich waren vor allem die vom Fahrzeughalter überall im Wagen verteilt. Der Griff des Messers war allerdings blitzblank. Dafür fand ein Kriminaltechniker einen einzelnen Fingerabdruck auf dem linken Rückspiegel, der einem Mann mit dem passenden Namen Lawrence »Larry« Slaughter (auf Englisch: Schlachter) gehörte.

Später am selben Nachmittag trafen die Kriminalbeamten Dodson und Adrian in der 4331 Alonzo Avenue ein. Dies war eine überwiegend von Schwarzen bewohnte Gegend in einem grünen Vorort nahe des Ventura Boulevard am Highway 101 im San Fernando Valley, nicht weit weg vom Encino Reservoir. Das Grundstück war groß und eine lange Einfahrt führte zur Haustür. Die Ermittler klopften an und eine schlanke, nicht unattraktive Frau öffnete und stellte sich als Patricia Wright vor.

»Wir ermitteln im Fall eines gewissen Mr. Jerome Scott«, sagte Dotson und zeigte dabei seine Dienstmarke vor. »Wohnt er hier?«

»Nein«, lautete die schroffe und deshalb irgendwie verdächtige Antwort.

»Willie und ich waren mal verheiratet … Er kommt öfter vorbei, aber im Moment ist er nicht da.«

»Wissen Sie, wo er sich gerade aufhält?«, fragte der bullige Adrian, der ein wenig an den Schauspieler Brian Dennehy erinnerte.

»Nein, ich hab ihn am Samstag das letzte Mal gesehen. Stimmt was nicht?«

»Ja, Ma'am. Dürfen wir reinkommen?«

Was nun folgt, ist Patricia Wrights wortwörtliche Aussage gegenüber den beiden Ermittlern:

> *»Zum letzten Mal gesehen habe ich Jerome [Willie Jerome Scott] vergangenen Samstagmorgen gegen 10 Uhr vor meinem Haus hier in Encino. Bei Jerome war ein anderer schwarzer Mann, Anfang 20 – eine Schwuchtel, die Jerome aufgegabelt hatte. Beide saßen im Wohnwagen und tranken.*
>
> *Jerome ist homosexuell und hing oft mit Schwulen herum. Wir leben schon seit einiger Zeit nicht mehr zusammen, wegen all der Männer, mit denen er sich abgibt. Den Kerl, mit dem er sich gerade rumtreibt, hat er an einem Samstag vor etwa drei Wochen kennengelernt. Ich glaube, sein Name war Ralph oder Roger. Bevor sie wieder fuhren, kam Jerome noch einmal ins Haus, um einen Eimer zu holen, weil sie den Wohnwagen sauber machen wollten. Gegen 11:30 Uhr oder 12 Uhr sind sie dann gefahren. Jerome sagte, er würde später noch einmal wiederkommen, aber ich habe ihn seitdem nicht mehr gesehen.*
>
> *Ich kenne die meisten seiner Freunde nicht, weil Jerome mir nie viel erzählt hat. Sein Cousin, Lillian Black alias McConico, kennt sie. Seine Stiefmutter Billie Neil kennt auch einige von ihnen. Es gibt noch andere, die einige seiner Schwuchtelfreunde kennen, aber das müssen sie die selbst fragen. Ich wüsste niemanden, der Jerome umbringen wollte. Er lebte lange Zeit mit einem Homosexuellen namens Herman Cross zusammen und mit einem anderen Mann namens John Bell aus Atlanta, Georgia.*

Vielleicht kennt auch seine Mutter Mable Goffe ein paar seiner schwulen Freunde. Ich glaube, Lorenzo hat ihn und Ralph miteinander bekanntgemacht, aber wegen Lorenzos Adresse müssen Sie Billie fragen.«

Der Satz »Ich wüsste niemanden, der ihn umbringen wollte« ließ die Kriminalbeamte aufhorchen, denn sie hatten noch gar nicht erwähnt, dass Jerome Scott tot war und sich auch nicht als Mordermittler zu erkennen gegeben. In den darauffolgenden Tagen befragte das Duo eine Reihe von Zeugen, die den Toten kannten. Betty Joyce Hill, eine Freundin der Familie, sagte:

»Am 15. September 1981 kamen Jerome und Lillian auf einen Besuch vorbei. Sie waren gegen 19:30 Uhr da und blieben etwa eineinhalb Stunden. Als sie gingen, fuhren sie mit Lillians Wagen davon. Das war das letzte Mal, dass ich die beiden gesehen habe.

Jerome lebte hier im Juni und Juli etwa eineinhalb Monate lang. Das nächste Mal, dass ich wieder etwas von ihm gehört habe, war, als Pat [Patricia Wright] mich Dienstagabend gegen 21 Uhr anrief, um mir zu sagen, dass er tot ist. Am Samstagmorgen, dem 19. September 1981, etwa gegen 10:30 Uhr oder 11 Uhr, rief Pat mich an und fragte, ob Jerome hier sei. Das verneinte ich. Daraufhin erzählte sie mir, dass er bei ihr gewesen sei und nur den Wohnwagen hatte säubern wollen, aber nicht zurückgekommen sei. Sie sagte auch, dass er von einem Schwarzen mit einem Ohrring begleitet worden sei und beide gemeinsam ihr Haus verlassen hätten. Als Pat mich Dienstagabend anrief, war sie bei ihrer Schwester in der 64th Street. Sie sagte, der Gerichtsmediziner hätte sie dort angerufen.«

Lillian McConico erzählte den Kriminalbeamten Folgendes:

»Willie Scott verbrachte am letzten Mittwoch, dem 16. September 1981, die Nacht bei mir. Am Donnerstag fuhr er gegen 12 Uhr mittags in seinem Wohnwagen davon. Da habe ich ihn das letzte Mal gesehen. Er sagte, er wolle zu Pat fahren. Sie lebt in Encino. Am Samstag, dem 19. September

1981, gegen 13 Uhr rief er mich an. Da muss er in Encino gewesen sein, er sagte nämlich, er sei zu Hause. Da habe ich das letzte Mal etwas von Willie gehört.

Etwa eine Stunde später meldete sich Pat bei mir. Sie meinte, sie würde vorbeikommen, sobald Willie damit fertig sei, seinen Wohnwagen zu reinigen. Doch Willie wollte das wohl nicht dort tun, weil die Kinder ihm dabei nur im Weg herumstanden. Pat erzählte mir, dass ein anderer ›kleiner schwarzer Typ‹ dabei gewesen sei, der einen Ohrring trug, und dass sie es seltsam fand, dass Willie mit diesem Typ unterwegs war. Richtig gesehen hatte sie ihn aber nicht.

Etwa um 20:05 Uhr rief Pat mich erneut an, um zu fragen, ob Jerome schon da gewesen sei, was ich verneinte. Dann sagte sie, sie sei bei ihrer Schwester in der 64th Street und dass sie bei sich zu Hause einen Zettel mit einer Botschaft für Jerome hinterlassen habe. Das sollte ich ihm ausrichten, falls ich ihn sähe. Am Samstag um 8:00 Uhr oder um 15 Uhr rief Pat noch einmal an und fragte mich, ob ich Jerome gesehen hatte, was ich wieder verneinte.«

Nachdem sie alle Aussagen aufgenommen hatten, verdächtigten die Ermittler Dotson und Adrian zunächst einen von Scotts männlichen Prostituierten, ihn umgebracht und ausgeraubt zu haben, denn sein Schmuck, der Ehering, eine 18-Karat-Goldkette, eine teure diamantbesetzte Uhr und ein Diamantring an seinem Finger fehlten. Sie hatten außerdem ermittelt, dass er erst vor Kurzem seine Berufsunfähigkeitsversicherung aufgelöst und dafür 4350 Dollar bekommen hatte, die nun auch weg waren.

Die Polizisten hielten es für möglich, dass jemand aus dem näheren Umfeld des Toten von dem Geld gewusst hatte. Gier kam als Mordmotiv also durchaus infrage. Allerdings gab die brutale Ausführung des Mordes dem Ganzen eine völlig neue Dimension. Wäre Raub das einzige Motiv gewesen, hätten einige wenige Stiche genügt, um Scotts Leben zu beenden, zumal der erste Stich bereits tödlich gewesen war. Scott wurde aber in einem mörderischen Wutrausch bestialisch abgeschlachtet. Mit anderen Worten: Der Mörder konnte ihn wohl nicht besonders gut leiden!

Die Obduktion ergab, dass Willie Scott unheilbar an Krebs erkrankt war und nur noch wenige Monate zu leben hatte. Der Gerichtsmediziner hatte zudem festgestellt, dass Scott innerhalb einer Minute nach dem ersten Stich in die Kehle das Bewusstsein verloren hatte. Die Halsschlagader war dabei durchtrennt worden und der Blutverlust muss massiv gewesen sein, sodass es schnell zu einem Sauerstoffmangel im Gehirn und einem daraus resultierenden Bewusstseinsverlust gekommen war. Trotzdem folgten auf den ersten Stich »noch 15 weitere in den Körper«, so der Gerichtsmediziner. »Es gab keinerlei Hinweise auf einen Kampf, an Händen und Armen des Toten wurden keine Abwehrverletzungen gefunden.«

Im Bericht der Spurensicherung stand, dass »im Wohnwagen nur wenige Blutspritzer gefunden wurden, was bei einer so brutalen Tat eigentlich ungewöhnlich ist. Es gab keinerlei Anzeichen für einen Kampf. Mr. Scott war hilflos, als ihm das Messer wieder und wieder in den Körper gerammt wurde. In Szenarien wie diesem ist es sehr wahrscheinlich, dass der Angreifer stark mit Blut bespritzt ist und seine Kleidung entweder waschen oder wegwerfen muss.«

All dies zeigte deutlich, dass der Täter jemand gewesen sein musste, der Scott abgrundtief hasste. Der Mord geschah aus nächster Nähe und auf eine äußerst persönliche Art und Weise. Nur jemand, der das Opfer wirklich verabscheute, wäre zu einer derart grausamen Tat imstande gewesen.

Während die Ermittler immer mehr Puzzlestücke des großen Gesamtbilds zusammenfügten, wurde klar, dass der Tote stark getrunken hatte und vielleicht sogar im Rausch eingeschlafen war, sodass er nicht die geringste Chance gehabt hatte, um sein Leben zu kämpfen. Unklar war, ob Scott an dem Fundort des Wohnwagens ermordet worden war oder der Mord an einer anderen Stelle stattgefunden hatte und das Fahrzeug anschließend zum späteren Fundort in der 436 Temple Avenue gefahren worden war.

Im geweiteten Rektum des Toten wurde Sperma gefunden, was darauf hindeutet, dass er vor seinem Tod noch Analsex gehabt hatte. Allerdings wurde dieses Sperma nie auf sein DNA-Profil untersucht. Tests ergaben zudem, dass das Blut im Wohnwagen von zwei Menschen stammte, von Willie Scott und einer unbekannten weiteren Person. Letztere wurde jedoch nie ausfindig gemacht.

Und wer war eigentlich der Anrufer, der die Polizei alarmiert und zu dem Wohnwagen mit der verwesenden Leiche geführt hatte? Klar, prinzipiell hätte jeder den Geruch von faulendem Fleisch bemerken und von draußen durch die Scheibe das Massaker im Innenraum des Wohnwagens sehen können. Die Polizei schloss aber die Möglichkeit nicht aus, dass jemand wollte, dass die Leiche gefunden wurde, die ja schon einige Tage dort lag. Falls das stimmte, warum sollte jemand das wollen?

Der 1,75 Meter große Willie Jerome Scott wurde am 29. Dezember 1943 in Texas geboren und pflegte einen bisexuellen, ausschweifenden Lebensstil. Er betrank sich häufig, gabelte männliche Prostituierte auf und hatte Sex mit ihnen in seinem Wohnwagen. Er machte sogar Männern aus der eigenen Familie sexuelle Avancen, etwa Gerald Singleton, dem Ehemann seiner Schwägerin Sherry Wright-Singleton, sowie Larry Wright, dem jüngeren Bruder seiner Frau Patricia. Dieses Verhalten führte irgendwann zur Scheidung.

Im April 2003 schrieb Patricia Wrights Schwester Arletta mir in einem Brief:

> *»Jerome war eine richtige ›Tunte‹. Manchmal trug er Lippenstift, Nagellack und Damenohrringe und baggerte jeden Kerl an, den er in ein Gespräch verwickeln konnte. Mein erster Mann war Pfarrer, bei ihm hätte Jerome sowieso nie Erfolg gehabt. Aber er versuchte es bei Gerald Singleton und jedem anderen Mann, der nicht bei drei auf dem Baum war. Er versuchte sogar Agee, den Mann meiner Schwester Carvette, anzubaggern. Der hat in unserer ganzen Familie gewildert und alle Ehemänner und Partner meiner Schwestern angemacht. Und er trank viel.«*

Richten wir unsere Aufmerksamkeit nun auf Patricia Wright. Die wurde am 17. Juli 1952 geboren und ehelichte laut Heiratsurkunde im Juni 1978 Willie Scott. Anfangs lebten sie in der von Bäumen gesäumten South Highland Avenue, zwischen Wilshire und West Olympic Boulevards, in Los Angeles.

Aus den Dokumenten, die mir Arletta Wright geschickt hat, wird ersichtlich, dass Scott schon am 5. Juni 1980 – also nur zwei Jahre nach seiner Hochzeit mit Patricia – eine Lebensversicherung mit doppelter Auszahlung bei der Gesellschaft New York Life abgeschlossen hatte. Die Police mit der Nummer 40163159 hatte eine Deckungssumme von 15 000 Dollar, verfügte aber über eine besondere Klausel: Sollte der Versicherte durch einen Unfall, wozu auch Mord zählt, sterben, würde die Begünstigte der Versicherung – seine Frau Patricia Scott – den doppelten Deckungsbetrag, also 30 000 Dollar, erhalten. Solche Verträge sind in den USA nicht unüblich. Die monatliche Prämie betrug überschaubare 26,95 Dollar im Monat.

Aus den Versicherungsunterlagen der New York Life wurde deutlich, dass Patricia während der ganzen Zeit die monatliche Prämie von ihrem eigenen Bankkonto aus bezahlt hatte. Und hier geht bei mir die erste Alarmleuchte an. In Briefen an mich hatte Patricia Wright felsenfest behauptet, dass Willie Scott derjenige gewesen war, der die Versicherung abgeschlossen hatte, und zwar »schon Jahre bevor wir uns kennengelernt haben«. Die Unterlagen der Versicherungsgesellschaft belegen aber eindeutig das Gegenteil, nämlich dass die Police erst zwei Jahre, nachdem die beiden geheiratet haben, abgeschlossen wurde.

Das ist allerdings sonderbar, denn auch die Wrights und ihre Rechtsberater hatten dieses Versicherungsdokument seit Jahren in ihren Unterlagen. Man sollte doch meinen, dass sicher irgendwer aus der Familie, ein Jurist aus dem Pro-Wright-Lager oder zumindest die Ermittler der Polizei diesen Widerspruch bemerkt hätten. Es ist geradezu unfassbar, dass dies vor mir niemandem aufgefallen ist, belegt es doch ganz deutlich einen Täuschungsversuch von Patricia Wright.

Diesen Sachverhalt musste ich eingehender untersuchen. Das war den Aufwand auf jeden Fall wert, denn mir fiel noch etwas anderes auf: Nehmen wir an, Arletta und Patricia Wright hätten recht gehabt und Scott seine Lebensversicherung tatsächlich schon Jahre, bevor das Paar sich kennengelernt hatte, abgeschlossen. Wer wäre dann der ursprüngliche Begünstigte gewesen? In den Unterlagen des Versicherers findet sich außer Patricia Wright niemand. Sie werden mir sicher zustimmen, dass keiner eine Person als Begünstigten seiner Lebensversicherung eintragen würde, den er gar nicht kennt und noch nie getroffen hat. Zumindest kein Normalsterblicher, wenn ich das so sagen darf.

Dies war ein Weckruf für mich. Ich wusste nun also sicher, dass man versucht hatte, mir einen Bären aufzubinden – genauso wie den Tausenden Unterstützern aus dem Pro-Wright-Lager, die ihr schwer verdientes Geld massenhaft dem »Save Patricia Fund« spendeten (und es genauso gut in der Toilette hätten herunterspülen können).

Am 30. September 1980 wurde die Anschrift für alle Korrespondenz mit der Versicherungsgesellschaft in Postfach 78431 Los Angeles geändert. Und am selben Tag ließ Patricia Wrights Bank einen Scheck in Höhe von 29,65 Dollar platzen. Ihr Konto war nicht ausreichend gedeckt, um die Versicherungsprämie zu bezahlen.

Am 5. Januar 1981 platzte ein weiterer Scheck in gleicher Höhe und im März desselben Jahres ein dritter.

In diesem Zeitraum hatten Wright und ihr Gatte also eindeutig finanzielle Schwierigkeiten. Etwa zur selben Zeit erfuhren sie von seiner unheilbaren Krebserkrankung.

Am 26. März 1981 zog das Paar in die 3617 West 64th Street in Los Angeles und Wright beglich alle Zahlungsrückstände.

1995, 14 Jahre nach dem Mord an Willie Jerome Scott, wurde Patricias Bruder Larry Dion Wright zu einer Haftstrafe von 12 Jahren verurteilt, die er im Gefängnis Corrigan Men's Facility Maximum Securityin Connecticut absaß. Er war für schuldig befunden worden, eine Sozialarbeiterin namens Judith Castonuary im Department of Children and Family Services (vergleichbar mit dem Jugendamt in Deutschland) lebensgefährlich bedroht zu haben. Außerdem war er angeklagt worden, seinen Sohn Larry Jr. körperlich misshandelt zu haben.

Larry Wright Sr. wollte wieder raus aus dem Knast. Weil er aber nicht schreiben konnte, diktierte er seinen Brief einem Zellengenossen, der ihn dann an die Polizei von Los Angeles schickte. In dem Brief versicherte Wright Sr., dass er über Informationen zum Mord an Scott verfüge. Als Ermittler ihm daraufhin einen Besuch abstatteten, erzählte er ihnen folgende

Geschichte: Als er 13 Jahre alt gewesen war, habe er eines Abends ferngesehen und von draußen ein lautes Geräusch gehört. Er habe geglaubt, es handelte sich um Scotts Wohnwagen, der »die Auffahrt in der 4331 Alonzo Avenue hinaufrumpelte«, daher habe er sich nicht weiter darum gekümmert. Bis zum nächsten Morgen.

Am 30. März 1995, um 11:30 Uhr, machte Larry Wright bei den Ermittlern folgende, an dieser Stelle wortwörtlich wiedergegebene Aussage:

»Ich bin kurz nach dem Tod meiner Mutter bei Patricia Wright eingezogen. Patricia war seitdem mein Vormund. Mit den Jahren hörte ich von verschiedenen Familienmitgliedern, dass Patricia etwas mit dem Mord an meinem Vater, Charles Wright, zu tun gehabt hat. Mein Vater starb an einer Überdosis Drogen.

1981 lebte ich bei Patricia Wright in der 4331 Alonzo Avenue, in Encino. Am Tag, als ich Jerome Scott das letzte Mal sah, war ich mit Patricia Wright, Larry Slaughter, ›Billy‹ Torr, Lorenzo King und Jerome im Haus. Er sprach im Bereich des Esszimmers mit Patricia and Larry.

Irgendwann im Laufe des Abends sah ich, wie Jerome das Haus durch die Vordertür verließ und zu seinem Wohnwagen ging, den er draußen geparkt hatte. Patricia und Larry standen auf und gingen ebenfalls durch die Vordertür hinaus und zum Wohnwagen. Ich weiß nicht mehr genau, wann Patricia das Haus verließ, würde aber sagen, sie ging kurz nachdem Larry Slaughter nach draußen gegangen war.

Ich erinnere mich noch, dass ich gehört habe, wie das Wohnmobil hin- und herschaukelte, so als gäbe es darin eine Menge Bewegung. Der Lärm, den das Wohnmobil machte, war viel lauter als der, den ich sonst gehört habe, wenn es jemand einfach nur normal betreten hat. Kurz nachdem ich den Lärm aus dem Wohnmobil gehört hatte, kam Patricia zurück ins Haus und sagte mir geradeheraus: ›Larry war heute nicht hier.‹ Erst später begriff ich, was sie mir damit sagen wollte: Nämlich, dass ich niemandem erzählen sollte, dass Larry Slaughter an jenem Abend im Haus gewesen war. Patricia wirkte unruhig und aufgewühlt, so als sei etwas geschehen. Ich spürte, dass etwas passiert sein musste, wusste aber nicht was. Ich ging in mein

Zimmer und hörte erneut den Lärm des hin- und herschaukelnden Wohnwagens. Ich glaube, Patricia ging zurück nach draußen. Dann bin ich ins Bett gegangen und habe geschlafen.«

Die Ermittler fragten Larry Wright, ob er jemals gesehen hätte, das Larry Slaughter ein Messer bei sich hatte. Daraufhin tätigte er folgende überraschende Aussage:

»Ich erinnere mich, dass Larry Slaughter immer ein großes Messer dabeihatte, das in einer Scheide aus Pappe hinten rechts an seinem Gürtel befestigt war. Larry Slaughter trug dieses Messer mehrere Jahre lang an seinem Gürtel. Das Messer hatte einen Holzgriff in einer dunklen Farbe und eine sehr lange Klinge. Solange ich denken kann, hatte Larry Slaughter stets dieses Messer dabei, bis Jerome eines Tages verschwunden war. An dem Tag, an dem ich erfahren habe, dass Jerome tot war, fiel mir auch auf, dass Larry das Messer nicht mehr dabeihatte, das ich sonst immer bei ihm gesehen habe.

Am nächsten Morgen sah ich Larry Slaughter den Hügel hinab zu Patricia laufen, die auf ihn wartete. Das Wohnmobil und Jerome hatte ich seit dem Abend davor nicht mehr gesehen.«

Die Polizei nahm diese Aussage zwar eifrig auf, stellte die offensichtlichste aller Fragen aber leider nicht: »Warum hast du 14 Jahre gewartet, uns das zu erzählen?«

Sie erinnern sich: Die Ermittler und Beamten der Spurensicherung, die den Wohnwagen nach dem Mord als Erste betreten hatten, haben keinerlei Spuren eines Kampfes gefunden. Es schien, als sei das Opfer im Schlaf oder im Vollrausch erstochen worden, was die Geschichte von Larry Wright unglaubwürdig machen würde … es sei denn natürlich, der Mann war nach dem ersten Stich bereits verteidigungsunfähig – was die Obduktion ja auch bestätigt hat – und hat sich ergeben. Erst danach wäre es dann zu den übrigen Stichen und dem Tumult im Fahrzeug gekommen, von dem Larry Wright gesprochen hat.

Es gab allerdings noch ein weiteres Problem mit Larrys Aussage. Ich habe später herausgefunden, dass die Wrights ihr Haus zu jener Zeit nur gemietet hatten – es gehörte ihnen also nicht. Es handelte sich dabei um eine alte Immobilie und Patricia und Arletta Wright behaupten in einem Dokument vom 20. Februar 2003 felsenfest, dass »nicht mal ein kleines Auto die winzige Einfahrt hinaufpassen« würde und jeder wüsste, dass »Willie seinen Wohnwagen deshalb immer auf der anderen Straßenseite abgestellt hat«. Heute gehören alle Immobilien in der Alonzo Avenue zur gehobenen Preisklasse, das Haus mit der Nummer 4331 befindet sich aber tatsächlich noch immer am Ende einer schmalen Einfahrt mit einer Garage.

Als ich Arletta und Patricia Wright von Larrys Behauptung erzählte, er hätte drinnen im Haus den Tumult im Wohnwagen draußen mitbekommen, wurden sie auf einmal sehr still. Sie erinnerten die Parksituation auch völlig anders als der Zeuge Ephesian Waters, der aussagte: »Als ich am Samstag nach Hause kam, stand ein goldfarbener Cadillac in der Garage und ein zweitüriger grauer oder silberner Toyota in der Einfahrt. Am Montag waren der Cadillac und der Toyota immer noch da, außerdem sah ich einen schwarzen Lincoln in der Einfahrt stehen.«

Die Aussage der Nachbarin Lois Levy widersprach ebenfalls der Darstellung von Arletta und Patricia Wright – und bestätigte gleichzeitig jene von Ephesian Waters. Sie hatte der Polizei erzählt: »Später am Samstagabend hörte ich eine Menge Autos die Einfahrt hinauffahren.«

Um ihren Hals irgendwie aus der Schlinge zu ziehen, erklärten Arletta und Patricia Wright mir daraufhin, Patricia sei kurz nach dem Mord aus dem Haus ausgezogen. Neue Mieter seien daraufhin eingezogen und hätten einen Handwerker bestellt, der die Einfahrt so vergrößert habe, dass »sie mit ihrem kleinen Wagen dort parken konnten«. Das war komplett gelogen und widersprach den Aussagen von Mr. Waters, Lois Levy und Larry Wright. Und tatsächlich: Als ich das Grundstück vor ein paar Jahren besichtigte, schien mir die Einfahrt definitiv noch im selben Zustand zu sein, in dem sie sich bereits 1981 befunden haben musste.

Lassen Sie uns Larry Wright für einen Moment noch ein wenig genauer unter die Lupe nehmen. Der verbrachte den Großteil seiner Schulzeit in einer besonderen Klasse für psychisch Kranke und geistig Behinderte. Nach der siebten Klasse ging er von der Schule ab. Als er neun Jahre alt war, starb seine Mutter Jeanette und seine Schwester Patricia zog ihn fortan groß.

Nachdem er mit den Ermittlern der Polizei von Los Angeles gesprochen hatte, durfte Larry Wright als freier Mann das Gefängnis verlassen, obwohl er erst zwei Jahre seiner 12-jährigen Haftstrafe abgesessen hatte. Und was tat er, zurück in Freiheit, als Erstes? Er machte eine weitere Aussage bei der Polizei. Dieses Mal behauptete er, die Ermittler der Mordkommission hätten ihn im Gefängnis geschlagen und zum Unterzeichnen der Aussagen gezwungen.

Wir können also davon ausgehen, dass Larry Wright nicht unbedingt die hellste Kerze auf der Torte ist.

Sowohl der Bezirksstaatsanwalt von L. A. als auch die Polizei streiten ab, je einen Deal mit Larry Wright geschlossen zu haben. Der behauptet natürlich das Gegenteil.

Da ihr Informant neun »neue« Beweise geliefert hatte, bevor er seine Aussage später wieder zurückzog, machte sich die Polizei Los Angeles auf die Suche nach jemandem, der seine Behauptungen bestätigen konnte, und begann etwas genauer nachzuforschen. Die Ermittler verhafteten deshalb zunächst Patricia Wrights Schwager Gerald Singleton wegen Mordverdachts. Es war ein Schuss ins Blaue, aber sie behielten ihn 24 Stunden lang in Gewahrsam und ließen ihn schmoren. Die Wrights behaupteten später, sein Foto sei bis zu seiner Entlassung auf jedem großen TV-Sender und auf der Titelseite der *Los Angeles Times* zu sehen gewesen. Sie können gerne versuchen, diese Behauptung zu belegen. Mir ist es nicht gelungen, vermutlich deshalb, weil Morde zu jener Zeit derart alltäglich in L. A. waren, dass Singletons Verhaftung es wohl kaum auf die Titelseite der größten Tageszeitung dort geschafft hätte. Er sagte gegenüber den Ermittlern aus, dass Patricia ihn gebeten hätte, Lawrence Slaughter eine braune Papiertüte voller Geld als Bezahlung für den Mord an Jerome Scott zu überbringen. Nachdem Singleton diese Aussage unterzeichnet hatte, wurde er umgehend entlassen. Wir sind uns also sicher alle einig, dass die Polizei nicht wirklich etwas in der Hand hatte, das ihn mit dem Mord in Verbindung brachte.

Singletons Aussage bei der Polizei von Los Angeles wurde am 18. Mai 1995 um 17 Uhr aufgenommen. Er fing damit an, zunächst einen Teil seiner eigenen kriminellen Laufbahn zu beleuchten. Clever, Gerry!

»1981 wurde ich gerade aus dem Knast im Orange County entlassen, wo ich wegen Verabredung zum Raub einsaß. Ich war ungefähr eine Woche draußen, als Pat, die Schwester meiner Frau, mich um einen Gefallen bat. Sie sagte, ein Mann (ich kannte ihn als Larry Slaughter) nerve sie wegen seiner Klamotten. Sie wollte mir 25 Dollar bezahlen, damit ich ihm eine braune Papiertüte mit Kleidung vorbeibringe. Ich sollte mich in der Innenstadt, irgendwo am Broadway, mit Larry treffen. Ich nahm den Auftrag an. Sie gab mir die Tüte, reingesehen habe ich aber nicht, weil ich Pat wirklich respektierte. Als ich in der Stadt aus dem Bus stieg, wartete Larry bereits auf mich. Nachdem ich ihm die Tüte übergeben hatte, rannte er einfach davon. Das überraschte mich, denn Larry und ich waren befreundet. Ich hatte ihn eine Weile nicht gesehen und wollte eigentlich etwas mit ihm quatschen. Weil er aber weggerannt ist, stieg ich gleich wieder in den Bus. In den kommenden Jahren habe ich Larry immer mal wieder getroffen.

1990 oder 1991 landete ich dann draußen in Wayside [die Haftanstalt Pitchless Detention Center in Castaic] im selben Zellentrakt wie er. Ich sprach ihn an und erklärte ihm, dass ich es scheiße fand, wie er mich damals bei der Sache mit der Tüte behandelt hatte. Darauf sagte er: ›Alter, in der Tüte waren 25 000 Dollar. Da hatte ich es natürlich eilig.‹

An diesem Punkt sind wir auf den Mord an Willie Scott zu sprechen gekommen. Slaughter meinte: ›Mann, ich habe die Schnauze voll davon, dass Larry Wright, Billie, Sandy und die anderen ständig über diesen Mord sprechen. Die wissen gar nicht, wie gefährlich das ist. Die Einzigen, die dort waren, sind Pat und ich. Und Pat hat zugestochen. Die Schlampe ist total verrückt! Sie schien echt Spaß dabei zu haben.‹

Slaughter sagte, dass sie, Willie, Pat und er, irgendwo in der Innenstadt alle zusammen im Wohnwagen waren und Pat ein Messer genommen und begonnen hat, Willie damit in die Brust zu stechen. Sie brüllte ihn bei jedem

Stich an und nannte ihn einen ›Wichser‹. Slaughter stand angeblich nur daneben und schaute zu. Als er tot war, ließen sie ihn einfach dort liegen und machten sich aus dem Staub.«

Diese Geschichte widerspricht in Teilen der Aussage von Larry Wright, der die Polizei ja glauben machen wollte, der Mord sei in der Einfahrt seines Zuhauses geschehen, während Singleton nun behauptete, Slaughter hätte gestanden, dass der Mord »irgendwo in der Innenstadt« stattgefunden habe.

Singleton nahm diese Aussage kurz darauf wieder zurück. Dennoch richtete die Polizei ihren Fokus nun wieder auf den Wohnwagen und den Fingerabdruck, den die Spurensicherung darin gefunden hatte. Auf dem linken Rückspiegel war ein einzelner Abdruck entdeckt worden, der Slaughter zugeordnet werden konnte, was an sich aber kaum Beweiskraft besaß, da Patricia Wright und ihre Schwester Arlette in einem Brief an mich behaupteten:

»Lawrence Slaughter war gut mit Jerome Scott befreundet. Mr. Slaughter war deshalb auch Hunderte Male in dem 1977er Dodge Wohnwagen, bevor Jerome Scott ermordet wurde, und niemand kann sagen, wann genau ein Fingerabdruck auf einem Objekt entstanden ist, das ist eine allgemein bekannte Tatsache.«

Diese Behauptung der Wrights ist allerdings insofern interessant, als dabei etwas ganz Offensichtliches übersehen wird: Wenn Slaughter bereits »Hunderte Male« in dem Wohnwagen gewesen ist, warum wurde dann nur ein einziger Fingerabdruck von ihm *im Außenbereich* des Fahrzeugs gefunden? Vermutlich war auch Patricia Wright schon viele Male in dem Wohnwagen. Und dennoch wurden, wie im oben zitierten Brief von Arletta Wright erwähnt, »13 verschiedene Fingerabdrücke im Innen- und Außenbereich des 1977er Dodge Wohnwagens gefunden und keiner davon konnte Patricia Wright zugeordnet werden«.

Die Angaben von Patricia und Arletta Wright enthielten für mich jedenfalls eine Reihe weiterer Warnhinweise. Meine Recherchen ergaben nämlich, dass Slaughter in Wahrheit nicht schon »Hunderte Male« in dem

Wohnwagen gewesen war. Er war auch nicht mit Willie Scott befreundet gewesen – im Gegenteil: Slaughter war hetero und hasste den schwulen Scott aus vollem Herzen.

Ich habe mich im Laufe meiner langen Karriere mehreren Fällen gewidmet, in denen ich verurteilte Mörder dabei unterstützt habe, ihre Unschuld zu beweisen. Und wären Patricia und Arletta Wright ehrlich gewesen, dann hätte ich mich, ohne zu zögern, auf Patricias Seite geschlagen und versucht, ihr zu helfen.

Im Grunde war alles, auf was sich die »Patricia ist unschuldig«-Aktivisten unterm Strich berufen konnten, eine Truppe vorbestrafter Krimineller, die erwiesenermaßen logen wie gedruckt. Hinzu kamen die völlig misslungene Spurensicherung, verloren gegangenes und vernichtetes Beweismaterial und der Tod mehrerer wichtiger Zeugen. Hier saß ich nun also an meinem Schreibtisch mit einem Stapel Dokumenten und Briefen sowie der kompletten Polizeiakte zu dem Fall und kam einfach nicht weiter.

Ich kam mir vor wie in der legendären TV-Serie *Columbo*. Und hat der jemals aufgegeben? Natürlich nicht! Also beschloss ich, aufgrund der vielen Widersprüche und Ungereimtheiten in diesem Fall, ein wenig um die Ecke zu denken.

Ich ließ den gesamten Fall noch einmal Revue passieren und kam zu dem Schluss, mich vor allem auf die offensichtlichen Widersprüche konzentrieren zu müssen, vor allem jene in den Aussagen von Patricia und Arletta Wright.

Wenn Slaughter tatsächlich regelmäßig Gast in Scotts Wohnwagen gewesen war, hätte man dann nicht einen Finger- oder Handabdruck oder zumindest ein Haar von ihm darin finden müssen? Hat man aber nicht, sondern nur einen einzigen Fingerabdruck außen auf dem linken Rückspiegel.

Von Larry Wrights und Gerald Singletons Aussagen einmal abgesehen – die beide zurückgenommen haben, sobald sie wieder aus der Haft entlassen wurden –, gibt es keinen einzigen Beweis dafür, dass Slaughter überhaupt in dem Wohnwagen gewesen ist, und schon gar nicht dafür, dass er Scott in einem Anfall mörderischer Wut erstochen hat.

Dennoch begann die Polizei nach den dubiosen Aussagen der Wrights tiefer zu graben – und ich auch. Eine nicht ganz unbedeutende Tatsache war den Ermittlern noch aufgefallen: das ungewöhnliche Verhalten von Patricia Wright kurz nach Scotts Verschwinden.

Interessanterweise kam der erste Hinweis von Larry Wright, der den Kriminalbeamten erzählt hatte, Patricia habe schon einen Tag nach Scotts Verschwinden verschiedene Krankenhäuser angerufen, um nach ihm zu forschen. Das fand Larry nach eigener Aussage ziemlich seltsam, denn Scott hatte die Angewohnheit, tage-, manchmal sogar wochenlang abzutauchen, und Patricia hatte sich nie groß darum geschert, wo er war – bis zu jenem Tag, an dem er seinen Wohnwagen hatte reinigen wollen.

Betty Joyce Hill, eine Freundin der Familie, hatte den Ermittlern erzählt, dass Patricia sie am Tag, an dem Scott verschwunden war, angerufen und berichtet hatte, dass er den Wohnwagen sauber machen wollte und nicht zurückgekehrt sei. Patricia habe gesagt, dass sie sich Sorgen um ihn mache.

Diese Darstellung von Betty Hill passte zur Beobachtung von Larry Wright.

Die Ermittler befragten auch Lillian McConico, die ebenfalls aussagte, Patricia Wright habe sie angerufen – und zwar gleich zweimal –, um sich zu erkundigen, ob ihr Mann bei ihr war. War er nicht. Dies war doch ein ungewöhnliches Verhalten für eine Frau, die es gewohnt war, dass ihr Ex-Mann auf der Suche nach sexuellen Eskapaden für längere Zeit in der Schwulen-Szene abtauchte, und sich bislang nie groß darum geschert hatte.

Wenn die Polizei diesen seltsamen Mordfall irgendwie lösen wollte, dann musste sie auf jeden Fall ein Tatmotiv finden.

Larry Slaughter und Patricia Wright gaben an, kein Verhältnis gehabt zu haben. Andere Familienmitglieder sahen das ein wenig anders, was aber eigentlich auch keine Rolle spielt, weil Patricia und Scott schon lange vor dem Mord getrennt waren und es keinerlei Streit zwischen beiden gab.

Nachdem die Polizei ein wenig weiterermittelt hatte, erfuhr sie – wenn auch ein wenig verspätet – endlich auch von der Versicherungssumme, die Patricia Wright kassiert hatte. Gier als Mordmotiv war von Beginn an eine wackelige Hypothese, denn warum sollte man einen Mann umbringen, der unheilbar an Krebs erkrankt war und ohnehin nur noch wenige Monate zu leben hatte? Als die Kriminalbeamten aber etwas gründlicher bei der New York Life nachfragten – dem Versicherer von Willie Scott –, stellten sie zu ihrer Überraschung fest, dass noch eine zweite Lebensversicherung mit doppelter Auszahlung existierte (Police Nr. 37645648), obwohl die Wrights bis zum Beginn meiner Ermittlungen in diesem Fall abgestritten hatten, dass es je eine zweite Versicherung gegeben hatte. Der Verdacht der Ermittler erhärtete sich weiter, als sie von der New York Life erfuhren, dass Patricia die Summe der ersten Versicherung mit einer geradezu unpassenden Eile abrufen wollte – nämlich schon am 23. September 1981, dem zweiten Werktag nach Scotts Ermordung und noch bevor er am 28. September auf dem Friedhof Forest Lawn in Glendale beigesetzt wurde.

Dokumente belegen, dass Patricia weniger als einen Monat später einen Scheck in Höhe von 30 352,81 Dollar eingelöst hat, die Versicherung wurde also ausbezahlt. Als ich Patricia fragte, für was sie dieses Geld ausgegeben habe, antwortete sie mir in einem Brief, sie habe das Geld in ihre Altersvorsorge gesteckt und für 10 000 Dollar ein Auto gekauft. Das war jedoch komplett gelogen und damit ein weiteres deutliches Warnsignal für mich.

Wir wissen nun also, dass Patricia sich ungewöhnlich früh Sorgen um Willie Scotts Verbleib machte, bereits einen Tag nach seinem Verschwinden – obwohl sie seine Abwesenheit früher nie gestört hatte. Und wir wissen von dem anonymen Anrufer, der die Polizei zum Wohnwagen und der verwesenden Leiche geführt hat. Irgendwann fragte ich mich, ob nicht vielleicht Patricia selbst, die so schnell wie möglich das Geld von der Versicherung erhalten wollte, diesen Anruf getätigt hatte. Es musste einfach so gewesen sein!

Wenn in Ermittlungen Indizienbeweise eine besonders große Rolle spielen, dann prüft die Jury bei ihrer Urteilsfindung häufig, ob es Hinweise auf Schuldbewusstsein oder Vorsatz des Täters gibt. Der anonyme Anruf und Patricia Wrights unübliche Sorge passen genau in diese Kategorie.

Die Ermittler durchleuchteten nun die zweite Lebensversicherung (die es laut Patricia und Arletta Wrights Behauptung nie gegeben hat) und stießen dabei auf einige interessante neue Details. So fanden sie etwa heraus, dass ein gewisser James Alley – der Versicherungsmakler, der Willie Scotts

Police verkauft hatte – gar nicht dabei gewesen war, als dieser den Vertrag ausgefüllt und unterschrieben hatte. Er kannte das Paar und vertraute auf Patricias Wort, dass ihr Mann das Dokument unterschreiben würde, sobald er später nach Hause käme. Das legt allerdings die Vermutung nahe, dass Patricia Wright die Unterschrift ihres Gatten gefälscht und die Versicherung ohne dessen Wissen abgeschlossen hat. Alley erzählte sie, Scott sei heimgekommen, hätte schnell etwas gegessen, dann rasch den Vertrag unterschrieben und wäre anschließend »sofort wieder zur Arbeit losgehetzt«.

Doch damit nicht genug. Bei ihrer hinterhältigen Fälschung hatte sie bei einem wichtigen Unterpunkt kein Häkchen gesetzt – bei der Angabe nämlich, dass Scott nicht vollständig gesund war. Dabei war er – im Gegenteil – todkrank und hatte nur noch wenige Monate zu leben. Damit hatten die Mordermittler endlich eine heiße Spur, die noch heißer wurde, als sie feststellten, dass die zweite Lebensversicherung – mit einer Auszahlung von stattlichen 55 189,77 Dollar im Fall eines tödlichen Unfalls oder Mords – am 26. August 1981 abgeschlossen worden war, also ein Jahr nach der Scheidung des Paars und nur 24 Tage vor dem Mord an Scott.

Die Ermittler fanden außerdem heraus, dass Patricia Scott – nicht Willy – die erste und einzige Prämienzahlung für diese Versicherung vorgenommen hatte und dass sie – was für ein Zufall! – erneut die einzige Begünstigte war. Sie bekam die komplette Summe von 55 189,77 Dollar am 21. Januar 1983 ausgezahlt und hat keiner Menschenseele etwas davon erzählt.

Die Kriminalbeamten erfuhren, dass Patricia 30 189,77 Dollar davon in ihre Altersvorsorge bei der New York Life gesteckt und den Rest unter anderem für einen Mini-Van ausgegeben hatte.

Vordergründig – und dies ist ein weiteres Warnsignal – hatten Patricia und Arletta Wright sogar recht, als sie behaupteten, dass es »eine zweite Police nie gegeben« habe. Ich stellte nämlich fest, dass die schriftliche Police der zweiten Lebensversicherung bis zum Mord an Scott noch gar nicht ausgestellt war. Ergo wurde sie nie ausgestellt, da der Mann dann ja bereits tot war.

Allerdings haben die Wrights trotz besseren Wissens versäumt, die Polizei, mich und auch ihre Tausenden Unterstützer darauf hinzuweisen, dass Willie Scotts Leben dennoch versichert war. Und zwar durch eine Klausel im Vertrag, die den Versicherungsschutz ab Vertragsunterschrift und der ersten Prämienzahlung bis zum Ausstellen der physischen Police vorläufig garantierte.

Das war ein echter Täuschungsversuch, denn in ihren Briefen an mich hatte Wright erklärt: »Die Staatsanwaltschaft behauptet, ich hätte zwei Versicherungspolicen gehabt. Dabei haben sie eine zweite Police nie gefunden, und zwar weil es schon immer nur eine gegeben hat.«

Patricia Wright hat also ganz eindeutig versucht, die Existenz einer zweiten Lebensversicherung zu verheimlichen, die sie selbst kurz vor dem Mord an ihrem Mann auf betrügerische Weise abgeschlossen hat. Dies spielt eine wichtige Rolle bei der Beurteilung ihrer Schuld oder Unschuld. In einem Dokument vom 19. März 2003 (Beweisstück #34), das mir von den Wrights zugespielt wurde, stellt Arletta eine interessante Frage: »Warum sollte Patricia Wright ihren Mann – genauer gesagt: Ex-Mann – umbringen wollen, wohl wissend, dass er zu jener Zeit die einzige Einkommensquelle für Patricia und ihre beiden Kinder war?«

Auch diese Aussage war schlichtweg gelogen, denn Willie Scott hat seine Familie finanziell *nicht* unterstützt. Patricia erhielt wegen ihres Sehfehlers monatlich Sozialhilfe vom Staat in Höhe von 705,40 Dollar.

Und Sie erinnern sich: Die Auszahlung der ersten Lebensversicherung wurde nur drei Tage nach dem Mord an Scott angefordert. Patricia Wright brauchte das Geld offenbar dringend, da sie in finanziellen Schwierigkeiten war. Wir wissen außerdem, dass Scott unheilbar an Krebs erkrankt war, was Patricia ebenfalls bekannt war. Warum sollten sie und Slaughter ihn also umbringen? Ganz einfach: Seine Lebensversicherung wurde nur im Fall eines tödlichen Unfalls oder Mords in doppelter Höhe von 30 000 Dollar ausgezahlt, dies waren die Bedingungen der Police. Wäre der Mann eines natürlichen Todes gestorben, etwa durch eine Krebserkrankung, hätte die Versicherung nur mickrige 15 000 Dollar gezahlt. Hinzu kommt die Existenz einer zweiten Lebensversicherung mit ähnlichen Bedingungen, aber einer höheren Versicherungssumme, die unter extrem dubiosen Umständen abgeschlossen wurde, was den Schluss zulässt, dass Willie Scott von dieser zweiten Versicherung überhaupt nichts wusste, und Patricia Wrights Motiv zusätzlich bestätigt.

Aus Polizeiakten und den Aussagen mehrerer Zeugen geht hervor, dass Larry Slaughter Patricia Wright direkt nach dem Mord eine Reihe unangekündigter Besuche abstattete und seine Kleidung zurückverlangte. Sie versteckte sich dabei jedes Mal hinter verschlossenen Türen. Wright hatte Slaughters Kleidung in der Vergangenheit nie gewaschen, nach dem Abend des Mordes wusch sie jedoch seine Hose, ein Sweatshirt und eine dünne Jacke. Arletta und Patricia bestätigten dies in Briefen an mich und Slaughter und Singleton machte dahingehende Aussagen bei der Polizei.

Meine Vermutung ist, dass es sich dabei um die blutverschmierten Kleidungsstücke handelte, die Slaughter zum Zeitpunkt des Mordes getragen hatte. Wenn dem so war, bleibt allerdings die Frage, warum Wright ihm die Kleidung nicht wieder ausgehändigt und sich stattdessen hinter verschlossenen Türen verbarrikadiert hat. Ich denke, Slaughter war so erpicht darauf, seine Sachen wiederzubekommen, weil sie mit Spuren kontaminiert waren, die ihn mit dem Mord in Verbindung brachten. Befürchtete er vielleicht, dass die hinterhältige Wright diese Beweisstücke – als eine andere Form von Versicherung – gegen ihn verwenden könnte?

Waren es überhaupt nur die Kleidungsstücke, um die es Slaughter ging? Die Umstände lassen erahnen, dass er in Wahrheit Geld wollte. Etwa seinen Anteil von der ausgezahlten Lebensversicherung. Das würde perfekt zur später zurückgezogenen Aussage von Gerald Singleton passen, der den Ermittlern erzählt hatte, Patricia Wright habe ihn beauftragt, eine braune Papiertüte mit unbekanntem Inhalt an Slaughter zu übergeben – wahrscheinlich Kleidung und 20 000 Dollar.

Singleton behauptete außerdem, dass Slaughter den Mord später ihm gegenüber gestanden habe. Ob 20 000 Dollar der korrekte Betrag waren, werden wir vermutlich nie erfahren. Falls ja, hätte Wright von der Auszahlung der ersten Versicherung selbst nur 10 000 Dollar behalten, die sie nach eigener Aussage für ein Auto ausgegeben hatte, was eine weitere Lüge gewesen ist. Dokumente belegen, dass sie den Wagen erst nach Auszahlung der zweiten Lebensversicherung gekauft hat – die es laut ihr aber gar nicht gab.

Es scheint, als hätte diese bösartige, hinterhältige und manipulative Frau den Mord an Willie Scott gemeinsam mit Slaughter von langer Hand geplant.

Scott musste ermordet werden, bevor er unter natürlichen Umständen starb, weil sich die ausgezahlte Summe aus seiner Lebensversicherung dann auf 30 000 Dollar verdoppelte. Es war sicher schlau von Wright, Slaughter nichts von der zweiten Lebensversicherung zu erzählen, die sie nur 24 Tage vor dem Mord an Scott offenbar ganz diskret selbst abgeschlossen hatte. Hätte Slaughter von dieser zweiten Versicherung gewusst, wie hätte er wohl reagiert?

Patricia Wright bleibt felsenfest bei ihrer Behauptung, sie sei unschuldig und kein böser Mensch. Aber würden Sie das nicht auch sagen, wenn Ihnen eine lebenslange Haftstrafe drohen würde? Wright behauptete, sie habe Scott geliebt und hätte ihm niemals etwas antun können. Doch wer immer den Mord an Willie Jerome Scott geplant hat, um das Geld aus seiner Berufsunfähigkeitsversicherung sowie Schmuck und andere Wertsachen einzukassieren, war definitiv ein böser Mensch und alles andere als unschuldig.

Nachdem ich meine Ermittlungen im Fall Patricia Wright abgeschlossen hatte, mailte ich die Ergebnisse anstandshalber an Arletta Wright, mit der Bitte, sie zu kommentieren. Ihre Replik war wahrhaft erstaunlich:

Sie schrieb, dass ich »absolut und 200-prozentig recht« hätte. Sie [Arletta] habe all ihre Briefe an mich verfasst sowie alle Akten akribisch zusammengestellt im »200-prozentigen« Glauben , dass die Informationen, die sie von ihrer Schwester erhalten hatte, der Wahrheit entsprachen. Außerdem schrieb sie:

> *»Bitte verzeihen Sie mir, falls Sie das Gefühl haben, ich hätte Sie getäuscht. Das war nie meine Absicht. Ich habe meine Schwester gefragt, wie viel Geld sie von der Versicherung bekommen hat, und sie versicherte mir, es seien nur 30 000 Dollar gewesen. Sie sagte, jemand anderes müsse das Geld aus der zweiten Versicherung kassiert haben.«*

Das belegt, dass die hinterhältige Patricia Wright selbst ihrer eigenen Schwester gegenüber die Existenz einer zweiten Lebensversicherung abstritt. Als ich Arletta erklärte, dass niemand anderes das Geld der Versicherung kassiert haben konnte, weil Patricia deren einzige Begünstigte war, dass Verteidigung und Anklage die entsprechenden Dokumente der Versicherungsgesellschaft als korrekt anerkannt hatten und dass Patricia die Gelder beider Versicherungen definitiv erhalten hatte, weil sie nachweislich auf ihrem Bankkonto eingegangen waren, räumte sie ein:

»Ich stimmte Ihnen zu und glaube Ihnen zu 100 Prozent. Meine Schwester hätte von Beginn an ehrlich sein sollen. Ich stehe nun dumm da, weil ich meine Schwester verteidigt habe, ohne alle relevanten Informationen zu kennen. Das schmerzt mich sehr. Patricia hätte von Beginn an ehrlich sein und sagen sollen: ›Ja, ich habe das Geld von der Versicherung bekommen, aber ich habe ihn nicht umgebracht.‹«

Arletta war eine zutiefst religiöse Person, die in ihren Briefen gern die Bibel zitierte. Ich schrieb ihr, dass sie die Transkripte der Gerichtsverhandlung ja offenbar sorgfältig gelesen hatte, da sie alle zusätzlichen Informationen, die ich benötigte, stets sofort zur Hand gehabt hatte. Dabei musste ihr doch aufgefallen sein, dass mit den Lebensversicherungen etwas nicht stimmte. Immerhin hatte sie in der Vergangenheit selbst als Betrugsermittlerin bei einer großen Telefongesellschaft gearbeitet. Hatte sie denn etwa nicht mit im Gerichtssaal gesessen und all das schon einmal gehört? Gier kam hier doch ganz eindeutig als Tatmotiv infrage, so meine Schlussfolgerung.
Arlettas Antwort war interessant:

»Ich hatte keine Gelegenheit, alle Transkripte komplett zu lesen, auch wenn ich mein Möglichstes versucht habe. In den vergangenen beiden Jahren hatte ich wirklich alle Hände voll zu tun. Meine Tochter ist selbst Mutter geworden. Deshalb habe ich nicht alle Transkripte gelesen. Ich glaube jedoch an die Unschuld meiner Schwester und bin fest davon überzeugt, dass die Wahrheit ans Licht kommen wird.

Die Wahrheit wird Patricia befreien. Ich erfahre hier zum ersten Mal, dass mein Bruder Larry Wright einen Mord gestanden hat. Davon habe ich noch nie zuvor etwas gehört. Woher haben Sie diese Information? Mein Bruder war ein kleiner Junge, als Willie gestorben ist.«

Ich erklärte Arletta, dass diese Information von niemand Geringerem als Patricia Wright stammte, die mir in einem Brief berichtet hatte, dass Larry den Mord gestanden habe.

Arletta antwortete umgehend: »Patricia erzählt mir nie, was sie in ihren Briefen schreibt.«

Wie ein Insekt, das versucht, sich aus einer Venusfliegenfalle zu befreien, rang auch Patricia Wright um ihre Freiheit. Dabei verbarg sie jedoch die Wahrheit, nicht nur vor mir, sondern vor Tausenden anderen Menschen, die sie bis heute für unschuldig halten – darunter auch der Person, die sie angeblich mehr liebt als alle anderen: ihre Schwester Arletta.

Zunächst log sie in Bezug auf die Lebensversicherungen und täuschte dabei offenbar auch Arletta. Dann log sie, dass Larry Wright den Mord gestanden habe und jeder in ihrer Familie davon gewusst habe, obwohl er dies nicht getan hatte und dementsprechend auch niemand davon wissen konnte.

Bis heute ist Arletta extrem erschüttert. Jahrelang hat sie sich eingeredet, ihre Schwester sei unschuldig, und im guten Glauben massive Anstrengungen unternommen und finanzielle Aufwendungen getätigt, um dies zu beweisen. Der Glaube an die Unschuld ihrer Schwester saß so tief, dass sie selbst heute noch hofft und zu Gott betet, dass Patricia die Wahrheit sagt.

In einem ihrer Briefe aus dem Gefängnis klammerte Patricia sich an einen der letzten verbliebenen Strohhalme und schrieb mir: »Es gab keinerlei Sachbeweise – real oder erfunden –, die belegen würden, dass ich den Mord begangen habe.«

Auf den ersten Blick wirkt Patricia Wright äußerst überzeugend. Doch erinnern Sie sich an den Brief der Serienmörderin Judy Buenoano, aus dem ich bereits in diesem Buch zitiert habe. Kurz vor ihrer Hinrichtung schrieb sie darin:

> *»Lasst euch von mir nicht täuschen. Lasst euch nicht täuschen von meinem Gesicht, denn ich trage 1000 Masken; Masken, die auszuziehen ich nicht wage, und keine von ihnen bin ich. Die Kunst der Täuschung liegt mir im Blut, doch lasst euch nicht täuschen. Bei Gott, lasst euch nicht täuschen.«*

Wem die Jacke passt, der soll sie anziehen. Dieses Sprichwort traf auch auf Patricia Wright zu. Am Ende waren es aber keine Sachbeweise, die zur Verurteilung dieser abscheulichen Frau führten, sondern es waren Indizienbeweise. Es ist häufig die Summe der Beweise, also die schiere Menge, die eine Jury dazu veranlasst, ohne jeden begründeten Zweifel ihr Urteil zu fällen, so wie sie es bei Larry Slaughter und, in einem separaten Prozess, auch bei Patricia Wright getan hat. Ihr finaler Appell an mich lautete:

> *»Ich kämpfe hier um mein Leben, Christopher, nur ich weil aufgrund seines Todes Geld von der Versicherung erhalten habe, das längst weg ist. Ich wollte nie, dass er verschwindet oder stirbt. Wir haben einander geliebt. Wir haben einen gemeinsamen Sohn, der beide Elternteile braucht. Und wir sind bis zum Schluss Freunde geblieben. Ich habe keinen Mord begangen. Ich bin unschuldig. Ich bin ein guter Mensch und verdiene das hier nicht. Bitte helfen Sie mir!«*

In ihrer Verzweiflung rief Arletta ihre Schwester im Gefängnis an. Während des kurzen Gesprächs gab Patricia endlich zu, dass eine zweite Lebensversicherung existiert hatte, was Arletta mir in einer E-Mail vom 30. Mai 2003 bestätigte:

> *»Vielen Dank, Chris. Ich weiß Ihre Hilfe wirklich zu schätzen. Am Mittwoch habe ich am Telefon mit meiner Schwester sprechen können und ihr gesagt, dass ich unbedingt die Wahrheit wissen muss. Daraufhin gestand sie mir, dass sie tatsächlich das gesamte Geld beider Versicherungen erhalten hat. Ich habe es die ganze Zeit geahnt.«*

Nachdem ich die akribisch aufgearbeiteten Akten und Dokumente gesehen habe, die Arletta Wright für mich zusammengestellt hat, und nach all den Briefwechseln und Telefonaten mit ihr bin ich mir sicher, dass sie tatsächlich von der Unschuld ihrer Schwester überzeugt ist oder zumindest war. Der Satz »Ich habe es die ganze Zeit geahnt« zeigt mir, dass sie zwar durchaus einen Verdacht hatte, diesen aber nicht wahrhaben wollte.

Wie ein Besucher, der eines von Monets Meisterwerken aus der Nähe betrachtet, stand Arletta Wright – Patricas nächste Verwandte und eine gottesfürchtige Frau – zu nah dran, um das große Ganze zu erkennen, und sah deshalb, ohne eigene Schuld, die Wahrheit nicht.

Arletta kommt aus einfachen Verhältnissen und ist ein Familienmensch. Und unter Verwandten ist es nicht unüblich, die Schuld eines Familienmitglieds – so eindeutig sie auch sein mag – zu verdrängen und nicht wahrhaben zu wollen. Viele können oder wollen sich einfach nicht vorstellen, dass jemand, den sie so sehr lieben und in ihrem Herzen tragen, aus den kaltblütigsten Gründen zu derart schrecklichen Verbrechen fähig ist. Arletta ist da meiner Meinung nach keine Ausnahme. Jahrelang drehten sich all ihre Gedanken und Gefühle einzig um den unumstößlichen Glauben an Patricias Unschuld. Hinzu kommt, dass sie von Vertretern der Zivilgesellschaft sowie verschiedenen Journalisten und Anwälten umgeben war, die Patricia Wright unterstützten, was Arlettas Überzeugung wie eine Echokammer nur weiter verstärkt hat. Und genau hier liegt das Problem:

Arletta und alle Unterstützer von Patricia waren – aus persönlichen oder beruflichen Gründen – besonders anfällig dafür, die Unschuldsbeteuerungen dieser inhaftierten Frau zu glauben. Sie alle hatten ihre eigenen, gut gemeinten Absichten. Die Zeitungsberichte zu dem Fall waren nicht selten beeinflusst durch eine – zu Recht oder Unrecht – wahrgenommene Ungerechtigkeit des überwiegend weißen Justiz- und Strafsystems in Kalifornien gegenüber der schwarzen Bevölkerung dort. Bis heute hat sich daran nicht viel geändert.

Larry Wright hat behauptet, seiner Schwester helfen zu wollen, aus dem Gefängnis freizukommen. In einem zweiten Brief an mich schrieb er dann, dass er dies nur für 10000 Dollar Vorschuss tun würde!

Ich glaube, dass sich Arletta Wright in ihrer Verzweiflung wirklich nur an mich gewandt hat, um endlich die Wahrheit herauszufinden. Sie bot mir sogar an, mich dafür im Voraus zu bezahlen. Ich lehnte jede Bezahlung ab und sagte ihr, dass ich, wenn ich mich diesem Fall widmen würde, dies unvoreingenommen und ohne jegliche Beeinflussung durch andere tun würde. Ich erklärte ihr, dass ich meine Ergebnisse nicht verdrehen und sie in jedem Fall wahrheitsgemäß der Öffentlichkeit zugänglich machen würde, um so entweder Patricias Unschuld zu beweisen oder ihre Schuld zu bestätigen.

Dieses Kapitel basiert auf 1800 Fallakten und persönlichen Briefen.

Patricia Wright (CDCR # W79941) saß zum Zeitpunkt der Entstehung dieses Buchs in einer Zelle der Haftanstalt California Institution for Women (CIW) in der 16756 Chino-Corona Road, im kalifornischen Corona ein. 2020 wurde sie im Zuge der Coronapandemie wegen ihrer schweren Krebserkrankung entlassen.

Lawrence Slaughter (CDCR # J14215) ist in Solano, dem Staatsgefängnis von Kalifornien, in der 2100 Peabody Road im kalifornischen Vacaville inhaftiert, ohne Möglichkeit auf Entlassung.

Ich wünsche Arletta Wright für ihre Zukunft nur das Beste. Der Mord ihrer Schwester mit dem Ziel, die Lebensversicherungen ihres Ex-Mannes zu kassieren, erinnert mich stark an die nächste Mörderin in diesem Buch, die zweifellos genauso gefährlich ist wie jeder Mann: Marilyn Kay Plantz.

Vier weitere Mörderinnen

MARILYN KAY PLANTZ

Vor ihrer Hinrichtung im Mai 2001 waren dieser Mörderin noch folgende letzten Worte wichtig: »Ich möchte meiner gesamten Familie sagen, dass ich sie alle sehr liebe, vor allem Trina und Chris. Gott hat mir seine Liebe geschenkt und nun muss ich die Welt hinter mir lassen. Ihr sollt wissen, dass nichts, wirklich nichts, uns von Gottes Liebe trennen kann. Und wenn ihr mich wiedersehen wollt, dann müsst ihr wiedergeboren werden.«

Anders als im Vereinten Königreich gab es in der Kriminalgeschichte der Vereinigten Staaten unzählige Frauen, die, wie Patricia Wright, aus Gier gemordet haben. Marilyn Kay Plantz ist eine dieser Frauen.

Am 1. Mai 2001, beinahe 13 Jahre nachdem ihr Mann James »Jim« Earls Plantz totgeprügelt und verbrannt worden war, um das Geld von seiner Versicherung zu kassieren, wurde die 39-jährige Marilyn Plantz wegen ihrer Beteiligung an dem Mord per Giftspritze hingerichtet. Um 21:11 Uhr wurde Plantz für tot erklärt, nachdem man ihr im »Big Mac« McAlester genannten Staatsgefängnis von Oklahoma einen tödlichen Medikamenten-Cocktail injiziert hatte.

Sie wurde zum Tode verurteilt, weil sie den Mord an ihrem Mann geplant und in Auftrag gegeben hatte, um an 299 000 Dollar aus seiner Lebensversicherung zu kommen, die auf seinen Namen abgeschlossen war.

Am 26. August 1988 wurde der 33-jährige Jim Plantz, Leiter der Nachtschicht in der Druckerei der Tageszeitung *The Oklahoma*, von William Clifford Bryson und Clinton Eugene McKimble überfallen, als er mit Einkäufen beladen nach der Arbeit nach Hause kam. Seine Frau Marilyn hatte das Duo engagiert, um den Mord auszuführen. Sie attackierten ihn mit Baseballschlägern und ließen ihn auf seinem Schlafzimmerboden blutig und mit großen Schmerzen liegen. Danach parkten sie seinen Wagen an der Hinterseite des Hauses, warfen ihn ins Auto und fuhren mit ihm an einen abgelegenen Ort. Dann setzten sie den kaum noch ansprechbaren Jim hinters Lenkrad und McKimble steckte ein Tuch in den Einfüllstutzen des Benzintanks und zündete es an. Der Wagen explodierte aber nicht. Daraufhin übergoss Bryson ihr Opfer mit Benzin und zündete es an. Danach raste das Duo davon. McKimble sagte später aus, er habe sich noch einmal umgedreht und gesehen, wie Plantz unter Qualen in seinem Sitz zappelte, während überall um ihn herum Flammen aus dem Fahrzeug schlugen.

Verwandte des Toten erzählten, sie hätten die Unfallgeschichte, die Marilyn Plantz sich ausgedacht hatte, zunächst tatsächlich geglaubt und sie sei derart überzeugend gewesen, dass sie der scheinbar verzweifelten Frau Hilfe angeboten hatten – selbst als sie bereits verhaftet war.

»Wir waren so gutgläubig«, sagte Jims Schwester Karen Lowery. »Wir haben sogar versucht, ihr einen Anwalt zu besorgen. Bis die Ermittler uns mitteilten, was sie entdeckt haben.«

Das Paar war elf Jahre lang verheiratet und ihre beiden Kinder, sechs und neun Jahre alt, schliefen friedlich in ihren Zimmern, als der Überfall stattfand. McKimble sagte im Tausch für eine lebenslange Haftstrafe gegen Plantz und Bryson aus. Bryson wurde am 15. Juni 2000 hingerichtet, Plantz am 1. Mai 2000. Sie war der elfte Häftling und erst die zweite Frau, die bis dato in Oklahoma zum Tode verurteilt und hingerichtet wurde, und die 41. Hingerichtete insgesamt, seit die USA Ende der 70er-Jahre die Todesstrafe wieder eingeführt hatten.

Plantz, mit der Häftlingsnummer 178478, bestellte sich als Henkersmahlzeit einen Chicken-Taco-Salat, eine mexikanische Pizza, zwei Enchiritos, zwei Soft-Tacos mit Hähnchen, eine Portion Cinnamon Twists, ein Stück Pecan Pie sowie zwei Dosen Coca-Cola.

Jim Plantz wurde im Grab mit der Nummer 61906061 auf dem Friedhof Brown Cemetery Bethal Acres in Pottawatomie County, Oklahoma, beerdigt.

FRANCES ELAINE NEWTON

Newton wurde am 12. April 1965 geboren und war bereits wegen einer Testamentsfälschung aus dem Jahr 1986 nur auf Bewährung frei, als sie für die Morde an ihrem 23 Jahre alten Ehemann Adrian sowie ihren Kindern, dem siebenjährigen Alton und der 20 Monate alten Farrah, verurteilt wurde. Die Morde wurden am 7. April 1987 begangen.

Die kleine und zierliche Buchhalterin hatte eine Lebensversicherung in Höhe von 50 000 Dollar auf ihren Mann abgeschlossen, und das nur einen Monat bevor sie ihre gesamte Familie mit einer Pistole vom Kaliber .25 erschoss.

Der Vollständigkeit halber muss erwähnt werden, dass Newton und ihr Mann sich nur einen Monat vor den Morden getrennt hatten und bereits eine weitere Lebensversicherung auf seinen Namen existierte. Newton hatte sich also einen »Doppelschlag« mit zwei Auszahlungen erhofft, wenn alles nach Plan gelaufen wäre. Sie gestand später, die Wohnung ihres zu diesem Zeitpunkt bereits getrennt lebenden Ehemanns in der Mordnacht mit einer Waffe aufgesucht zu haben – die angeblich ihrem neuen Partner gehörte, der den Mord auch ausgeführt habe –, erzählte der Polizei aber, dass sie die Waffe nur zu ihrem eigenen Schutz gebraucht habe und ihre Familie noch am Leben gewesen sei, als sie die Wohnung wieder verlassen hatte. Genau wie Patricia Wright und Marilyn Plantz machte Newton auffallend schnell ihre Ansprüche bei den Lebensversicherungen geltend, nämlich nur neun Tage nach den Morden. Am Tag darauf, dem 22. April, wurde sie verhaftet und wegen Mordes zum Tode verurteilt.

Wer für das Geld aus einer Versicherung mordet, ist getrieben von Gier. Und wegen dieser Gier werden die meisten Täter am Ende auch erwischt. Sie hecken die komplexesten Pläne aus, übersehen in ihrer Eile, das Geld in die Finger zu bekommen, aber häufig wichtige Details und die vielen Fallstricke, die sich auftun. Genau so war es auch bei Frances Newton.

Trotz lang andauernder Berufungsverfahren trat Newton am 14. September 2005 endlich vor ihren Schöpfer. Damit war sie erst die dritte Frau, die in Texas nach der Wiedereinführung der Todesstrafe 1982 hingerichtet wurde.

Die ersten beiden waren Karla Faye Tucker und Betty Lou Beets. Sie lehnte eine Henkersmahlzeit ab und äußerte auch keine letzten Worte, nachdem sie in der Haftanstalt The Walls in Huntsville auf der Liege festgeschnallt worden war, auf der sie wenig später die tödliche Injektion bekam. Sie war seit der Exekution einer Sklavin namens »Lucy«, am 7. März 1858, die erste Afroamerikanerin, die in Texas hingerichtet wurde.

Anders als bei den meisten Verurteilten, die in Texas hingerichtet werden, hatte offenbar noch jemand genug Sympathie für Newton übrig, um ihr ein privates Begräbnis zu bezahlen, statt sie, wie die anderen, in einem Gemeinschaftsgrab beerdigen zu lassen. Die texanische Justizbehörde lässt normalerweise hingerichtete Häftlinge auf dem Friedhof Captain Joe Byrd in Huntsville begraben, der im Volksmund als »Peckerwood Hill« bezeichnet wird, eine abwertende Bezeichnung für arme Weiße. Stattdessen ist Frances Newtons letzte Ruhestätte nun die Grabstelle mit der Nummer 11771305, 891N, Platz 4, auf dem Friedhof Paradise North in Houston, Harris County, Texas.

Wenn Sie den Namen Frances Newton googeln, lächelt Sie ein scheinbar freundliches und aufrichtiges Gesicht an. Vergessen Sie dann bitte nicht, welch abgrundtiefe Boshaftigkeit sich hinter dieser Maske verborgen hat.

Newton ging es um viel Geld. Die nun folgende Mörderin tötete allerdings nur, weil sie das Auto ihres Opfers haben wollte!

ERICA YVONNE SHEPPARD

»Du sollst nicht begehren deines Nächsten Auto.« Okay, ganz so hat Moses das zwar nicht gesagt, trotzdem hätte die 19-jährige Erica Yvonne Sheppard wissen können, dass man sich Dinge, die dem Nachbarn gehören, nicht einfach aneignen kann. In Sheppards Fall war das Objekt der Begierde ein brandneuer Mazda 626, der allerdings der 43-jährigen Marilyn Sage Meagher gehörte.

Eines Tages sah Sheppard, wie Meagher gerade Kleidung aus besagtem Wagen in ihre Wohnung in 465 Wild Indigo, im texanischen Bay City, brachte, und beschloss gemeinsam mit ihrem 19-jährigen Freund James R. Dickerson, ihr das Fahrzeug zu rauben. Die beiden Möchtegern-Autobesitzer überfielen die Frau daraufhin ihn ihrer Wohnung und verlangten mit vorgehaltenem Messer die Fahrzeugschlüssel. Als die Frau in Todesangst um ihr Leben flehte, schlitzte das Duo ihr mehrmals die Schläfe auf. Anschließend zogen sie ihr eine Plastiktüte über den Kopf und zertrümmerten ihren Schädel mit einer fünf Kilo schweren Statue.

Die beiden skrupellosen und ziemlich dummen Mörder flohen mit dem Mazda, wurden aber kurz darauf verhaftet und beide zum Tode verurteilt. Zumindest bei Dickerson wurde die Strafe vollstreckt, er starb am 10. September 1999 als Häftling #999107 im Todestrakt an AIDS.

Seine Ex-Freundin wartet im Todestrakt der Mountain View Unit in Gatesville, Texas, noch auf Vollstreckung ihres Urteils durch die Todesspritze. Ihre Lieblingsbeschäftigung dort ist es, sich über die Haftbedingungen zu beschweren, während Marilyn Meagher an Grabstelle #180823230 des Friedhofs Forest Park Westheimer in Houston begraben ist.

KARLA FAYE TUCKER

Eine unschuldige Frau bloß wegen ihres Wagens zu töten, ist schon unglaublich. Doch warten Sie, bis Sie die Geschichte von Karla Faye Tucker gelesen haben! Diese mordende Wahnsinnige ist Amok gelaufen, nur um ein Motorrad und/oder einige Ersatzteile dafür zu stehlen. Genauer kann ich das leider nicht sagen, weil Tucker selbst wohl keine Ahnung hatte, was sie überhaupt stehlen wollte!

Als Henkersmahlzeit bestellte sie sich eine Banane, einen Pfirsich und einen Salat entweder mit Ranch- oder Italian-Dressing.

Tucker wurde am 18. November 1959 geboren. Die zu dem Zeitpunkt 25-jährige weiße, nicht besonders attraktive, aber drogensüchtige Prostituierte brach am 13. Juni 1983, nach einer Wochenend-Orgie voller Methadon, Heroin, Dilaudid, Valium, Placidyl, Somas, Wygesics, Percodan, Mandrax, Cannabis, Rum und Tequila mit ihrem tabletten- und alkoholsüchtigen

Komplizen, dem 37-jährigen Daniel Ryan Garrett, in eine Wohnung am Watonga Drive, im Nordosten von Houston, ein.

In besagter Wohnung lebte der 27-jährige Jerry Lynn Dean, ein früherer Liebhaber von Tucker. Grund für den Einbruch war, wie gesagt, die Absicht, ein Motorrad und/oder Ersatzteile für ein Motorrad zu stehlen. Zur großen Überraschung des diebischen Duos lag Dean schlafend in der Wohnung. Neben ihm schlief, allerdings versteckt unter der Bettdecke, seine hübsche 23-jährige Freundin Deborah Thornton. Was dann folgte, war ein regelrechtes Massaker, ein blutgetränkter Rausch und Ausbruch kranker Brutalität.

Als er Dean entdeckte, schlug ihm Garrett mit einem Hammer sofort auf den Kopf. Das Opfer gab daraufhin ein gurgelndes Geräusch von sich. Um das zu beenden, schnappte Tucker sich eine Spitzhacke, die in dem Zimmer herumlag, und versenkte sie in Deans Rücken. Sie hörte nicht auf, immer und immer wieder auf ihn einzuhacken, bis sie Deborah Thornton sah, die völlig verängstigt neben Dean im Bett lag. Sofort richtete Tucker die Hacke gegen sie und steigerte sich erneut in eine blutige Raserei hinein.

Beide Opfer starben zum Glück sofort und mussten nicht zu lange leiden, was wohl der einzige positive Aspekt an diesem Doppelmord ist. Ihre Leichen wiesen jeweils mehr als 20 Stichwunden auf. Die Polizei hatte auch keine Schwierigkeiten, die Tatwaffe zu finden, denn die mit Tuckers blutigen Fingerabdrücken übersäte Spitzhacke steckte noch in Thorntons Brust.

Zeugen sagten später aus, Tucker habe damit angegeben, dass ihre Tat sie sexuell erregt und jeder Hieb mit der Spitzhacke einen Orgasmus bei ihr ausgelöst habe. Das mag eine Übertreibung gewesen sein, tatsächlich war Tucker aber die erste Mörderin in meiner Laufbahn, die einen vergleichbaren Gewaltrausch derart genossen hat.

Was als kleiner Diebstahl beginnen sollte, eskalierte tragisch zu einem grausamen Massaker. Tucker und Garrett wurden beide zum Tode verurteilt. Allerdings kam Garrett, wie schon der eben erwähnte Dickerson, dem Henker zuvor und starb am 15. Juni 1993 an einer Lebererkrankung.

Häftling #999777, Karla Tucker, verbrachte vor ihrer Hinrichtung noch über 14 Jahre in der Todeszelle. Dort bekehrte sie sich zum Christentum und wurde zu einer regelrechten Musterinsassin. Dennoch wurde sie, trotz eines großflächig publizierten Gnadengesuchs an Gouverneur George W. Bush und alle Befürworter der Todesstrafe, am 3. Februar 1998 mit der Giftspritze hingerichtet. Damit war sie die erste Frau seit dem amerikanischen Bürgerkrieg, die in Texas hingerichtet wurde. Sie liegt auf dem Friedhof Forest Lawndale in Houston begraben.

Jerry Lynn Dean wurde auf dem »Field of Flowers« (auf Deutsch etwa: Blumenfeld), Südreihe 7, #37452867 auf dem Memorial-Park-Friedhof in Tyler, Smith County, in einem Einzelgrab bestattet.

Deborah »Debbie« Ruth Thornton (geb. Carlson) wurde zum Mordopfer, weil sie einfach zur falschen Zeit am falschen Ort war. Sie war gemeinsam mit ihrem Bruder von Ohio in die Region Houston gezogen, um in einer Wohnwagenfabrik zu arbeiten.

Deborah wurde bei ihrem Vater, Homer D. Carlson, und ihrer Mutter Deborah in Sektion C, Grabstelle 80, #6843219 auf dem Friedhof Mifflin in Gahanna, Franklin County, Ohio, beigesetzt.

Wenn Sie erlauben, möchte ich an dieser Stelle auch einmal auf das andere Geschlecht zu sprechen kommen, um ein wenig Balance in dieses Buch zu bringen. Denn es sind durchaus nicht nur Mörderinnen, die bei ihren furchtbaren Taten Fehler machen, Männer gehen oft ebenso stümperhaft vor. Ein Fall, der mir dabei sofort in den Sinn kommt, ist eine tragische Geschichte, die sich ebenfalls in Texas zugetragen hat. Ich bezeichne sie mit meinem typisch britischen schwarzen Humor gern als den »Tom-und-Jerry-Fall«.

Am 26. Juni 1997 nahm der arbeitslose Derrick Wayne Frazier aus Dallas gemeinsam mit seinem Komplizen Jermaine Herron den öffentlichen Bus in den Vorort Refugio, wo sie in ein Haus einstiegen und jede Menge Wertsachen mitgehen ließen. Der erfolgreiche Einbruch stellte die beiden Dummköpfe jedoch vor ein Problem: Wie sollten sie ihr ganzes Diebesgut nun sicher nach Hause bringen? Etwa im Bus?

Nach einer lautstarken Diskussion mitten auf dem hell erleuchteten Gehweg einigten sie sich endlich auf eine Lösung. Sie gingen zum Nachbarhaus, wo Betsy und ihr Ehemann Jerry Nutt gemeinsam mit ihrem 15-jährigen Sohn Cody lebten. Jerry war allerdings nicht zu Hause und Betsy bot den beiden nächtlichen Besuchern an, sie heimzufahren. Warum, bleibt wohl für immer ein Rätsel. Nachdem sie das Haus verlassen hatte und in den Wagen einsteigen wollte, ging Frazier zu ihr und schoss ihr aus nächster Nähe mit einer Neun-Millimeter-Pistole ins Gesicht. Als sie zu Boden fiel, feuerte er einen weiteren Schuss auf ihren Rücken ab. Herron schoss derweil dem jungen Cody erst in den Kopf und anschließend dreimal in die Brust.

Stellen Sie sich bitte diese Szenerie vor: Das Haus der Nutts lag in einer ruhigen, anständigen Gegend, in der es nachts mucksmäuschenstill war. Nach 20 Uhr konnte man dort eine Stecknadel fallen hören. Die einzigen Geräusche, die es um diese Zeit in der Nachbarschaft gab, waren die von Gardinen, die zurückgezogen wurden, wenn mal wieder jemand neugierig war und seine Nase in die Angelegenheiten der Nachbarn steckte. Und nun gab es dort auf einmal zunächst wildes Gezeter und Streiterei unter einer Straßenlaterne und dann mehrere Schüsse. Die beiden Meisterdiebe nahmen sich dennoch die Zeit, Waffen, Munition, Sportgeräte und Sportbekleidung aus dem Haus der Nutts zu entwenden und gemeinsam mit dem Diebesgut des ersten Einbruchs in den brandneuen Pick-up der Familie zu laden. Statt endlich zu flüchten, stritten die beiden Trottel sich jedoch erneut – diesmal darüber, ob sie am Tatort Spuren ihres Besuchs beseitigen sollten. Irgendwann einigten sie sich auf die völlig abstruse Idee, das Haus der Nutts in Brand zu setzen. Während das Haus zu brennen begann, fiel den beiden plötzlich ein, dass sie noch nie in ihrem Leben ein Auto gefahren hatten. So viel geballte Dummheit auf einmal hatte natürlich zur Folge, dass inzwischen wohl jeder Polizist und Feuerwehrmann des Landes unterwegs zum Tatort war. Nach einer äußerst kurzen Verfolgungsjagd, bei der Frazier den Wagen in den Garten eines Nachbarn lenkte, wurden die beiden Idioten verhaftet.

Frazier wurde, wie erwartet, zum Tode verurteilt und am 31. August 2006 hingerichtet. Auf die Frage, ob er noch letzte Worte habe, stammelte er: »Ja, habe ich. Debbie, mein Baby, ich liebe dich. Weißt du eigentlich, wie sehr ich dich liebe? Du bist mein Leben. Du bist meine Frau – bleib immer stark. Bleibt alle stark. Ich bin unschuldig. Ich werde für ein Verbrechen bestraft, das ich nicht begangen habe. Seit neun Jahren beteuere ich meine Unschuld und ich bleibe auch jetzt dabei: Ich bin unschuldig! Lasst meine Leute wissen, dass ich sie liebe. Wir müssen weitermachen. Gebt den Kampf und die Hoffnung auf eine bessere Zukunft nicht auf, denn wir können es schaffen. Ich liebe dich, ich liebe meinen Sohn und ich liebe meine Tochter. Bruno, Chuckie, Juanita, Ray – ich liebe euch, jeden Einzelnen von euch. Bleib stark, Baby. Ich werde dich immer lieben.«

Herron wurde am 17. Mai 2006 hingerichtet. Als Henkersmahlzeit genehmigte er sich ein Sirloin Steak mit Worcestersoße, einen Bacon-Cheeseburger mit zehn Streifen Bacon, Zwiebelringen und Cheese-Fries, French Dressing, ein »Butterfinger Blizzard«-Karamelleis am Stiel, Pecan Pie, Vanilleeis und einen Pfirsichauflauf.

Frazier dagegen war an seinem letzten Tag auf Erden offenbar auf Diät, denn er verweigerte seine Henkersmahlzeit ganz. So, und nun zurück zu den Damen!

Aileen »Lee« Carol Wuornos

Tötungsart: Erschießen
Unabhängig von der Entfernung, aus der ein Schuss abgegeben wird, werden die meisten Eintrittswunden von einem entzündeten Ring abgeriebener Haut umschlossen. Der entsteht, wenn das heranfliegende Projektil die Haut eindrückt und schließlich durchdringt. Wie dick dieser Ring ist, hängt vom Kaliber des Projektils und der Position der Wunde ab. Selbst ohne diesen sogenannten Abstreifring ist leicht zu ermitteln, in welche Wunde das Projektil eingedrungen ist, da Eintrittswunden ein ovales Loch bilden, das wie ausgestanzt aussieht.

Opfer:
Richard Mallory (51), David Andrew Spears (47), Charles E. Carskaddon Jr. (40), Peter Siems (65), Troy Eugene »Buddy« Burress (50), Charles Richard »Dick« Humphreys (56) und Walter Gino Antonio (60)

Dies sind die letzten Worte von Aileen Wuornos vor ihrer Hinrichtung mit der Giftspritze am 9. Oktober 2002 im Staatsgefängnis von Florida in Railford: »Ich möchte nur sagen, dass ich mit dem Felsen segele. Ich werde wiederkehren wie der Independence Day, mit Jesus am 6. Juni. Wie im Film, mit einem großen Mutterschiff und allem, was dazugehört. Ich komme wieder!«

Es ist offensichtlich, dass Lee an diesem Punkt bereits ihren Verstand verloren hatte. Der amerikanische Unabhängigkeitstag (Independence Day) fällt auf den 4. Juli (nicht den 6. Juni). Das ist auch im gleichnamigen Hollywoodfilm aus dem Jahr 1996 so, auf den sie sich offenbar bezieht. Will Smith und Jeff Goldblum, die darin die Hauptrollen gespielt haben, könnten das sicher bestätigen. Angesichts der Situation, in der sie sich damals befand, ist es aber wohl verständlich, dass sie ein wenig verwirrt war. Mir gefiel der »Ich kehre wieder«-Teil. Der erinnerte mich an den alten, Pfeife rauchenden Haudegen General Douglas McArthur aus dem Zweiten Weltkrieg und dessen berühmte Rede vom 11. März 1942, kurz bevor er auf der Flucht vor den Japanern die Philippinen verließ. Auch er versprach zurückzukommen – aber er tat es und befreite das Land. Aileen Wuornos kam dagegen nie zurück, sondern wurde wenig später eingeäschert.

Wer mit »Dougs« Geschichte vertraut ist, der weiß, dass er stets eine halb automatische Pistole, einen 1903er ACP Colt vom Kaliber .45, dabeihatte. Und auch Lee Wuornos ging selten ohne Waffe aus dem Haus. Sie vertraute auf einen »Hi-Standard« Double- und Single-Action-Trommelrevolver mit neun Kammern vom Kaliber .22. Es handelte sich dabei um eine kleine, aber feine Pistole mit 10 Zentimeter langem Lauf. Wuornos benutzte .22er-Kaliber-Patronen mit Kupferummantelung, vermutlich von der Marke Blazer, von denen es in jedem Walmart 500 Schuss für 15 Dollar gab. Sie trug die Waffe entweder in einer Schultertasche oder in ihrer Handtasche bei sich. Das Modell ist ideal für Scheibenschießen und das Töten aus kürzester Entfernung. Die kleinen Projektile fliegen 3,8 Meter pro Sekunde und verrichteten zuverlässig jenen Dienst, den Wuornos ihnen zugedacht hatte: Sie durchlöcherten ihre Opfer aus nächster Nähe.

Ich habe, wie unzählige andere Autoren auch, über die Jahre viel über Aileen Wuornos geschrieben. Mein Buch *Monster* diente sogar als Vorlage für den gleichnamigen Kinofilm aus dem Jahr 2003, in dem Charlize Theron Wuornos spielte und Christina Ricci ihre lesbische Partnerin Selby Wall (deren Name im Film aus rechtlichen Gründen geändert wurde). Ich habe Wuornos im Todestrakt interviewt und würde deshalb auch behaupten, dass ich mich inzwischen ganz gut mit dieser Serienmörderin auskenne, die so viele verschiedene Namen hatte: Sandra Kretsch, Susan Lynn Blahovec, Lee Blahovec, Cammie Marsh Green, Lori Kristine Grody und ihren vollständigen Namen zum Zeitpunkt des Todes: Aileen Carol Wuornos Pralle, geboren in Troy, Michigan, am 29. Februar 1956 als Aileen Carol Pitman.

Dem lateinischen Sprichwort *De mortuis nil nisi bonum* (auf Deutsch etwa: Über Tote nur Gutes) werde ich in dieser düsteren, oft herzzerreißenden Abhandlung über Wuornos' Leben und Taten nicht immer gerecht werden können, denn ich werde kein Blatt vor den Mund nehmen. Inzwischen sind in ihrem Fall nämlich einige Fragen aufgetaucht, die es zu beantworten gilt.

Bevor ich Sie in diese grausame Welt voller Blut, Gewalt und Tod entführe, will ich noch anmerken, dass ich mir stets folgende Frage gestellt habe: Wenn Wuornos tatsächlich eine so erfahrene Hure war, die über Staatsgrenzen hinweg arbeitete und nachweislich über 200 »Kunden« hatte, von denen sich der Großteil lobend über sie äußerte, warum ermordete sie dann Mallory, Spears, Carskaddon, Siems, Burress, Humphrys und Antonio? Was hat diese Frau dazu gebracht, sieben Männer zu erschießen? Was war ihr Motiv? Warum ausgerechnet diese sieben und niemand anderen aus ihrem großen und vielfältigen Kundenkreis? Wäre es nicht möglich, dass diese Kerle – so furchtbar es klingen mag – nur ihre gerechte Strafe bekommen haben? Denn wenn wir uns Wuornos' Opferauswahl einmal genauer anschauen, dann tauchen da Erinnerungen an ganz abscheuliche Dinge aus ihrer Vergangenheit auf, die sie erlebt hat, als sie gerade einmal neun Jahre alt war. Vielleicht sogar noch jünger.

Wuornos wurde als eines von zwei Kindern in einem Armenviertel in Troy, im US-Bundesstaat Michigan geboren. 1956 war ein Schaltjahr und sie erblickte in den frühen Morgenstunden des 29. Februars im Clinton Hospital Detroit das Licht der Welt. Sie hatte es von Beginn an nicht leicht, ihre Eltern waren beide noch sehr jung und die 16-jährige Mutter Diane Wuornos lebte bereits getrennt vom 19-jährigen Gelegenheitsjobber Leo Dale Pittman. Wuornos hat ihren Vater nie kennengelernt – und das war vermutlich auch besser so. Er landete später wegen Entführung, Vergewaltigung und Kindesmissbrauch im Gefängnis. Dort fertigte er sich aus einem Bettlaken eine Schlinge und erhängte sich in seiner Zelle. Wuornos war zu diesem Zeitpunkt 15.

Den Vater hätten wir damit abgehakt, kommen wir also zurück zur Mutter Diane. Der wurde es mit zwei Kindern im Haushalt schnell zu viel, weshalb sie eines Tages ihre sieben Sachen packte und für immer verschwand.

Da war Wuornos gerade sechs Monate alt. Falls Sie nun denken, es hätte für die kleine Aileen gar nicht schlimmer kommen können, dann irren Sie sich: Nach dem Verschwinden ihrer Mutter wurden sie und ihr älterer Bruder Keith von ihren Großeltern, dem Fabrikarbeiter Laurie Wuornos und seiner Frau Britta, adoptiert. Von da an begann für das kleine Mädchen ein Martyrium mit unvorstellbarer sexualisierter Gewalt.

Die beiden waren Alkoholiker und lebten in einem unansehnlichen Bungalow mit gelber Holzverkleidung, der umgeben von Bäumen ein wenig abseits der Straße stand. In den ganzen USA gab es Millionen von diesen Häusern. Nichts daran ließ vermuten, welcher Horror und welche kranken sexuellen Perversionen hinter der Fassade vor sich gingen.

Die Wuornos waren keine geselligen Leute und hatten mit ihren Nachbarn nichts zu tun. Weder veranstalteten sie kleine Flohmärkte in ihrer Einfahrt, noch besuchten sie sonntags Freunde in der Straße zum Grillen. Sie waren Eigenbrötler, die sich nur um ihre Dinge kümmerten und von anderen Leuten dasselbe erwarteten. Sie tauschten mit Nachbarn keine Höflichkeiten aus und luden niemanden zu sich ein. Die Vorhänge im Haus waren stets zugezogen, so als wollten sie die Welt da draußen aussperren.

Die Wuornos zogen beide Kinder wie ihre eigenen auf und erzählten ihnen auch nicht, dass sie in Wahrheit ihre Großeltern waren. Dafür mag es Gründe gegeben haben, auf jeden Fall kamen Lee und ihr schwer alkoholkranker Adoptivvater nicht miteinander zurecht. Es gab ständig Streit, der häufig nicht von Großmutter Britta, sondern durch einen alten braunen Ledergürtel mit schwerer Eisenschnalle beendet wurde. Der hing, stets griffbereit, an einem Haken hinter der Schlafzimmertür von Großvater Laurie. Auf dessen Geheiß musste Lee den Gürtel regelmäßig mit Sattelseife und Haarspülung reinigen.

Es gibt Aussagen, die Laurie – oder »Lauri« – als guten, fleißigen Mann schildern, als bibelfesten Christen mit praktisch blütenreiner Weste. In Wahrheit zwang er die damals acht- oder neunjährige Lee aber regelmäßig dazu, sich nackt vor ihm auszuziehen und über den Küchentisch zu beugen, bevor er sie mit dem schweren Gürtel grün und blau prügelte. Manchmal musste sie sich nackt mit dem Gesicht nach unten und von sich gestreckten

Gliedmaßen aufs Bett legen, wo sie Schläge mit dem Gürtel und Gott weiß was sonst noch von ihrem »Vater« abbekam, während der sie wie ein Wahnsinniger anbrüllte, wie wertlos sie doch sei und dass sie nie hätte geboren werden sollen. »Du bist nicht mal die Luft wert, die du atmest«, schrie er dann oft, während er das Mädchen wieder und wieder mit dem Gürtel auspeitschte.

Als sie etwa elf Jahre alt war, erfuhr Lee die Wahrheit – dass ihre Eltern also in Wahrheit ihre Großeltern waren. Da war sie bereits eine rebellische Teenagerin, die zu fürchterlichen Wutausbrüchen neigte, was die Situation daheim nicht gerade verbesserte. Mit 14 wurde sie schwanger und in eine Einrichtung für unverheiratete Mütter geschickt, wo sie bis zur Geburt ihres Kindes bleiben sollte. Nach der Geburt des Babys wurde es im Januar 1971 zur Adoption freigegeben. Im Juli desselben Jahres starb Britta Wuornos eines natürlichen Todes. Als sie die traurige Nachricht erhielt, wollte Diane, die echte Mutter von Lee und Keith, die beiden Kinder zu sich nach Texas holen, wo sie inzwischen lebte, allerdings lehnten die beiden das ab. Keith ging fortan seinen eigenen Weg und über seinen Werdegang ist wenig bekannt. Lee schmiss die Schule, zog zu Hause aus, fuhr per Anhalter durchs Land und arbeitete als Prostituierte.

Im März 1976, mit inzwischen 20 Jahren, heiratete sie den Multimillionär Lewis Gratz Fell, der zu dem Zeitpunkt 69 war. Die Verbindung hielt, wie erwartet, nicht sehr lange. Immer, wenn der deutlich ältere Mann versuchte, Lees zügellosen Lebenswandel ein wenig einzubremsen, schlug sie ihn, sodass er sich schließlich gezwungen sah, die Ehe annullieren zu lassen und eine einstweilige Verfügung gegen seine Ex-Frau zu beantragen. Er beschuldigte sie, sein Geld verprasst und ihn mit einem Gehstock verprügelt zu haben. Im Scheidungsurteil stand: »Die Antragsgegnerin ist gewalttätig und verfügt über ein unzähmbares Temperament. Sie hat dem Antragssteller Gewalt angedroht und unter Berücksichtigung ihrer vergangenen Taten ist davon auszugehen, dass sie dem Antragsteller und dessen Besitz ernsten Schaden zuführen wird.« Die Ehe endete offiziell am 19. Juli 1976, die Scheidungsurkunde wurde vom Gericht von Volusia County in Florida ausgestellt. Ihren teuren diamantenbesetzten Verlobungsring verpfändete Wuornos.

Am 13. Juli 1976 trat sie im verschlafenen Dörfchen Mancelona, im Antrim County in Michigan, das nächste Mal in Erscheinung. Sie hing in der verrauchten Kneipe »Bernie's Club« herum, spielte Billard, trank und versuchte aufreizend, den Männern den Kopf zu verdrehen. Gegen Mitternacht hatte Wirt Danny Moore genug von ihr und forderte sie auf, die Bar zu verlassen. Er ging daraufhin zum Billardtisch und sammelte die Kugeln ein, als plötzlich jemand rief: »Duck dich!« Im Umdrehen sah er, dass Lee eine Kugel nach ihm warf, die seinen Kopf schließlich nur um Haaresbreite verfehlte. Sie hatte die Kugel mit einer solchen Wucht geschleudert, dass sie in der Wand stecken blieb.

Die gewalttätige junge Frau wurde kurz darauf verhaftet und in eine Zelle gesteckt. Dabei fiel auf, dass noch einige Haftbefehle gegen sie vorlagen, die als Anklagepunkte noch dazukamen, darunter Alkohol am Steuer und Verwendung eines ungültigen Führerscheins, weil sie für den Bundesstaat Michigan keinen gültigen Führerschein besaß. Ein Freund, der 1450 Dollar in ihrer Handtasche fand, holte sie gegen Kaution aus dem Gefängnis. Drei Tage später starb ihr Bruder Keith im Alter von nur 21 Jahren an Kehlkopfkrebs.

Am 4. August 1976 stand Wuornos wegen des tätlichen Angriffs in »Bernie's Club« vor Gericht und plädierte auf schuldig. Sie bezahlte eine Strafe und Gerichtskosten in Höhe von 105 Dollar. Danach ereilte sie ein unerwarteter Geldsegen: Keith war kurze Zeit in der Armee gewesen und hatte deshalb eine kleine Lebensversicherung besessen. Daraus erhielt sie als nächste Verwandte nach seinem Tod 10000 Dollar. Den Großteil des Geldes verwendete sie als Anzahlung für einen schicken schwarzen Pontiac (der ihr kurz darauf wieder abgenommen wurde, weil sie die monatlichen Raten nicht bezahlen konnte). Den Rest verprasste sie für einige Antiquitäten und eine riesige HiFi-Anlage, obwohl sie zu jener Zeit noch nicht einmal eine Wohnung hatte. Innerhalb von drei Monaten hatte sie das ganze Geld durchgebracht.

Aileen Wuornos war damals gerade 21 Jahre alt und ihr Leben eigentlich vom ersten Tag an völlig zerrüttet. So trieb sie weiter haltlos durch die Welt und eine Reihe gescheiterter Beziehungen und hielt sich mit kleineren

Betrügereien, Diebstahl, Prostitution und einem ziemlich dummen Raub über Wasser, den sie sturzbetrunken beging, was sie für eine Weile in den Knast brachte.

Nach all dem verschwand Wuornos eine Zeit lang nahezu gänzlich von der Bildfläche, bis sie 1986 in Daytona Beach, Florida, wieder auftauchte. Sie war per Anhalter die Interstate 95 nach Süden gereist und glaubte, dort das Paradies gefunden zu haben. Hier schien immer die Sonne, es gab jede Menge Jobs und die Lebenshaltungskosten waren niedrig. Man könnte sagen, in Daytona Beach war Lee in ihrem Element: Sex, Meer, Wohlstand und Auspuffgase – eine typisch amerikanische Illusion mit weißen Sandstränden voller Bars mit billigem Alkohol. In einer solchen Bar, einem Laden für Lesben, traf sie auch die 24-jährige Tyria »Ty« Jolene Moore.

Das Leben auf der Straße hatte Aileen Wuornos nicht gerade gutgetan. Sie sah längst nicht mehr so gut aus wie früher und nahm auch einige Kilos an Gewicht zu. Die inzwischen 30-jährige Prostituierte mit dem langen Vorstrafenregister verliebte sich in die schlanke, große Tyria und eine Zeit lang war ihr Leben wirklich wunderbar. Ty liebte Lee ebenfalls und verbrachte viel Zeit mit ihr. Sie gab sogar ihren Job als Zimmermädchen in einem Hotel auf, sodass die dominante, eher maskuline Wuornos sie fortan mit ihrem Geld aus der Prostitution unterhielt. Mit der Zeit kühlte die wechselseitige Leidenschaft der beiden jedoch merklich ab und das Geld wurde immer knapper. Ty blieb dennoch bei Lee und folgte ihr wie ein Hündchen auf Schritt und Tritt, von einem billigen Motel zum nächsten. Teilweise übernachteten sie in alten Scheunen und Toilettenhäuschen. Ihr Traum war es, nach Miami zu ziehen, dort sesshaft zu werden und den »amerikanischen Traum« zu leben. Doch Lees Marktwert als Hure, der ohnehin nie sonderlich hoch gewesen war, fiel immer weiter: Sie war mittlerweile 33 und war die längste Zeit als Prostituierte erfolgreich gewesen. Sie sah nicht so aus wie eine der glamourösen, sexy Bordsteinschwalben, die man häufig in Hollywood-Filmen sieht. Stattdessen war sie meist ungepflegt und schmuddelig und hatte eine unglaublich große Klappe – eine ganz gewöhnliche Straßenhure, die vom Glück absolut verlassen war.

RICHARD MALLORY

In Daytona werden Menschen aus denselben Gründen ermordet wie in anderen Städten auch: Geld, Rache, Sex und Business. Erstaunlicherweise geschah es dort aber deutlich seltener als anderswo. Die Mordrate lag in Daytona damals bei gerade mal 15 Fällen pro Jahr. Lee war für sieben davon verantwortlich.

Das raue Küstenstädtchen ist ein gutes Reiseziel für einen günstigen Urlaub. Viele Hinterwälder aus dem Südosten der USA wissen das und kommen in Scharen als Touristen in die Gegend. Darunter auch der 51-jährige Richard Mallory aus Clearwater, Florida, der am 30. November 1989 spurlos verschwand.

Am 1. Dezember wurde die Polizei von Daytona zu einem verlassenen Fahrzeug nahe des John Anderson Drive in Ormond Beach gerufen. Vor Ort inspizierte der Polizeibeamte den Wagen und notierte, dass es sich um einen hellbeigen, zweitürigen 1987er Cadillac Coup de Ville handelte mit brauner Innenausstattung und getönten Scheiben. Der Polizist Bonnevier entdeckte Blutspritzer auf der Rückenlehne des Fahrersitzes und hinter dem Lenkrad, vom Fahrer oder möglichen Beifahrern fehlte allerdings jede Spur. Die Zündschlüssel steckten nicht, aber mehrere Gegenstände wurden in der näheren Umgebung des Fahrzeugs gefunden, so etwa ein blaues Portemonnaie, das halb im sandigen Boden vergraben war und in dem ein Führerschein aus Florida, ausgestellt auf Richard Mallory, verschiedene Papiere und zwei längst abgelaufene Kreditkarten steckten. Gefunden wurden, neben anderen Gegenständen, außerdem zwei Plastikbecher sowie eine halb leere Flasche Wodka, was darauf schließen ließ, dass der Fahrer nicht allein gewesen war. Eine eingehendere Überprüfung durch Bonnevier ergab, dass Mallory in einem Wohnkomplex mit mehreren Appartements namens »The Oaks« in Clearwater wohnte. Er hatte wegen sexualisierter Gewaltdelikte zehn Jahre im Gefängnis gesessen und war der Polizei als regelmäßiger Freier bekannt. Die meisten Prostituierten kannten ihn zumindest vom Sehen, außerdem besuchte er häufig Go-go-Bars und Stripclubs. Er mochte das Aussehen und den Geruch von Frauen und die Art, wie sie gingen. Nun, da sein Auto verlassen aufgefunden worden war, erschien es möglich, dass seine Suche nach billigem Sex wohl ein Ende gefunden hatte. Und wie sich wenig später herausstellte, war das tatsächlich so.

Am 13. Dezember entdeckten zwei junge Männer auf der Suche nach Metallschrott etwa 8 Kilometer vom Fundort des Cadillacs entfernt, auf der anderen Seite des Halifax River, eine Leiche. Als die Polizeibeamten aus dem Volusia County dort ankamen, trafen sie auf einen Toten, der vom Schlüsselbein bis zum Scheitel völlig skelettiert war. Er lag unter einem Stück Pappe, unter dem nur drei Finger hervorschauten, trug Jeans und einen Pullover. Der Gürtel war etwas verrutscht und die Taschen der Hose waren nach außen gekrempelt. Die Zahnprothese des Toten lag neben ihm auf dem Boden.

Charles James Lau, einer der Ermittler, war bei der Obduktion zugegen, bei der vier Projektile im Oberkörper der Leiche gefunden wurden. Außerdem wurden die Hände des Toten entfernt und zur weiteren Untersuchung in ein Kriminallabor geschickt, weil man – wie Lau erklärte –, bei »einer unbekannten Leiche in dem Verwesungsgrad nicht einfach Fingerabdrücke nehmen kann«. Die Untersuchung ergab, dass der Tote tatsächlich Richard Mallory war.

Mallory wurde am 18. Oktober 1938 im Sumter County, Florida, geboren und war ein Einzelgänger, der nicht viel redete und selbst jenen, die ihn gut kannten, häufig ein Rätsel blieb. Er führte ein eher unstetes Leben und betrieb erfolglos ein Reparaturgeschäft für Fernseher und Videogeräte namens Mallory Electronics in einem Einkaufszentrum von Palm Harbor. Laut einigen Aussagen war er ein attraktiver Mann mit vollem, dunklem Haar, das er von seiner hohen Stirn aus nach hinten kämmte. Mallory war gut 1,80 Meter groß, hatte einen gepflegten Oberlippenbart und betrachtete die Welt aus haselnussbraunen Augen hinter einer Brille mit breitem Rahmen. Er war schlank, wog knapp 77 Kilo und hielt sich mit seinen 51 Jahren noch für einen echten Frauenheld.

Allerdings plagten Mallory ernste Geldprobleme. Er war mit 4000 Dollar Miete im Rückstand, außerdem stand eine Steuerprüfung an. Trotzdem besaß er zwei Kleinbusse, einen weißen und einen kastanienbraunen, die er ebenfalls noch nicht komplett bezahlt hatte.

Beim Versuch, Mallorys allerletzte Fahrt zu rekonstruieren, haben die Ermittler folgendes Bild zusammengetragen: Nach einer Reihe von Anhalterfahrten nordwärts ließ Lee Wuornos sich außerhalb von Tampa, am Interstate Highway I-4, absetzen, genau an der Kreuzung, wo er unter dem Highway I-17 hindurchführt. Warum Lee sich so weit westlich aufhielt, ist unbekannt. Es regnete jedenfalls stark und um nicht nass zu werden, harrte sie unter der Unterführung aus, bis das Wetter wieder besser wurde. Dort entdeckte Mallory sie, bremste, wendete und bot ihr an, sie mitzunehmen. Während der Fahrt unterhielten die beiden sich angeregt und machten zwischendurch Halt, um Bier zu kaufen. Gegen 5 Uhr morgens schnitt Mallory – nach Aussage von Wuornos – das Thema Sex an. Dort, wo später seine Leiche gefunden wurde, bog er von der Straße ab und fuhr in ein Waldstück in der Nähe. Erst zog Wuornos sich aus, dann er und beide umarmten und küssten sich eine Zeit lang.

Laut Polizei zog sie irgendwann plötzlich und offenbar grundlos ihren Revolver und begann, auf Mallory zu schießen. Die erste Patrone erwischte seinen rechten Arm und trat dort in seinen Körper ein. Während Mallory verzweifelt versuchte, aus dem Wagen zu kriechen, traf eine weitere Kugel seinen Oberkörper, dicht gefolgt von einer dritten und vierten. Mallory starb nicht sofort. Eines der kupferummantelten Hohlspitzgeschosse hatte ihn in die rechte Brust getroffen und seinen linken Lungenflügel durchbohrt, bevor es in der Brusthöhle stecken blieb. Dabei verursachte das Projektil massive innere Blutungen, die letztlich zum Tod führten. 15 Minuten lang kämpfte er um sein Leben, während Wuornos danebenstand und ihm beim Sterben zusah. Dies will uns zumindest die Polizei glauben machen. Die Wahrheit sieht allerdings etwas anders aus, wie Sie später noch sehen werden.

DAVID ANDREW SPEARS

Mitte Mai 1990 hatten die Beamten des Sheriff-Büros von Volusia County den Mord an Richard Mallory schon zu den Akten gelegt. Man nahm an, dass es sich dabei um eine Einzeltat gehandelt hatte – bis eine weitere Leiche auftauchte.

Am 20. Mai wurde ein cremefarbener Pick-up im Marion County, nahe der County Road 318 und der I-75, verlassen aufgefunden. Die Ermittler entdeckten ein langes, blondes Haar am Lenkrad und eine aufgerissene Packung Kondome im Fußraum des Fahrzeugs, das auf einen gewissen David Spears registriert war. Spears arbeitete für die Firma Universal Concrete auf dem Bau und lebte nahe Orlando im Örtchen Winter Garden. Alle Wertsachen des Mannes fehlten, dazu noch Werkzeug, Kleidung und eine »einzigartige« Keramikstatue eines Panthers, die er als Geschenk für seine Ex-Frau Dee gekauft hatte. Bei näherer Inspektion des Wagens stellten die Ermittler fest, dass der Fahrersitz für einen Mann von Spears Größe viel zu nah am Lenkrad positioniert war, woraus sie schlossen, dass jemand anderes den Wagen gefahren haben musste. Von Spears selbst fehlte am Fundort des Trucks jedoch jede Spur.

Am 1. Juni stolperte Mathew Cocking auf einer Lichtung inmitten von Pinienbäumen und Palmettopalmen über eine männliche Leiche. Er war gerade an einer illegalen Mülldeponie an der West Fling Lane vorbeigekommen, einem Feldweg südlich von Chassahowitzka im Citrus County, der zum angrenzenden US 19/South Suncoast Bvld. und S. Knightswood Point führt.

Als die Polizei eintraf, fanden sie eine bereits stark verweste Leiche vor, die bis auf ein Baseball-Cap in Camouflage-Optik, das keck auf dem übel zugerichteten Kopf saß, komplett nackt war. Neben der Leiche auf dem Boden lagen ein benutztes Kondom der Marke Trojan, die dazugehörige, aufgerissene Verpackung und diverse leere Bierdosen der Marken Busch und Budweiser. Aufgrund des Zustands der Leiche konnten die Ermittler ihr Geschlecht, Alter oder eine mögliche Todesursache zunächst nicht bestimmen, sicher war allerdings, dass der Tod kein natürlicher gewesen sein konnte – das war offensichtlich. Die Leiche war auf den Rücken gelegt worden, Arme und Beine abgespreizt, und die Handflächen zeigten Richtung Himmel.

Dr. Janet Pillow führte am 4. Juni die Obduktion durch und stellte zunächst fest, dass es sich um eine männliche Leiche handelte. Der Mann hatte zu Lebzeiten etwa 88 Kilo gewogen, zum Zeitpunkt des Leichenfunds aber nur noch etwa 20. Sechs Projektile vom Kaliber .22 steckten in seinem Körper.

Der 47-jährige David Spears war offenbar der perfekte Ex-Mann. Er war zuverlässig, ehrlich und fleißig – ein Typ, auf den man sich verlassen konnte. Er besaß einen scharfsinnigen Blick, volles dunkles Haar, einen ergrauenden Bart und hatte tiefe Falten im Gesicht, da er sich viel draußen aufhielt. Der 1,93 Meter große Riese war schüchtern, zurückhaltend und schätzte seine Ex-Frau Dee nach wie vor so, dass er ihr regelmäßig einen Teil seines Monatslohns zukommen ließ. Am 18. Mai 1990 rief er kurz vor Mittag Dee an, um ihr zu sagen, dass er am nächsten Tag zwischen 14 und 14:30 Uhr zu einem Besuch vorbeikommen würde. Zum letzten Mal lebend gesehen wurde er, als er gegen 14:10 Uhr seine Arbeitsstelle verließ und mit seinem cremefarbenen Truck davonfuhr.

Aus den Ermittlungen der Polizei und vor allem den Aussagen von Aileen Wuornos konnte rekonstruiert werden, dass Spears Lee etwa 58 Kilometer von seinem Zuhause in Winter Garden entfernt getroffen hat. Dort, wo die Route 27 die I-4 kreuzt, wartete sie als Anhalterin und er bot ihr an, sie mitzunehmen. Sie erzählte ihm, dass sie nach Homosassa Springs müsse, was eigentlich nicht auf seiner Strecke lag. Er willigte trotzdem ein, sie dorthin zu bringen, und hielt unterwegs noch einmal an einem Laden an, um Bier zu kaufen. Auf der US 19, nahe Homosassa Springs, bogen sie schließlich von der Straße ab. Mit der Aussicht auf Sex fuhr er so tief in ein Waldstück hinein, dass er sich Sorgen machte, sein Truck könnte stecken bleiben. Kurz darauf zog Lee ihren Revolver und erschoss ihn. Anschließend entsorgte sie die Leiche und nahm ihrem Opfer seinen Lohn, das Geld für den Abschluss seiner Enkelin und ein Bündel Bargeld ab, das für Notfälle im Fahrzeug versteckt war – insgesamt um die 600 Dollar.

David Spears wurde auf dem Friedhof Winter Garden im Orange County, Florida, beerdigt.

CHARLES E. CARSKADDON JR.

Am 6. Juni 1990 wurde nahe der State Route 52 und I-75 im Pascoe County die nackte Leiche eines Mannes gefunden. Sie war mit Gras, Laub und einer grünen Heizdecke bedeckt. Die Obduktion ergab, dass auf den Mann neunmal mit einer Pistole des Kalibers .22 geschossen worden war.

Am darauffolgenden Tag untersuchte die Polizei einen verlassenen braunen 1975er Cadillac nahe 1-75 und County Road 484 im Marion County. Die Nummernschilder des Wagens waren zwar entfernt worden, aber anhand der Fahrgestellnummer konnte der 40-jährige Charles Carskaddon, ein Straßenarbeiter und Rodeoreiter, als Halter ermittelt werden.

Carskaddons Mutter Florence erzählte der Polizei, dass ihr einziger Sohn vom gemeinsamen Zuhause in Prairie, Missouri, nach Tampa, Florida, gereist war, um seine Verlobte Peggy abzuholen. Er habe einen Revolver vom Kaliber .45er aus brüniertem Stahl und mit Perlmuttgriff, eine mexikanische Decke, einen Elektroschocker, ein Gasfeuerzeug, eine Uhr und einen hellbraunen Koffer dabeigehabt und ein schwarzes T-Shirt und Cowboystiefel aus grauem Schlangenleder getragen. »Er hat den Abzug der Pistole abgebaut, weil er sich so sehr fürchtete, sie zu benutzen«, so seine Mutter zur Polizei.

Keiner der genannten Gegenstände wurde im verlassenen Cadillac gefunden. Ob Geld gestohlen wurde, ist nicht bekannt.

Charles Carskaddon wurde auf dem Friedhof Walnut Grove in Boonville, Cooper County, Missouri, beerdigt.

PETER SIEMS

Am 4. Juli 1990 saß das Rentnerpärchen Jim und Rhonda Baile auf seiner Veranda und genoss den milden Sommerabend. Ihr Haus lag etwas zurückgesetzt an einer scharfen Kurve der State Road 315, nahe Orange Springs in Florida. Plötzlich ereignete sich direkt vor ihren Augen ein spektakulärer Unfall. Erst hörten sie Reifen quietschen, dann sahen sie einen viertürigen, silbergrauen Pontiac Sunbird die Straße entlangrasen und durch das Tor und den Stacheldrahtzaun ihres Grundstücks krachen, bevor er mit zersplitterter Windschutzscheibe im Dickicht ihres Gartens zum Stehen kam. Einen Moment lang schien es, als würde der Wagen umkippen. Dann stabilisierte er sich wieder und Dampf zischte aus dem Kühlergrill.

Jim und Rhonda beobachteten, wie zwei zerzauste Frauen aus dem Wrack kletterten, eine kleine, kräftige Blonde (Aileen Wuornos) und eine große Brünette (Tyria Moore). Die Blonde blutete an den Armen aus mehreren Schnittwunden, die sie sich beim Unfall zugezogen hatte. Sie warf Bierdosen in den Wald und schimpfte auf ihre Freundin, die kaum etwas sagte. Beide Frauen waren eindeutig stark betrunken. Die überraschten Zeugen erhoben sich von ihrem Sitzplatz auf der Veranda und sahen, dass die Frauen einen rot-weißen Bierkühler vom Rücksitz holten und, immer noch streitend, die Straße entlangtorkelten. Wenn andere Fahrzeuge sich näherten, versteckten sie sich hinter Büschen, tauchten aber sofort wieder auf, wenn die Autos weg waren und kamen schließlich zu ihrem Wagen zurück.

Als Rhonda zu ihnen eilte, um ihre Hilfe anzubieten, flehte die Blonde sie an, nicht die Polizei zu rufen, und versicherte, ihr Vater würde ganz in der Nähe wohnen. Die Frauen stiegen wieder in ihr Auto, steuerten es mit einigen Schwierigkeiten zurück auf die Straße und fuhren davon. Innerhalb weniger Minuten hatten sie vorn einen Platten. Da der Pontiac so nicht weiterfahren konnte, blieb Wuornos und Moore nichts anderes übrig, als ihn stehen zu lassen. Sie rissen das Nummernschild ab, warfen es, gemeinsam mit den Autoschlüsseln, in den Wald und gingen los.

Als ein barmherziger Autofahrer an ihnen vorbeifuhr und meinte, dass sie in einer Notlage seien, hielt er am Straßenrand und bot ihnen seine Hilfe an. Ihm fiel sofort auf, dass die Blonde stark blutete und sehr betrunken war. Ihre Bitte, sie mitzunehmen, lehnte er sicherheitshalber ab, woraufhin Wuornos sofort beleidigend wurde. Daraufhin fuhr der Mann wieder los, informierte aber die Feuerwehr von Orange Springs über die verletzte Frau.

Die schickte umgehend zwei Rettungswagen los. Als die bei den beiden Frauen ankamen, stritt Wuornos ab, in dem Autowrack am Straßenrand gesessen zu haben. »Ich weiß nichts von einem Unfall«, schimpfte sie bissig. »Die sollen aufhören mit ihren Lügen und uns in Ruhe lassen.«

Um 21:44 Uhr hatte Trooper Rickey den Notruf des Autofahrers entgegengenommen und von dem Autowrack erfahren. (Erst knapp zwei Monate später fanden die Ermittler heraus, wo genau sich der eigentliche Unfall mit dem Pontiac ereignet hatte, und hörten sich die Aussagen von Rhonda und Jim Bailey an.) Der Polizeibeamte Lawing aus dem Marion County wurde losgeschickt, um den kaputten und verlassenen Pontiac zu untersuchen. Durch eine Überprüfung der Fahrgestellnummer konnte Peter Siems als Halter ermittelt werden und galt nun als vermisst.

Siems wurde am 21. Mai 1925 geboren. Der inzwischen 65-Jährige war Matrose der Handelsmarine im Ruhestand und lebte in Jupiter, Florida. Er war 1,70 Meter groß, wog 73 Kilo und hatte graue, schütter werdende Haare, braune Augen und eine Brille. Am frühen Morgen des 7. Juni 1990 sahen Nachbarn ihn vor seiner Wohnung im Block 100 der Beverley Road stehen und Gepäck sowie einen Stapel Bibeln in seinen silbergrauen Pontiac laden. Sie nahmen korrekterweise an, dass er sich wieder auf den Weg machte, um das »Wort Christi« zu verbreiten, denn er war Mitglied der evangelischen Missionare von »Christ Is The Answer« (auf Deutsch etwa: Jesus ist die Antwort). Er wollte erst seine Mutter in West Milford, New Jersey, besuchen und anschließend vielleicht noch seinen Sohn in Arkansas. Danach wollte er Mitglieder seiner Missionarsgruppe in Fort Payne, Alabama, treffen. Doch zuvor wurde er als vermisst gemeldet.

Siems' verlassener und kaputter Pontiac erschien Lawing verdächtig, weshalb er das Innere des Wagens gründlich durchsuchte. Dabei entdeckte er blutige Fingerabdrücke sowie Blutspritzer auf den Sitzbezügen und Türgriffen. Außerdem fand er Bierdosen von Busch und Budweiser, Marlboro-Zigaretten und zwei Getränkekühler. Unter dem Beifahrersitz lag eine Flasche Windex-Fensterspray mit einem Preisschild des Drogeriemarkts Eckerd Drugs, die sich zu einer Filiale in der Gordon Street in Atlanta, Georgia, zurückverfolgen ließ.

In der Zwischenzeit hatte ein Phantombildzeichner auf Basis von Aussagen mehrerer Zeugen des Pontiac-Unfalls Skizzen der beiden Frauen angefertigt. Mit diesen Zeichnungen und der Windex-Flasche im Gepäck fuhren die Ermittler nach Atlanta, um den Ladenbesitzer der Eckerd-

Drugs-Filiale zu befragen. Nachdem er die Phantombilder betrachtet hatte, gab der Mann an, dass beide Frauen an einem Freitagabend seinen Laden betreten hatten. »Das ist hier ein armer Stadtteil, in dem überwiegend Schwarze leben. Weiße kommen nach Einbruch der Dunkelheit eigentlich nicht mehr hierher«, sagte er. Der Ladenbesitzer erinnerte sich, dass die beiden Frauen Kosmetikprodukte und eine schwarze Packung Trojan-Kondome gekauft hatten, dieselbe Marke also, die bei David Spears' Leiche und in seinem Truck gefunden worden war. Einer der Getränkekühler ließ sich außerdem zu einem Shop zurückverfolgen, der sich an der Auf-/Abfahrt zur I-75 in Wildwood, Georgia, nahe der Staatsgrenze von Tennessee befand –, 1094 Kilometer und zehn Stunden Autofahrt von Siems' Heimatstadt Jupiter in Florida entfernt.

Siems und seine Frau waren beide nebenberuflich Missionare. Sie tranken und rauchten nicht und waren laut Verwandten noch nie in Atlanta gewesen. John Wisnieski von der Polizei in Jupiter ermittelte in dem Fall, seit Siems als vermisst gemeldet worden war. Er verschickte landesweit ein Fernschreiben mit einer Beschreibung der beiden Frauen. Außerdem sendete er eine grobe Zusammenfassung des Falls gemeinsam mit den Phantombildern der Frauen an das *Florida Criminal Activity Bulletin*, ein Mitteilungsblatt zu kriminellen Aktivitäten im Bundesstaat Florida. Und dann wartete er ab. Er hatte keine große Hoffnung, Siems noch lebend zu finden. Seine Leiche tauchte nicht auf, seine Kreditkarten wurden nicht benutzt und es wurde auch kein Geld von seinem Konto abgehoben. Bis heute wurde Siems' Leiche nicht entdeckt.

TROY EUGENE »BUDDY« BURRESS

Troy Burress hatte stets ein Lächeln im Gesicht und feierte im Januar 1990 seinen 50. Geburtstag. Er wurde am 28. Januar 1940 geboren, seine Eltern hießen John Solomon und Clara Imogen Burress. Weil er sehr gut im Umgang mit Kunden war , bekam er einen Teilzeitjob als Verkäufer beim Wurstfabrikanten Gilchrist Sausage Company in Ocala, einem Ferienort im Marion County, Florida, wo er auch lebte. Burress besaß außerdem eine eigene Firma, Troy's Pools, in Boca Raton, 423 Kilometer südlich seiner Heimatstadt.

Am 30. Juli 1990 war Burress geschäftlich für Gilchrist unterwegs und fuhr die Daytona-Route der Firma ab, die ihn zu mehreren Kunden in Zentral-Florida führte. Sein letzter Halt sollte in Salt Springs, im Marion County, sein. Doch dies war das »Jagdrevier« von Wuornos – und Burress kam nie an seinem Ziel an.

Als er sich nach seinen Kundenterminen nicht im Büro zurückmeldete, begann seine Chefin bei Gilchrist, Mrs. Jonnie Mae Thompson, telefonisch nachzuforschen und fand heraus, dass ihr Angestellter zu seinem letzten Kundentermin gar nicht erschienen war. Sie machte sich sofort auf die Suche nach ihm und um 2 Uhr morgens meldete seine Frau Rose ihn als vermisst. Die Polizei nahm ihre Anzeige auf und notierte darin folgende Personenbeschreibung: schlanker Mann, etwa 1,68 Meter groß und 70 Kilo schwer, blaue Augen und blonde Haare.

In diesem Fall führten die Ermittlungen der Polizei schnell zu einem Ergebnis, allerdings zu einem tragischen: Um 4 Uhr morgens entdeckten Polizeibeamte des Marion County den Gilchrist-Lieferwagen mit seinem auffälligen schwarzen Fahrerhaus, dem weißen Kühlwagen und dem Firmenlogo auf dem Randstreifen der State Road 19,32 Kilometer östlich von Ocala. Das Fahrzeug war verschlossen und die Schlüssel weg – genau wie Troy Burress.

Fünf Tage später stieß eine Familie beim Picknicken im Ocala National Forest auf einer Lichtung nahe des Highway 19 und etwa 13 Kilometer von dem verlassenen Lieferwagen entfernt auf eine Leiche. Die Hitze und die hohe Luftfeuchtigkeit in Florida hatten ihre Verwesung beschleunigt, was eine Identifizierung vor Ort zunächst unmöglich machte. Das Problem konnte allerdings schnell gelöst werden: Troys Frau erkannte den Ehering an seinem Finger.

Burress wurde durch zwei Schüsse aus einer Pistole vom Kaliber .22 getötet, einen in die Brust und einen in den Rücken. Ein Klemmbrett mit Informationen zu den Lieferungen und Belegen, das aus dem Lieferwagen verschwunden war, fand man nahe der Leiche. Die Bareinnahmen des Verkäufers fehlten allerdings.

Nach Aileen Wuornos' Hinrichtung sagte Lea Prater, die Schwester von Burress: »Man hat ihr den Tod angesehen. Sie sah furchtbar aus, aber das hat sie schon immer. Ich für meinen Teil bin froh, dass sie weg ist.«

Troy Burress wurde auf dem Friedhof The Good Shepherd Memorial Gardens in Ocala beerdigt.

CHARLES RICHARD »DICK« HUMPHREYS

Dick Humphreys wurde am 15. Dezember 1933 in Crystal River geboren, einer Küstenstadt im Citrus County, West-Florida. Er kam nach seinem letzten Arbeitstag im Gesundheitsministerium von Florida in Sumterville nicht mehr nach Hause. Der 56-Jährige untersuchte im Auftrag des Ministeriums Fälle von Kindesmisshandlung und sollte in ein Büro in Ocala versetzt werden. Humphreys war ein erfahrener Ermittler, der in der Vergangenheit Polizeichef in Alabama gewesen war.

Er hätte also eigentlich wissen müssen, dass man keine Prostituierten am Highway mitnahm, tat es aber dennoch und verschwand am 11. September 1990. Am darauffolgenden Abend tauchte seine Leiche abseits der County Road 484, nahe der I-75 im Marion County auf. Siebenmal war auf ihn geschossen worden. Sechs Kugeln vom Kaliber .22 steckten noch in seinem Körper, das siebte kupferummantelte Projektil hatte sein Handgelenk durchschlagen, konnte aber nicht gefunden werden. Sein Portemonnaie und sein Geld waren weg.

Humphreys' Wagen, ein Oldsmobile Firenza, wurde am 19. September, gut 113 Kilometer weiter nördlich entdeckt. Er stand versteckt hinter einer verlassenen Tankstelle an der Kreuzung zwischen I-10 und State Route 90, nahe Live Oak, im Suwannee County. Nummernschilder, Autoschlüssel und ein leuchtend gelber Aufkleber der Highway Patrol Association fehlten.

Während einer ersten Untersuchung des Fahrzeugs stellten die Ermittler fest, dass alles, was auf seinen Besitzer Dick Humphreys hinwies, verschwunden war oder zerstört worden war, genau wie dessen Leben. Selbst Eiskratzer, Straßenkarten, persönliche und geschäftliche Dokumente und Garantiescheine fehlten. Auch seine Lieblingspfeife, die normalerweise in einem handgeschnitzten Holzaschenbecher auf dem Armaturenbrett lag, war weg. Dafür hatte Wuornos als makabres »Dankeschön« eine Dose Budweiser-Bier unter dem Fahrersitz hinterlassen. Nachdem das Fahrzeug auf den Hof der Polizeidienststelle abgeschleppt worden war, untersuchten die Ermittler es noch einmal genauer.

Im Innenraum fanden sie einen Kassenbeleg für Bier oder Wein aus einer EMRO-Filiale mit der Nummer 8237 – einer Raststätte mit Gemischtwarenladen an der State Route 44 und I-75 in Wildwood. Dies war ein wichtiges Beweisstück, denn der Beleg war laut Aufdruck auf den 11. September 1990, 16:19 Uhr datiert, den Tag also, an dem Humphreys sein Büro in Sumterville verlassen hatte. Die Verkäuferin, die zum betreffenden Zeitpunkt in dem Geschäft gearbeitet hatte, konnte den Mann im Auto nicht beschreiben, erkannte aber Wuornos und Moore auf den Phantombildzeichnungen. Aus dem Verhalten der beiden hatte die Angestellte gefolgert, dass es sich um Prostituierte handeln musste. Die Angestellte meinte sich erinnern zu können, dass die beiden, nachdem sie den Laden verlassen hatten, gemeinsam mit dem Mann davongefahren waren. Deshalb hatte sie auch nicht die Polizei gerufen, was sie eigentlich hätte tun müssen, weil Prostituierte in ganz Florida keine Raststätten und Rastplätze betreten dürfen.

Der Großteil von Humphreys' persönlichen Gegenständen, darunter auch seine Pfeife, wurde einen Monat später in einem bewaldeten Gebiet an der Boggy Marsh Road in Clermont, im südlichen Lake County, nahe der US 27 gefunden und seiner Frau übergeben.

Dick Humphreys wurde auf dem Nationalfriedhof Florida in Bushnell, Sumter County, bestattet.

WALTER GINO ANTONIO

Der 62-jährige Walter Antonio aus Cocoa, Florida, wurde am 22. November 1928 geboren und war in seinen letzten Stunden auf Jobsuche in seinem kastanienbraunen Pontiac Grand Prix nach Alabama unterwegs. Er hatte sich erst kürzlich verlobt und wollte bald heiraten. Den diamantenbesetzten Verlobungsring aus Gold und Silber – ein Geschenk seiner Verlobten – trug er am Finger. Als seine Liebste nichts von ihm hörte, meldete sie ihn bei der Polizei als vermisst.

Am 18. November 1990 fand ein Polizist außer Dienst bei der Jagd eine männliche Leiche nahe der Kreuzung zwischen US 19 und US 27 im Dixie County, die bis auf ein Paar Socken nackt war. Die Obduktion ergab, dass viermal mit einer Pistole vom Kaliber .22 auf Antonio geschossen worden war, dreimal in den Oberkörper und einmal in den Kopf. Am 24. November wurde der Wagen des Mannes in einem bewaldeten Gebiet nahe I-95 und US 1 im nördlichen Brevard County entdeckt. Nummernschilder und Autoschlüssel fehlten und ein Stoßstangenaufkleber war, wie schon bei Humphreys' Auto, entfernt worden. Die Fahrgestellnummer war mit einem Stück Papier stümperhaft abgeklebt worden und die Türen waren verschlossen. In der Nähe des Fahrzeugs lagen leere Budweiser-Dosen auf dem Waldboden, allerdings waren Fingerabdrücke abgewischt worden.

Die Ermittler fanden bald heraus, dass der Tote jeden Tankvorgang akribisch dokumentiert hatte, indem er die Kassenbelege aufgehoben und seinen Kilometerstand darauf notiert hatte. So konnte die Polizei rekonstruieren, dass der Wagen in der Woche seit Antonios Verschwinden über 1600 Kilometer gefahren war.

Walter Antonios Verlobte gab der Polizei eine Liste mit Gegenständen, die sich in seinem Wagen befunden hatten, darunter Handschellen, eine Polizeimarke, die ihn als Reserve-Deputy auswies, ein Polizeischlagstock, eine Taschenlampe, eine Armbanduhr der Marke Timex, ein Koffer, eine Werkzeugkiste und ein Baseballcap. All diese Dinge fehlten. Ausweis und Kleidung des Mannes wurden in einem Waldgebiet im Taylor County, etwa 61 Kilometer nördlich vom Fundort der Leiche, entdeckt. Der Rest wurde nie gefunden.

In etwas mehr als einem Jahr hat Lee Wuornos die Leichen einiger älterer Männer entlang der Highways von Zentralflorida hinterlassen. Doch hat sie all die schlechte Presse und den furchtbaren Ruf als eine der kaltblütigsten Serienmörderinnen aller Zeiten wirklich verdient? Vielleicht ja. Vielleicht aber auch nicht!

DIE VERHAFTUNG

Nach lang andauernden Ermittlungen wurde Aileen Wuornos am 9. Januar 1991 kurz nach Mitternacht verhaftet. Ihre Partnerin Tyria Moore wurde am 10. Januar bei ihrer Schwester in Pittston, Pennsylvania, aufgespürt. Sie wurde verhört und ihre Aussage diente der Staatsanwaltschaft als Beweismittel in Wuornos' Verfahren.

In meinem Buch *Monster* beleuchte ich ganz ausführlich das Leben und die Verbrechen von Lee Wuornos. Wie bereits erwähnt diente das Buch als Grundlage für den gleichnamigen Film mit Charlize Theron.

WARUM HAT SIE GETÖTET?

Florida verdankt seinen Namen dem spanischen Konquistador Ponce de Leon, der es am Palmsonntag 1513 entdeckte und »Pascua de Florida« nannte, zu Deutsch: »Fest der Blumen«. Im sogenannten »Sunshine State«, dem Sonnenstaat an der Ostküste der USA, gibt es unzählige Highways, Nebenstraßen, Feldwege, Kreuzungen, Auf- und Abfahrten, an denen zwei Menschen sich begegnen können, und manchmal hat das katastrophale Folgen: Ein Leben endet, während ein anderes für immer verändert ist. Ich nenne diese Orte »tödliche Scheidewege« und Lee Wuornos suchte sie heim wie eine Spinne, die im Zentrum ihres Netzes auf Beute lauert.

Auf den ersten Blick wirkte sie wie eine vollkommen ungefährliche Frau, die per Anhalter eine Mitfahrgelegenheit suchte. Mir sagte sie einmal: »Sie wollen die Wahrheit wissen, also erzähle ich es Ihnen so, wie es gewesen ist:

Ich war ständig irgendwohin unterwegs und bin meist per Anhalter gefahren. Es gibt Tausende Männer und Frauen da draußen, die ihnen bestätigen könnten, dass sie mich mitgenommen haben und wir ganz prima miteinander ausgekommen sind. Verstehen Sie? Die haben mir keinen Ärger gemacht. Ich bin in meinem tiefsten Inneren kein schlechter Mensch, aber wenn ich betrunken bin … keine Ahnung. Wenn ich betrunken bin, dann sollte man sich besser nicht mit mir anlegen, verstehen Sie? Das ist die Wahrheit. Ich hab ja nichts zu verlieren. Das ist dies Wahrheit.«

Es stimmt allerdings auch, dass Lee ihre Geschichte und das Motiv für ihre Morde unzählige Male verändert hat. Das bringt mich zurück zum Beginn dieses Kapitels, das mit dem Sprichwort »Über Tote nur Gutes« begonnen hat. Wenn man bedenkt, welches Leid sie in ihrer Kindheit und Jugend erfahren hat, dann lässt sich dort vielleicht ein Hinweis darauf finden, warum sie von Hunderten Männern, mit denen sie Sex hatte (und von denen die meisten sie als faire Person beschrieben hatten, die keine Probleme machte), ausgerechnet diese paar umgebracht hat, die sie ohne jeden Zweifel auf dem Gewissen hatte?

Als ich Wuornos fragte, wer das Thema Sex während der Fahrten angeschnitten habe, behauptete sie: »Ich war immer knapp bei Kasse, deshalb bin ich darauf zu sprechen gekommen, schätze ich. Mallory wollte gleich ficken. Der war ein richtig fieses Arschloch mit einer großen Fresse. Er war betrunken und wurde handgreiflich, deshalb habe ich ihn umgelegt und zugesehen, wie er verreckt.« Zum Zeitpunkt dieses Gesprächs wusste Wuornos nicht, dass sie zu einem verurteilten Sexualstraftäter ins Auto gestiegen war, der Frauen in der Vergangenheit nachweislich ganz schrecklich behandelt hatte. Deshalb nahm ich ihr ihre Geschichte ab. Dieses Mal hatte er sich offenbar die Falsche als Opfer ausgesucht.

Auf David Spears angesprochen, meinte Wuornos, er habe sich nur als netter und anständiger Typ ausgegeben. »Alles Blödsinn«, fuhr sie fort. »Der hat ein paar Bier gekauft und dachte, er kriegt 'n Freifick … Und soll ich Ihnen was über den Dritten erzählen [Carskaddon]? Was glauben Sie, warum der nackt war, als sie ihn gefunden haben? Dann strengen Sie mal Ihren Grips an. Der wollte Sex! Wozu hätte er sich sonst ausziehen sollen, wenn er keinen billigen Fick gewollt hätte? Von den anderen haben die Bullen nichts erzählt … die haben die Freier nie gefunden.«

Ich kannte Wuornos noch nicht lange, merkte an diesem Punkt aber sofort, dass sie innerlich kochte. Sie erzählte weiter: »Okay Mann, passen Sie auf: Sie müssen doch verstehen, dass ein Kerl sich nur neben einer Braut auszieht, wenn er Sex mit ihr will. Der Letzte … ich kann mich an seinen Namen nicht mehr erinnern [Walter Antonio]. Jesus, der gab damit an, dass er verdammt noch mal verlobt war! Dann hat er uns ein Sixpack gekauft, dieser dreckige Wichser. Eine Sache ist mir aber wichtig: Die Familien von denen – egal wie sehr sie die Typen geliebt haben, die ich umgebracht habe –, die sollen wissen, dass das schlechte Menschen waren, die mir wehtun wollten. Manche haben mich geschlagen so wie Humphreys. Einer von denen hat mich wirklich wie Dreck behandelt, bis ich irgendwann meine Knarre rausgeholt habe. Dann ist er splitternackt abgehauen und ich habe den Mistkerl abgeknallt. Sie halten mich wahrscheinlich für schrecklich.«

Die meisten Mörder sind in der Lage, ihre Verbrechen genau zu beschreiben, und Lee Wuornos konnte das besser als viele andere, mit denen ich gesprochen habe. Sie erzählte ihre Geschichten wieder und wieder. Dabei schmückte sie das Erzählte jedes Mal ein wenig mehr aus und legte es sich so zurecht, wie sie es brauchte. Ein Aspekt ihrer Geschichten blieb aber immer gleich: Sie behauptete, dass jedes ihrer Opfer auf Sex aus gewesen sei und entweder auf eine »Gratis-Nummer« spekuliert habe und sie dann gegen ihren Willen vergewaltigt habe oder die Absicht hatte, dies zu tun. Zumindest im Falle des betrunkenen Richard Mallory scheint mir das eindeutig wahr zu sein. Deshalb hat sie ihn eiskalt erschossen, völlig ohne Emotionen, so, als hätte sie eine Fliege erschlagen.

Sie erklärte: »Sie müssen verstehen, dass ich gar nicht so böse bin. Ich war mit Hunderten Männern zusammen. Und habe ich alle von denen umgelegt? Natürlich nicht! Ich habe an denen ein bisschen Geld verdient, aber die haben mich nicht geschlagen oder so was. Ich bin aufs Land gefahren, habe etwas Geld bekommen, es eingesteckt und bin wieder losgefahren. Keinem von denen habe ich was getan. Aber es gab eben auch ein paar alte Drecksäcke, die auf mich losgehen wollten. Verstehen Sie, worauf ich hinauswill? Ich hab im Prinzip nur getan, was ich tun musste. Was hätte ich denn sonst machen sollen? Mich gemütlich zurücklehnen und verprügeln und vergewaltigen lassen, verdammte Scheiße? Die waren alle selbst schuld und bei Gott, das ist die Wahrheit.«

Weil die Leiche von Peter Siems nie gefunden wurde, fragte ich Wuornos, wo sie sie entsorgt hatte. »Passen Sie mal auf, ich erinnere mich nicht mal an die Gesichter oder Namen von den Typen, also lassen Sie mich bloß in Ruhe. Wie soll ich mich dann daran erinnern, wo der liegt? Ich kann Ihnen aber versichern, dass er mausetot ist.«

Auf die Frage, ob ihr Großvater Laurie Wuornos sie sexuell missbraucht habe, antwortete sie: »All die Jahre habe ich dazu Verschiedenes ausgesagt. Aber die Wahrheit ist: Ja, hat er. Er hat Dinge mit mir gemacht und mir dann Taschengeld gegeben, damit ich meine Klappe halte. Er hat mich mit den Fingern befummelt. Ich habe meine Unschuld an seinen scheiß Finger verloren, als ich gerade sieben Jahre alt war! Und er hat ständig die Scheiße aus mir herausgeprügelt. Vorher hat er sich aber nackt ausgezogen. Das ist falsch, verstehen Sie? Er hat mich zu dem gemacht, was ich bin. Er ist schuld daran, dass ich Männer wie ihn hasse. Dreckige, geizige und nichtsnutzige Mistkerle wie ihn. Schauen Sie mich an … ich zittere am ganzen Körper, wenn ich nur an ihn denke. Verfickte Scheiße, belassen wir's dabei, okay, Christopher? Ich flippe sonst gleich aus, und das kann ich gerade echt nicht gebrauchen.«

Die Kriminalgeschichte lehrt uns, dass Prostituierte besonders häufig Opfer von Vergewaltigung und Mord werden. In der Vergangenheit gab es unzählige Fälle, in denen Prostituierte verprügelt und brutal getötet wurden, doch keine hatte je einen Revolver dabei, mit dem sie ihre Peiniger hätte bestrafen können, so wie es Wuornos mit tödlicher Effizienz getan hat. Wenn man sich diese ganzen Fallakten einmal anschaut, dann wären viele dieser Frauen angesichts des Furchtbaren, was sie erleben mussten, sicher froh gewesen, wenn sie einen gehabt hätten.

Bedenkt man die Grausamkeit der Morde, die Wuornos begangen hat, dann könnte man schnell der weitverbreiteten Überzeugung zustimmen, sie sei einfach nur eine kaltblütige Serienmörderin gewesen. Es gab in der Geschichte zwar viele Massenmörderinnen, aber nur wenige Serienmörderinnen. Und wie die anderen Frauen aus dieser Kategorie sticht auch sie aufgrund ihres Geschlechts und der fehlenden, sonst frauentypischen Güte und mütterlichen Wärme unter allen männlichen Serienmördern heraus. Diese Kälte äußerte sich aber nicht in einem einzelnen mörderischen Impuls, sondern immer und immer wieder, in einer Serie blutiger Hinrichtungen. Indem sie ihren Peinigern Leid zufügte, wurde sie selbst vom Opfer zum Täter. Und sie genoss diese ungewohnte Macht. Mit einer Pistole machte sie sich zu etwas Einzigartigem in der Geschichte der Kriminalwissenschaft.

Lee Wuornos litt zweifellos an einer dissozialen Persönlichkeitsstörung. Ob sie eine Psychopathin war, ist eine Frage, die an anderer Stelle diskutiert werden muss. Obwohl einer von 20 Männern an einer solchen dissozialen Persönlichkeitsstörung leidet, sein Handeln also nicht durch Schuld oder moralische Grenzen gehemmt wird, werden nur sehr wenige von ihnen zu Mördern. Und noch viel weniger Frauen töten Männer. Mir ist tatsächlich keine einzige weitere Prostituierte und Serienmörderin bekannt. (Ich bin mir allerdings sicher, dass der eine oder andere Leser in dieser Frage vielleicht mehr weiß und mich korrigieren wird.)

Noch seltener ist es, dass Prostituierte vom Straßenstrich des Geldes wegen einen Freier töten, weil es rein geschäftlich betrachtet einfach unklug wäre. Im Gegenteil: Sie verteilen stattdessen Visitenkarten und wollen, dass ihre »Kunden« zufrieden sind und wiederkommen. So funktioniert das älteste Gewerbe der Welt überall auf der Welt. Keine Prostituierte will ihren Goldesel schlachten, wenn Sie verstehen, was ich meine. Und das ist Fakt.

Lee war viel allein auf den Highways in Florida unterwegs und gelangte immer wieder an einen »tödlichen Scheideweg«. Sie traf auf Männer, die durch Florida fuhren und vermutlich gar nicht an Sex dachten, bis sie eine Blondine am Straßenrand sahen, die den Daumen raushielt. Vermeintlich respektable Herren mit Geld und Ehefrauen zu Hause, die glaubten, im Gegenzug für ein Sixpack Bier an einem abgelegenen Ort billigen Sex in ihrem Auto zu bekommen, und die Gelegenheit beim Schopfe packen wollten.

»Ich hatte mit diesen Kerlen erst wirklich kein Problem, Christopher. Bei Gott, das ist die Wahrheit. Aber nach ein paar Drinks dachten die, ich wäre eine billige Nutte. Vielleicht wegen meiner großen Klappe, wer weiß? Dann fingen sie an, auf hart zu machen und mich wie Dreck zu behandeln. Das ging mir mein ganzes Leben lang so, die Scheiße brauchte ich nicht mehr … Ich bin ein vernünftiger Mensch. Manche wollten mich in den Arsch ficken, weil sie es zu Hause bei ihren Weibern nicht durften. Die wollten mich erniedrigen und misshandeln. Auch wenn Sie's vielleicht nicht glauben, aber ich habe Achtung vor mir selbst. Die hatte ich schon immer. Komisch, oder?«

Aileen Wuornos im Auto mitzunehmen, ihr ein paar Drinks zu spendieren, vom Highway abzufahren und sie zu erniedrigen, war offenbar eine tödliche Mischung.

War Wuornos gefährlicher als ein männliches Pendant? Meiner Ansicht nach nicht. Denn es ist Tatsache, dass unzählige männliche Serienmörder jahrzehntelang immer und immer wieder Prostituierte umgebracht und regelrecht abgeschlachtet haben. Also werten Sie das, wie auch immer Sie wollen.

Alice Mary Crimmins

Tötungsart: Strangulation mit einer Schnur
Der Tod wird durch eine verengende Gewalteinwirkung auf den Hals verursacht, meist mithilfe eines flexiblen Textilstreifens, etwa eines Seils oder einer Krawatte. Im Gegensatz zum Erhängen wird die Kraft hierbei nicht durch das Körpergewicht des Opfers generiert. Die Schnur wird geknotet, zu einer Schlinge gebunden oder einfach an den Enden überkreuzt gehalten. Bei einem Mord muss normalerweise jemand anderes als das Opfer die Schnur straffziehen, damit es zur Strangulation kommen kann.

Der Tod erfolgt durch Ersticken. Die Schnur hinterlässt üblicherweise Spuren, eine oder mehrere Furchen, welche in horizontaler Richtung um den Hals führen. Weil das Körpergewicht des Opfers nicht an der Schlinge zieht, befinden sich diese Spuren weiter unten und sind weniger stark ausgeprägt als jene, die für das Erhängen charakteristisch sind. Die Beschaffenheit der Schnur und der Grad des ausgeübten Drucks entscheiden über die Ausprägung der Würgemale – eine Drahtschlinge erzeugt etwa dünne, tiefe Male, während ein weicher Schal kaum sichtbare Spuren hinterlässt.

Opfer:
Alice »Missy« Marie Crimmins (4) und Edmond »Eddie« Michael Crimmins Jr. (5)

»Der Friedhof befindet sich hoch oben in der Bronx, nahe der Throgs Neck Bridge. Die Kinder sind an tiefster Stelle begraben, über ihnen liegt ihr Vater Edmund.« (Eine Beschreibung der Gräber der ermordeten Alice und Eddie Crimmins von Autorin Sarah Weinman.)

Bis heute gilt Queens als der am wenigsten glanzvolle Stadtbezirk New Yorks. Manhattan ist eben Manhattan, die Bronx hat diesen gefährlichen Beigeschmack und Brooklyn hat seine ganz eigene Sprache und ethnische Kultur. Queens ist der Ort, an dem die Arbeiter aus der Mittelschicht leben, es ist beinahe so, als würde es gar nicht richtig zu New York gehören.

In den 1950er- und 60er-Jahren, als im Nordwesten von Queens viele Häuser gebaut wurden und das Viertel rasant wuchs, galt dieses Klischee noch viel mehr als heute. Viele Familien wollten weg aus den schmutzigen Straßen in dem urbanen Umfeld, in dem sie aufgewachsen waren, und zogen in eine der vielen neu entstandenen Siedlungen in Queens.

Regal Gardens, wo Alice Crimmins wohnte, war so eine typische Siedlung. Dort war nichts los, aber es war sicher. Jeder Straßenblock sah gleich aus, mit derselben symmetrischen Anordnung niedriger roter Backsteinhäuser, umgeben von Rasen und Gehwegen. Crimmins lebte in einer Parterrewohnung mit Garten in 150-22 72nd Drive. Die Gegend war geprägt von einer lebhaften Mischung aus irischen, italienischen und jüdischen Familien aus der Mittelschicht.

Es war auch die perfekte Umgebung für Kinder: Die meisten Passanten kannten sich als Nachbarn, es gab kaum Straßenverkehr, der einem hätte Sorgen bereiten können, und irgendjemand warf immer einen Blick aus dem Fenster und bekam mit, was draußen los war. Für die Ambitionierten waren jene Appartementkomplexe nur ein Sprungbrett zu etwas Besserem, einem eigenen Häuschen mit Garten im grüneren Teil von Queens oder vielleicht sogar in Long Island, das im Osten an Queens grenzt. Wem das nicht gelang, der muss sich wie in einer Sackgasse gefühlt haben.

Alice Mary Crimmins wurde am 9. März 1939 als Alice Mary Burke geboren, benannt nach ihrer Mutter, einem irischen Mädchen aus dem County Limerick mit einem verhärmten Gesicht, aber einer guten Seele. Ihr deutlich fröhlicherer Vater Michael war ein religiöser Mann. Alice und ihr älterer Bruder John wuchsen in den 1940er- und 50er-Jahren in der Bronx in einer sich radikal wandelnden Gesellschaft auf, in der die Wertevorstellungen ihrer Eltern zunehmend an Bedeutung verloren. Die Bronx von damals war allerdings nicht wie heute eine Gegend, in der die kriminelle Unterschicht lebte. Stattdessen gab es dort eine katholische Gemeinde mit fleißigen Arbeitern, Familien fragten den örtlichen Pastor um Rat, wenn es Schwierigkeiten gab, und die Hausfrauen hielten ihre bescheidenen Mietwohnungen von allem urbanen Dreck und den verderblichen Einflüssen der Großstadt frei.

Crimmins besuchte Klosterschulen, in denen traditionelle Werte wie Anstand, Keuschheit und Gehorsam gelehrt wurden. Und sie wurde vor den Gefahren der Eitelkeit gewarnt. Zwar war es fast unmöglich, ihr rotes Haar zu bändigen, doch ihr Gesicht musste, wie die Wohnung ihrer Mutter, stets rein sein und frei von Schminke jeder Art.

Wie viele Jugendliche fühlte sie sich entstellt von ihrer Akne, weshalb dieses Make-up-Verbot für sie wohl besonders schlimm gewesen sein muss. Als Erwachsene ging die äußerst attraktive Frau auf jeden Fall niemals ohne Make-up aus dem Haus und kaschierte damit jeden noch so kleinen Makel. Täglich brauchte sie eine Stunde, um sich zu schminken, ein Ritual, das ihr die Verachtung all jener einbrachte, die sie am Morgen des 14. Juli 1965, dem Tag des Verschwindens ihrer Kinder, sahen.

Obwohl Crimmins sich gern zurechtmachte und ihre Weiblichkeit zeigte, war sie kein »Püppchen«. Auch als Erwachsene war sie mit ihrem temperamentvollen irischen Blut und ihren roten Haaren stolz auf ihre Belastbarkeit und ging keiner Herausforderung aus dem Weg. Wie viele Mädchen, die im Schatten ihres größeren Bruders aufwachsen, wollte Crimmins all das tun, was er tat. John war ein Jahr älter und war Kapitän der Leichtathletik-Mannschaft seiner Schule. Wenn er trainierte, hechelte Alice ihm auf der Laufbahn hinterher und war überzeugt, mit ihm mithalten oder ihn gar überholen zu können.

So liebenswert der Drang, sich mit den großen Jungs zu messen, bei einem kleinen Mädchen auch wirken mag, so wenig angebracht war das für eine junge Mutter. In dem Milieu, in dem Crimmins aufgewachsen war, gingen die Männer einen trinken und die Frauen blieben daheim. Sie stellte dieses alte Rollenbild gehörig auf den Kopf.

Ihre Mutter, die in der traditionellen Rolle der Frau, das Leben in Gehorsam und Gleichmut zuzubringen, aufging, kam mit der Charakterstärke und Sturheit ihrer Tochter nie zurecht. Umgekehrt fand die impulsive und emotionale Alice Crimmins mit all den unterdrückten Ambitionen, die in ihr loderten, ihre Mutter stets kühl und distanziert. Sie fühlte sich ihrem Vater näher, den sie über alles liebte. Die Beziehung zwischen beiden verschlechterte sich jedoch spürbar, als Alice begann, mit Jungs auszugehen. Denn Michael Burke hatte an jedem Freund seiner Tochter etwas auszusetzen und jagte einen armen puerto-ricanischen jungen Mann sogar mit einem Küchenmesser aus dem Haus. Eine Ausnahme schien es jedoch zu geben: Edmund »Eddie« Crimmins. Dessen Vater arbeitete in derselben Firma wie Burke und die Crimmins waren eine fromme katholische Familie. Als er Alice einen Heiratsantrag machte und sie Ja sagte, machte sie nicht nur ihn glücklich, sondern stellte auch ihren ansonsten streitlustigen Vater zufrieden.

Eddie und Alice heirateten am 8. November 1958 in der Bronx. Anschließend ließen sie sich auf der anderen Seite des East River in Queens nieder und führten in den ersten Jahren offenbar ein zufriedenes Leben. Der kleine Eddie Jr. wurde im Oktober 1959 geboren und Alice »Missy« Marie im Oktober 1960.

Während ihr Mann Eddie in Nachtschichten arbeitete, saß Alice zu Hause und sah fern. Doch dies waren die »Swinging Sixties«. Im Shea Stadium fand die New Yorker Weltausstellung statt, zu der auch die Beatles und Papst Paul VI. kamen. 600 000 Menschen standen trotz des eisigen Windes in den Straßen Spalier, als die Fahrzeugkolonne des Pontifex 18 Kilometer durch Queens und bis nach Flushing Meadows fuhr. Andernorts in derselben Stadt brachten es Leute im Wirtschaftsaufschwung zu enormen Vermögen und führten bewegte, schillernde und gefährliche Leben – kurzum: Sie hatten Spaß! Natürlich liebte Crimmins ihre Kinder, die als Babys zweifellos einen Großteil ihrer Energie beanspruchten. Dennoch schaffte sie sich, nachdem Missy geboren war, zur Verhütung ein Diaphragma an. Eddie, der noch immer nach den traditionellen katholischen Moralvorstellungen lebte, war entsetzt. Von da an entfernte sich das Paar voneinander und 1963 ging Alice schließlich immer mehr ihren eigenen Weg.

Sie nahm einen Job als Kellnerin im »Bourbon House« in Syosset, Long Island, an und traf sich mit anderen Männern, denen sie sich als »Rusty« vorstellte. Die Männer waren alle vermögend, tranken statt Bier teure Spirituosen und schlossen lieber riskante Deals ab, als für einen mickrigen Wochenlohn zu schuften. Sie luden sie in teure Restaurants ein und verurteilten oder kritisierten sie nicht.

Im Februar 1964 hatte Eddie genug davon und zog aus der gemeinsamen Wohnung aus. Doch er hielt sich nicht aus ihrem Leben fern, sondern quälte sich selbst, indem er sich regelmäßig heimlich im Keller versteckte, dort mithilfe einer selbst gebastelten Wanze zuhörte, wie seine Frau sich eine Etage höher mit immer neuen Liebhabern vergnügte, und dies zugleich auf Kassette aufzeichnete.

Auf Kritik von ihm reagierte sie mit Unverständnis, schließlich waren sie getrennt und Eddie Jr. und Missy entwickelten sich prächtig, da konnte man jeden fragen. Wo war also das Problem?

1965 starb Alices Vater. Ihre Mutter machte indirekt sie dafür verantwortlich, da die Sorge und die Scham aufgrund der gescheiterten Ehe seiner Tochter schuld daran gewesen seien. »Du hast ihn umgebracht!«, fauchte sie ihre Tochter auf der Beerdigung an. In jener Nacht ging Crimmins aus, betrank sich und ließ sich mit wildfremden Männern hin. Einen Monat später besuchte die schlanke, attraktive Rothaarige eine Party auf einer Yacht, die einem millionenschweren Baulöwen gehörte, dem 52-jährigen Tony Grace, der beste Kontakte zu hochrangigen Politikern in der demokratischen Partei hatte. Angeblich hatte sie sich auf dem Boot versehentlich in der Toilette eingesperrt und landete schließlich auf den Bahamas. Ihre Kinder ließ sie in der Obhut des Kindermädchens Evelyn Atkins Linder, obwohl kein Essen mehr im Kühlschrank vorrätig war. (Linder verklagte Crimmins später auf 600 Dollar Lohnnachzahlung. Crimmins behauptete dagegen, sie schulde ihrem ehemaligen Kindermädchen nur 150 Dollar und diese habe Geld von ihr gestohlen.)

Am 22. Juni beantragte Eddie das alleinige Sorgerecht. Ohne es so deutlich auszusprechen, ließ er anklingen, dass Alice ein lasterhaftes Leben führte, und ihre eigene Mutter stellte sich dabei hinter ihn. Doch Alice war entschlossen, um ihre Kinder zu kämpfen. Natürlich wollte sie ihr Leben genießen, aber gleichzeitig ging sie auch bei Sonnenschein mit den Kindern in den Park, kümmerte sich um sie, ließ sie jeden Abend ihre Gebete sprechen und versorgte sie mit Essen, so Crimmins' Argumentation. Was spielte es da für eine Rolle, was sie nach Einbruch der Dunkelheit tat? Für Eddie spielte das jedoch eine große Rolle. Und zu Alice Crimmins' Pech sollten zwölf Männer einer Jury diese Meinung teilen.

Am Morgen des 14. Juli 1965 durchkämmten 150 Polizisten die Regal-Garden-Siedlung in Queens mit ihren identischen Backsteinhäusern und befragten jeden Menschen, den sie dabei antrafen. Sie hatten Fotos von zwei lächelnden Kindern dabei –, den vier- und fünfjährigen Kindern Missy und Eddie Crimmins.

Zur gleichen Zeit wurden in der ehemals gemeinsamen Wohnung die Eltern der beiden befragt. Da der Vater Eddie, ein Flugzeugmechaniker, von seiner Frau Alice getrennt lebte, war er nicht vor Ort gewesen, als sie bemerkt hatte, dass die Kinder nicht mehr in ihren Betten lagen. Daher stand Alice im Fokus der Befragung. »Wenn das ein Spielchen sein soll, dann hören Sie jetzt besser damit auf!«, sagte der Polizeibeamte Michael Clifford zu Alice und Eddie Crimmins.

Vor den Polizisten saß eine äußerst attraktive 26-jährige Rothaarige mit Mandelaugen, sinnlichem Bronx-Dialekt und einer tollen Figur, die ihnen an jenem Morgen ganz und gar nicht wie eine verzweifelte Mutter vorkam. Sie trug eine enge türkise Hose, eine geblümte Bluse, weiße High Heels und war sorgfältig geschminkt und frisiert. Heute hätte sie vielleicht an Lindsay Lohan oder Emma Stone erinnert. Sie war damals eine auffällige Erscheinung und wäre es auch heute.

Der leitende Ermittler Jerry Piering fand ihren Auftritt mehr als erstaunlich. Auch einige Dinge in der Wohnung machten ihn stutzig. Es gab kaum etwas zu essen, dafür eine Kiste mit leeren Schnapsflaschen. Am meisten störte er sich jedoch an einem kleinen schwarzen Notizbuch voller Männernamen und Adressen (darunter auch welche von bekannten Persönlichkeiten wie dem Bürgermeister Robert Wagner und Senator Robert Kennedy). Piering hielt Crimmins für eine Prostituierte und urteilte einem Kollegen gegenüber: »Eine tolle Art, Kinder aufzuziehen.«

Eine weitere Merkwürdigkeit, die Piering verdächtig vorkam, war der Hakenverschluss an der Außenseite der Kinderzimmertür. Darauf angesprochen, sagte Crimmins aus, dass sie die Kinder abends immer einschloss, weil »Eddie jeden Morgen ganz früh aufsteht und den Kühlschrank plündert«. Sie versicherte, dass sich der Haken an der Tür an jenem Morgen noch in der Öse befunden habe. Auch die Kette an der Haustür sei noch vorgelegt gewesen, was bedeutete, dass die Kinder nur durch das offene Kinderzimmerfenster entführt worden sein konnten. Piering fiel jedoch auf, dass das Fensterbrett auf der Innenseite von einer dicken Staubschicht bedeckt war, er vermerkte dies allerdings nicht in seinen Notizen.

Piering ging davon aus, dass die Eltern etwas mit dem Verschwinden der Kinder zu tun hatten. Das Paar hatte acht Tage später einen Gerichtstermin, bei dem geklärt werden sollte, wer künftig das Sorgerecht für beide Kinder erhalten sollte. Er blickte die beiden mit ernster Miene an und sagte: »Das ist schon ziemlich dreist, hier 150 Beamte nach Ihren Kindern suchen zu lassen, obwohl Sie genau wissen, wo sie sind.« Da beide jedoch abstritten, den Aufenthaltsort der Kinder zu kennen, ging die Suche weiter.

Danach erzählte Alice dem Ermittler Piering, was bis zum Verschwinden der Kinder alles geschehen war. Sie war am Nachmittag mit den Kindern im Park gewesen und hatte auf dem Rückweg eine Packung gefrorenes Kalbfleisch, eine Dose grüne Bohnen und eine Flasche Limo in einem Laden namens Sever's Deli gekauft. Diese Lebensmittel spielten später, im Rahmen der Ermittlungen, noch eine große Rolle. Leider notierte sich Piering nur die Uhrzeit, zu der Alice den Kindern das Abendessen serviert hatte, nicht aber, was es gegeben hatte. Sie berichtete weiter, dass sie nach der Ankunft zu Hause damit begonnen hatte sauberzumachen, da ein Besuch von Mitarbeitern des Jugendamts anstand, die bei einer Inspektion überprüfen wollten, ob sie geeignet war, das Sorgerecht für ihre Kinder zu behalten. Um 19 Uhr hatte sie ihren Freund Tony Grace angerufen. Um 19:30 Uhr hatte sie gemeinsam mit den Kindern zu Abend gegessen und war mit ihnen anschließend auf eine Spazierfahrt aufgebrochen. Sie erzählte Piering, dass sie gerne etwas gegen ihren Mann in der Hand gehabt hätte und gehofft hatte, ihn auf der Straße zu sehen und bis zu seiner neuen Wohnung verfolgen zu können. Doch die Suche war erfolglos geblieben, sodass sie um 21:15 Uhr nach Hause zurückgekehrt war und die Kinder ins Bett gebracht hatte.

Da die Inspektion vom Jugendamt anstand, hatte sie das Fliegengitter vom Fenster gelöst, da es ein Loch hatte und die Insekten durchließ. Als ihr aufgefallen war, dass das neue Gitter schmutzig war, hatte sie es nicht befestigt, das kaputte Gitter aber weggeworfen.

Um 22:30 Uhr hatte sie Tony Grace erneut angerufen. In dem kurzen Gespräch war es um den Sorgerechtsstreit gegangen. Danach hatte sie die Anwaltsserie *The Defenders* angeschaut und war dabei kurz durch einen Anruf von Joseph »Joe« Rorech, einem weiteren Freund, unterbrochen worden. Um Mitternacht hatte sie den kleinen Eddie geweckt, um ihn zur Toilette zu bringen, Missy hatte gesagt, dass sie nicht müsse. Dies war ihrer Aussage nach das letzte Mal, dass sie die Kinder vor deren Verschwinden gesehen hatte.

Der Kriminalbeamte Jerry Piering, ein frommer Katholik und Vater von sechs Kindern, hatte Alice im Grunde von der ersten Minute an im Verdacht. Ihr gepflegtes Äußeres am Tag des Verschwindens ihrer beiden Kinder erschien ihm völlig unpassend und geschmacklos und ihre offensichtliche sexuelle Freizügigkeit widerte ihn an.

Als Piering den Fall der beiden vermissten Kinder übernahm, war er erst kurz zuvor befördert worden. Dieser Fall wurde in den enorm wichtigen ersten beiden Wochen also von einem noch unerfahrenen Ermittler geleitet – und doch war es wohl nicht sein Verschulden, dass dabei eine Reihe gravierender Fehler gemacht wurden.

»Haben Sie die Wohnungstür abgeschlossen, als Sie rausgegangen sind, Mrs. Crimmins?«, wollte Piering wissen. »Nein«, antwortete sie. »Weil ich die gesamte Zeit über direkt vor dem Haus gewesen bin. Ich habe bis etwa 3 Uhr geschlafen, als mein Ehemann mich anrief. Weil wir uns am Telefon gestritten hatten, konnte ich nicht mehr einschlafen und bin mit unserer schwangeren Hündin Brandy vor die Tür gegangen. Anschließend bin ich wieder rein, habe ein Bad genommen und mich wieder ins Bett gelegt.«

Um 9 Uhr morgens, so erzählte Crimmins weiter, hatte sie die Kinder wecken wollen, doch sie waren verschwunden. Daraufhin hatte sie ihren Noch-Ehemann angerufen und gefragt, ob die beiden bei ihm waren. Der hatte das verneint und sie aufgefordert, in der Nachbarschaft nach ihnen zu suchen.

»Das habe ich getan«, behauptete Crimmins. »Ich sprach mit Leuten auf der Straße und einigen Nachbarn, von denen ich dachte, dass die Kinder vielleicht dort wären, um mit deren Kindern zu spielen. Als ich Eddie und Missy nirgends finden konnte, rief ich meinen Mann erneut an und erzählte ihm das. Daraufhin sagte er, ich solle weitersuchen und dass er gleich da wäre.«

Dann war sie bis zum Rand ihrer Siedlung weitergefahren und hatte auf einem Parkplatz gehalten, bis Eddie in seinem Wagen gekommen war. Sie hatte ihm mitgeteilt, dass sie die Kinder noch immer nicht gefunden hatte, woraufhin er die Polizei kontaktiert hatte.

Das Verhör von Eddie Crimmins überließ Piering einem anderen Ermittler. Er konzentrierte sich weiterhin auf die Geschichte von Alice. Eddie erzählte, dass auch er an jenem Abend unterwegs gewesen war und den Sorgerechtsstreit nicht aus dem Kopf bekommen hatte. Am Nachmittag war er zum Haus von Joe Rorech gefahren und hatte nach dem ramponierten Auto von Alice Ausschau gehalten. Wieder zu Hause hatte er bis 23 Uhr ferngesehen und war schließlich noch mal losgezogen, um sich eine Pizza zu holen. Danach war er bis 3 Uhr morgens unterwegs gewesen und anschließend nach Regal Gardens gefahren. Dort hatte er eine Weile gesessen und zu Alices Schlafzimmer hochgesehen. Dann war er nach Hause gefahren, um sie anzurufen, und war eingeschlafen, während er sich einen Film angeschaut hatte. Seine Geschichte hatte einen deutlichen Haken: Der Film, den er sich angeblich angesehen hatte, lief schon um einiges früher. Damals maßen die Ermittler diesem Detail jedoch keine größere Bedeutung zu.

Am 14. Juli, um genau 13:45 Uhr, ging schließlich bei der Polizei jener Anruf ein, vor dem sich alle die ganze Zeit gefürchtet hatten. Missys Leiche war vom neunjährigen Jay Silverman, einem Jungen aus der Nachbarschaft, gefunden worden. Sie trug noch die Kleidung, mit der sie im Bett gelegen hatte, und das Pyjama-Oberteil war um ihren Hals geschnürt. Sie war eindeutig erwürgt worden. Es gab keinerlei Spuren eines Kampfes oder Anzeichen dafür, dass sie betäubt oder missbraucht worden war.

Pierings erster Gedanke war, dass er Alice Crimmins' Reaktion sehen wollte, deshalb brachte er sie ohne jede Erklärung zum Fundort von Missys Leiche. Die anwesenden Polizisten beobachteten, wie sie auf ihre tote Tochter reagierte. Sie zuckte zusammen, stöhnte und antwortete auf die Fragen der Ermittler mit einem knappen »Das ist Missy«. Tränen flossen keine (die kamen erst später, im Blitzlicht der Presse). Sie versuchte nicht, den kleinen, leblosen Körper zu umarmen, es gab keine Verzweiflung und kein Abschiednehmen.

Diese emotionslose Reaktion sorgte dafür, dass alle anwesenden Männer sie in Gedanken verurteilten. Aus der Suche nach den beiden vermissten Kindern war ein Mordfall geworden und die Hauptverdächtige war bereits gefunden.

Der leblose Körper der bezaubernden kleinen Missy hatte jeden Polizisten, der mit dem Fall zu tun hatte, betroffen gemacht. Sie und alle anständigen Bürger von Queens wollten den Täter möglichst schnell ausfindig machen. Während also noch immer nichts über den Verbleib des zweiten Kindes, Eddie Jr., bekannt war, wurden seine Eltern viele Stunden lang verhört.

Bei der Obduktion von Missys Leiche entdeckte der Gerichtsmediziner mehrere Abschürfungen am Körper des Kindes, gab jedoch an, dass die auch schon vor ihrem Tod entstanden sein konnten. Er fand außerdem heraus, dass die tiefer liegende Muskulatur des Halses kaum beschädigt war, auch wenn er etwas Blut aus geplatzten Äderchen ausgemacht hatte. Das Knorpelgewebe von Luftröhre und Kehlkopf war größtenteils intakt. Die Todesursache war Ersticken, das Mordwerkzeug ein Pyjamaoberteil.

In der Zwischenzeit kamen immer mehr Details zu Alice Crimmins' ausschweifendem Sex-Leben ans Licht, die den Verdacht der Polizei weiter erhärteten: Eine Frau mit einem solchen Lebenswandel konnte schließlich niemals eine liebende Mutter sein.

Missy wurde am 17. Juli auf dem Saint-Raymond-Friedhof in New York beerdigt.

Zwei Tage nach Missys Beerdigung war Vernon Warnecke gemeinsam mit seinem Sohn Ralph auf der 162nd Street in Kew Gardens Hills unterwegs, etwa 1,6 Kilometer von der Wohnung der Crimmins entfernt. Dabei stießen sie auf die bereits verwesende Leiche des kleinen blonden Eddie, die unter einer blau-weißen Decke versteckt lag. Da es Sommer war, hatten die Hitze, Fliegen und Maden die Leiche bereits derart zugerichtet, dass man die Eltern ihren kleinen Sohn nicht mehr identifizieren lassen konnte. Der Körper war so stark verwest, dass man den Jungen nur identifizieren konnte, indem man die Fingerabdrücke mit denen auf einem seiner Spielzeuglaster abglich. Man gab den Eltern nur einen einzigen Tag zum Trauern, dann gingen die Verhöre gnadenlos weiter.

Zunächst versuchten es die Ermittler mit ein paar Anschuldigungen ins Blaue hinein, in der Hoffnung, ein Geständnis von beiden Eltern zu bekommen. Alice spürte die Feindseligkeit der Ermittler besonders und war absolut unzufrieden damit, wie die Ermittlungen abliefen. Sie schlug ihrem Mann daher vor, das FBI einzuschalten. Der wollte davon jedoch nichts wissen und sagte: »Die Polizei wird das schon machen.«

Inzwischen lagen die ausführlichen Obduktionsergebnisse vor, sodass Piering eine andere Strategie ausprobierte. Er willigte ein, sich mit Alice an einem Ort ihrer Wahl zu treffen, einer Bar in der Bronx, die den Namen »Tender Trap« (auf Deutsch etwa: »Zärtliche Falle«) trug. Sie war nervös, aber zurechtgemacht wie für eine Verabredung und hoffte vielleicht, den Beamten so für sich einzunehmen, wie es die brillant von Faye Dunaway gespielte Lauren Staton im 1993 erschienenen Krimi *Der Tote in der Heizdecke* mit Columbo versucht hatte.

Der Ermittler plauderte eine Weile mit seiner Hauptverdächtigen, bevor er sie mit den Obduktionsergebnissen konfrontierte. Die bewiesen nämlich, dass sie nicht um 19:30 Uhr mit den Kindern zu Abend gegessen und sie um Mitternacht noch lebend gesehen haben konnte, wie sie im Verhör behauptet hatte.

Laut Obduktionsbericht befanden sich im Magen der kleinen Missy verschiedene Gemüsereste, Pfirsich, Makkaroni und Kaugummi. Dr. Milton Helpern, damals Chefpathologe der Stadt New York, sagte im späteren Gerichtsprozess aus, das Vorhandensein einer großen Menge unverdauter Nahrung lasse darauf schließen, dass Missy innerhalb von zwei Stunden nach ihrer letzten Mahlzeit verstorben sei. Crimmins hatte der Polizei erzählt, dass sie um 19:30 Uhr mit den Kindern gegessen hatte. Piering meinte, dass er sich an Pasta-Reste im Kühlschrank erinnerte und dass die unverdauten Makkaroni im Magen von Crimmins' Tochter bedeuteten, dass sie Missy unmöglich noch um Mitternacht gesehen haben konnte. Crimmins behauptete daraufhin, den Kindern Kalbfleisch zubereitet zu haben und dass jemand anderes ihr später die Nudeln gegeben haben könnte – was keine sonderlich überzeugende Geschichte war.

Vielleicht hatte sie also wirklich etwas zu verbergen? Womöglich hatte sie die Kinder allein gelassen und war mit einem Mann ausgegangen? Piering versuchte, Crimmins dazu zu bewegen, ihm ein Alibi zu präsentieren. Doch sie rückte nicht von ihrer ursprünglichen Geschichte ab und ignorierte dabei jeden von Piering vorgebrachten Gegenbeweis, was ihn wütend machte. Also entschied er sich für eine Art Schock-Strategie: Er legte plötzlich Missys Kleidung auf den Tisch, damit Alice sie identifizieren konnte. Der unerfahrene Ermittler hatte wohl gehofft, ihr auf diese Weise ein tränenreiches Geständnis zu entlocken, aber ohne Erfolg. Kühl identifizierte Crimmins die Sachen, ohne jedoch mehr preiszugeben.

Nach zwei Wochen vergeblicher Ermittlungen wurde ein erfahrenerer Kriminalbeamter zugezogen, der zigarrenrauchende John Kelly. Er wollte das Ehepaar Crimmins einem Lügendetektortest unterziehen. Eddie erklärte sich einverstanden und bestand den Test. Alice sagte nur äußerst widerwillig zu und riss sich nach zehn Minuten die Kabel vom Leib. Sie weigerte sich bis zum Schluss, den Test zu wiederholen oder ein Wahrheitsserum zu nehmen, weil sie sich trotz ihrer Unschuld angeblich davor fürchtete, was sie vielleicht sagen würde.

Jeder Restverdacht, dass Eddie vielleicht der Mörder sein könnte, wurde daraufhin verworfen und die Ermittlungen konzentrierten sich von da ab voll und ganz auf Alice. Die Polizei verwanzte ihre Wohnung und hörte sie ab, ohne jedoch etwas Belastendes mitzubekommen, außer einer Reihe von intimen Treffen, die Crimmins, vom Tod der Kinder ungerührt, unvermindert fortsetzte. Die Ermittler hörten auch ihr Telefon ab. Crimmins war das bewusst, weshalb sie ihre Telefonate häufig mit der Bemerkung »Fallt tot um, Jungs!« begann.

Alle Liebhaber aus Crimmins' kleinem schwarzen Notizbuch wurden kontaktiert, doch nur ein Einziger war gewillt, gegen sie auszusagen: der schmierige und heruntergekommene Unternehmer Joe Rorech.

Die Ermittlungen steckten fest, worüber die Öffentlichkeit nicht erfreut war. 1966 scheiterte die Staatsanwaltschaft mit dem Versuch, Anklage zu erheben. Das dadurch neu entfachte öffentliche Interesse sorgte für die übliche Flut sonderbarer Briefe. Ein anonymer Schreiber berichtete, dass er in der Mordnacht etwas beobachtet habe, was womöglich Alice und ein Komplize gewesen sein könnten, die Missys Leiche entsorgt hatten. Die Handschrift war die einer Frau. Die Polizei versuchte daraufhin, die Schreiberin zu ermitteln, indem sie mögliche Kandidatinnen in Regal Gardens ausfindig machte, deren Fenster in Richtung des Fundorts der Leiche zeigten.

Gewissenhafte Polizeiarbeit führte die Ermittler schließlich zu Sophie Earomirski, deren Zeugenaussage das Schicksal von Alice Crimmins besiegelte. Die Staatsanwaltschaft war damit endlich so weit und ließ Crimmins 22 Monate nach den Morden verhaften. Crimmins kollabierte in der Polizeistation. Manche sagten, sie hatte einen Schwächeanfall, andere behaupteten, sie war betrunken. Wie auch immer, der zuvorkommende Beamte John Kelly half ihr wieder auf die Beine.

Doch wer war diese Zeugin, die übergewichtige, grauhaarige Sophie Earomirski? Sie machte später zwar einen guten Eindruck auf die Jury, doch hatte sie in der Vergangenheit einen Hirnschaden erlitten, was ihre Glaubwürdigkeit zumindest hätte infrage stellen können. Dennoch applaudierten ihr die Zuschauer im Gerichtssaal, während die Verteidigung versuchte, ihre Eignung als Zeugin anzuzweifeln. Crimmins' Anwalt hatte nämlich herausgefunden, dass Earomirski einmal bewusstlos mit ihrem Kopf im Gasofen aufgefunden worden war. Daraufhin entgegnete sie, unter lautem Gelächter und Applaus, sie habe nur nach dem Abendessen sehen wollen. Sie war eine belastende Zeugin, die den Zeugenstand mit geballten Fäusten verließ wie eine siegreiche Boxerin.

Als der Prozess gegen Alice Crimmins am 13. Mai 1968 begann, zog er scharenweise Zuschauer an, die auf einen Sex-Skandal hofften. Besonders Frauen waren fasziniert von dieser ganz gewöhnlichen Ehefrau und Mutter, die offenbar alle geltenden Regeln gebrochen hatte, aber wohl auch so tief gesunken war, dass sie das ultimative Böse verkörperte. Diese Frauen erschienen wie Geier Tag für Tag mit ihren belegten Broten, Zeitungen und Thermosflaschen mit Tee oder Kaffee, um, wie die ausschließlich männliche Jury, ihr Urteil zu fällen.

In dem Prozess ging es nur um den Mord an Missy, obwohl natürlich jedem bewusst war, dass auch der kleine Eddie tot war. Zunächst stellte die Staatsanwaltschaft anhand von Pierings Beobachtung bezüglich des Staubfilms am Fensterbrett fest, dass die beiden Kinder nicht durch das Fenster ihres Kinderzimmers entführt worden sein konnten, weil der Staubfilm keinerlei Spuren aufgewiesen habe. Anschließend erklärte Dr. Milton Helpern mit seiner ganzen Autorität als oberster Gerichtsmediziner New Yorks, dass Missy innerhalb von zwei Stunden nach ihrer letzten Mahlzeit getötet worden sein musste, also etwa gegen 21:30 Uhr – was Alice Crimmins' Behauptung, sie habe die Kleine um Mitternacht noch lebend gesehen, als sie Eddie zur Toilette gebracht hatte, zweifelhaft erscheinen ließ.

Tatsache ist allerdings, dass wir nicht allein in unserem Körper leben. Unzählige Bakterien befinden sich auf unserer Haut, in unserem Magen und überall sonst. Einige dieser Bakterien sind eher träge und beeinflussen uns kaum, während andere schädlich oder hilfreich sein können und teilweise wichtige Aufgaben in unserem Körper übernehmen. Die Bakterien im Darm gehören zu dieser Kategorie und unterstützen etwa bei der Verdauung – was bedeutet, dass unser Körper durchaus in der Lage sein könnte, Nahrung weiterzuverdauen, nachdem wir bereits gestorben sind.

Als Nächstes rief Bezirksstaatsanwalt Anthony »Tony« Lombardino eine Reihe von Crimmins' Liebhabern auf. Lombardino genoss die Aufmerksamkeit des Publikums, er war laut, forsch und scheute nicht davor zurück, einen Zeugen auch mal persönlich anzugehen, wenn er damit die Jury beeindrucken konnte. Er präsentierte dem Gericht diese zwölf ganz normalen Männer, die Jobs und Ehefrauen hatten und täglich mühevoll ihren Alltag bestritten, als sexuell freizügige Lebemänner, die im Luxus schwelgten. Dann war Joe Rorech an der Reihe. Er sollte eigentlich nur bezeugen, dass niemand abgenommen hatte, als er Alice Crimmins um 2 Uhr nachts angerufen hatte. Weil die Anklage aber auf äußerst wackeligen Füßen stand, ging Lombardino Rorech plötzlich richtig hart an – mit erstaunlichem Ergebnis. Er sprach Rorech auf eine Nacht im September 1966 an, die dieser mit Crimmins verbracht hatte.

Da wurde Rorechs Stimme plötzlich immer leiser, sodass die Anwesenden im Gerichtssaal Schwierigkeiten hatten, ihn zu verstehen, und sogar jemand um Ruhe bat. Er erzählte, dass beide ihre Sorgen gemeinsam in Alkohol ertränkt hätten und dass Alice, als das Gespräch auf die Kinder gekommen sei, geschluchzt habe: »Joseph, bitte vergib mir. Ich habe sie umgebracht.«

Da wurde es laut im Gerichtssaal. Alice sprang von ihrem Stuhl auf und brüllte durch den anwachsenden Tumult hindurch: »Joseph, wie kannst du so etwas sagen? Das ist nicht wahr! Oh mein Gott!« Die Verhandlung wurde unterbrochen und alle Journalisten rannten zu den Telefonen.

Danach musste Sophie Earomirski nurmehr den letzten Nagel in Alice Crimmins' Sarg schlagen. Die dramatische Reaktion der Angeklagten erfolgte prompt: »Du Lügnerin! Du verdammte Lügnerin!«, schrie sie. »Ich habe Sie gehört«, entgegnete Earomirski, während der Richter mit seinem Hämmerchen zur Ordnung rief. Die Verteidigung versuchte, wieder Boden für Crimmins gutzumachen mit Zeugen, die bekräftigten, was für eine gute Mutter sie war, oder erklärten, die Straße sei für Earomirskis Beobachtung gar nicht hell genug erleuchtet gewesen. Dann trat Alice Crimmins in den Zeugenstand, womit sie sich die Schlinge selbst um den Hals legte. Wenn eine Angeklagte vor Gericht aussagt, dann hat die Anklage das Recht, sie zu allen Aspekten ihres Privatlebens zu befragen, die Rückschlüsse auf ihren Charakter zulassen könnten. Im Zeugenstand hatte Crimmins zwar die Möglichkeit, die Zeugenaussagen von Joe Rorech und Sophie Earomirski abzustreiten, doch der Preis dafür war hoch. Denn nun war sie Staatsanwalt Lombardino ausgeliefert – und der zog richtig vom Leder:

Nackte Kerle, die von ihrem wütenden Ehemann aus der gemeinsamen Wohnung gejagt wurden. Sex im Auto mit dem Friseur ihrer Kinder. Nacktbaden in Rorechs Pool, statt um ihre Kinder zu trauern. Crimmins wurde völlig auseinandergenommen und war gezwungen, all diese Dinge und noch mehr zuzugeben. Wütend über diese Art der Befragung tat sie das trotzig und wirkte dabei auf alle wie ein schamloses Flittchen, eine Frau ohne Moral und Gewissen. In ihrem Schlussplädoyer versuchte die Verteidigung, Rorech und Earomirski als widerwärtig und armselig darzustellen. Lombardino jedoch verteidigte seine Zeugen und verglich Crimmins mit einem faulen Ei: »Von außen schön anzusehen, doch wenn man die Schale knackt und hineinblickt, dann dringt einem der schlimmste Gestank entgegen, den es auf dieser Welt gibt.«

Einen möglichen Berufungsprozess im Hinterkopf, erinnerte der Richter die Jury daran, dass ein Mord und nicht Crimmins' Moral Gegenstand dieses Verfahrens war. Doch diesen Hinweis zu beherzigen war nach all den schmutzigen Details der Zeugenaussagen schwer. Die Jury brauchte dennoch bis zum darauffolgenden Nachmittag, um ein Urteil zu fällen. Crimmins verbrachte eine schlaflose Nacht und blieb den ganzen Morgen in einem Restaurant in der Nähe des Gerichts. Am 9. August 1968 trug sie ein rotes Kleid, das ihr Gesicht gespenstig bleich wirken ließ. Das Urteil der Jury lautete auf Totschlag ersten Grades. Nach der Urteilsverkündung brach Crimmins bewusstlos zusammen. Sie wurde daraufhin in ein Krankenhaus gebracht. War es der Schock über das Urteil oder war sie einfach nur betrunken? Wie üblich gab es in der Öffentlichkeit nur diese zwei Interpretationen ihres Verhaltens. Crimmins wurde zu mindestens 5 und maximal 20 Jahren Freiheitsstrafe – und Tränen – verurteilt.

Die Urteilsverkündung und Crimmins' Unschuldsbeteuerungen verfolgte auch Herbert Lyon, ein bekannter Rechtsanwalt. Er war von ihrer Unschuld überzeugt und bot an, ihren Berufungsprozess pro bono zu übernehmen. Innerhalb kürzester Zeit erwirkte er ein Wiederaufnahmeverfahren. Am 4. September 1968 wurde Crimmins wegen des schwebenden Berufungsverfahrens auf Kaution freigelassen und am 22. Dezember 1969 gewährte man ihr schließlich die Wiederaufnahme des Prozesses. In der Zwischenzeit befand sie sich zwei Jahre lang auf freiem Fuß. Sie wurde allerdings ständig überwacht und warnende Hinweise der Polizei machten es ihr praktisch unmöglich, irgendwo eine Anstellung zu finden. Doch selbst diese begrenzte Freiheit sollte nicht ewig halten: Crimmins wurde erneut verhaftet, dieses Mal für den Mord am kleinen Eddie und dem Totschlag an Missy – und nun sollte es für sie so richtig unangenehm werden.

Am 13. Juli 1970 – exakt fünf Jahre nachdem die beiden Morde begangen worden waren – wurde sie zur örtlichen Polizeistation verbracht. Ihr zweiter Prozess begann am 15. März 1971 und war dieses Mal eine relativ ruhige Angelegenheit. Crimmins trat nicht in den Zeugenstand und wurde wieder von einer rein männlichen Jury beurteilt. Zudem war es nicht einfach gewesen, überhaupt Geschworene zu finden, die nach all den Geschichten, die sie jahrelang über die Angeklagte in den Zeitungen gelesen hatten, frei von Vorurteilen waren.

Die Anklage versuchte erneut zu beweisen, dass Crimmins Missy ermordet hatte. Joe Rorech ging in seiner Aussage nun sogar noch weiter. Er bezeugte nicht mehr nur, dass Alice Missy umgebracht hatte, sondern auch, dass sie dem Tod von Eddie zugestimmt habe. Crimmins war wieder außer sich: »Du erbärmlicher, verlogener Wurm!«, schrie sie und fragte ihn, als er den Zeugenstand verließ: »Was hast du gekauft, Joseph?«

Sophie Earomirski machte ihre Aussage ebenso klar und deutlich wie schon im ersten Prozess. Die Verteidigung befragte sie zu einem Sturz, den sie erlitten hatte, und wollte wissen, ob dieser irgendwelche medizinischen Auswirkungen gehabt habe. Sie erklärte, dass sie gestürzt sei, weil eine Maus auf ihrem Arm gelaufen sei. »Eine Maus?«, fragte Lyon spöttisch, doch Earomirski entgegnete nicht minder spöttisch: »Ja, eine Maus. Wissen Sie, so ein klitzekleines, haariges Tierchen mit einem langen Schwanz.« Wieder nahm sie die Geschworenen für sich ein, weil sie sich vom Staranwalt nicht einschüchtern ließ, und verließ den Zeugenstand erneut in ihrer Boxerpose.

Dieses Mal gab es weitere Zeugen, die Earomirskis Aussage bestätigten. Darunter auch ein anderer Nachbar, der die Gruppe, die sie beschrieben hatte, ebenfalls gesehen hatte, und der Milchmann, der aussagte, Crimmins' Hund habe an jenem Morgen nicht gebellt, als er 2:15 Uhr seine Lieferung gebracht habe. Crimmins Reaktion darauf war ein tränenreicher Appell an die Öffentlichkeit: »Ich weiß nicht, wo all diese Leute auf einmal herkommen. Aber ich bitte Sie von ganzem Herzen um Hilfe.« Das hatte dramatische Folgen: Ein gewisser Marvin Weinstein meldete sich und sagte aus, dass er in jener Nacht in Regal Gardens einen Mr. King besucht habe und gegen 2 Uhr morgens mit seiner Frau, dem Sohn, der schlafenden Tochter, die damals noch ein Baby gewesen war, und seinem Hund wieder gegangen sei. Crimmins' Freude über diesen neuen Zeugen währte jedoch nur kurz, denn die Anklage machte King ausfindig und der dementierte, dass Weinstein ihn in jener Nacht besucht habe. Um sich nicht ausbooten zu lassen, zauberte die Verteidigung daraufhin einen weiteren Zeugen aus dem Hut, der wiederum behauptete, King sei ein ausgemachter Lügner. Was die Geschworenen von all diesen Aussagen und Gegenaussagen gehalten haben, das können und werden wir nie wissen.

In seinem Schlussplädoyer richtete Lyon einen leidenschaftlichen fünfstündigen Appell an die Jury und versuchte dabei, Sophie Earomirski als seltsame Neurotikerin, Rorech als verbitterten Versager, der von Crimmins verlassen worden war, und die Ermittler als unfähig darzustellen. Die Staatsanwaltschaft konzentrierte sich in ihrem Plädoyer vor allem auf die Tatsache, dass Crimmins nicht in den Zeugenstand getreten war. »Sie besitzt nicht einmal die Courage, sich dort hinzustellen und der Welt zu sagen, dass sie ihre Tochter umgebracht hat.« Crimmins' zornige Schreie und Lyons Einsprüche waren vergebens. Die Geschworenen berieten sich die ganze Nacht über und befanden Crimmins am 23. April in beiden Anklagepunkten für schuldig. Durch ihren Antrag auf ein Wiederaufnahmeverfahren war sie vom Regen in die Traufe gekommen. Die Verurteilung wegen Totschlags blieb bestehen und am 3. Mai 1971 kam noch eine lebenslange Haftstrafe wegen Mordes hinzu.

»Der Verstand neigt dazu, verschiedene Indizien einander anzupassen und sie dabei, falls nötig, vielleicht sogar ein wenig zu dehnen, damit sie sich zusammenfügen lassen und Teile eines großen Ganzen werden. Und je einfallsreicher der Verstand eines Individuums ist, umso wahrscheinlicher ist es, dass er beim Betrachten solcher Fälle ein wenig übertreibt und sich selbst täuscht, um eine kleine Verbindung zu finden, die bislang fehlte, und Fakten als gegeben betrachtet, die zu seinen früheren Theorien passen und nötig sind, um sie zu vervollständigen.«

(Sir Edward Hall Alderson, 1787–1857,
britischer Anwalt und Richter, über Indizienbeweise)

»Filizid« ist der Fachbegriff, wenn Eltern ihr eigenes Kind töten. Alice Crimmins wurde dafür belangt, ihren Sohn und ihre Tochter umgebracht zu haben – in der Tat ganz abscheuliche Verbrechen. Sie wurde einzig auf der Grundlage von Indizienbeweisen verurteilt. Und allein die große Menge davon hat ausgereicht, die Jury wie in so vielen anderen Fällen dazu zu bewegen, sicher und ohne jeglichen Zweifel ihr Urteil zu fällen, obwohl es sich bei den vorliegenden Beweisen nur um Indizienbeweise handelte.

Über die sogenannte »Beweiskette« ist schon viel geschrieben und gesagt worden. Hierin liegt die Gefahr von Indizienbeweisen, denn eine Kette ist immer nur so stark wie ihr schwächstes Glied. Wenn der Verstand fieberhaft auf eine schon vorher bestimmte Schlussfolgerung hinarbeitet, dann neigt er dazu, dieses schwächste Glied mit imaginären Beweisen zu verstärken und sogar Unzulänglichkeiten zu streichen, wie Sir Edward Hall Alderson in obigem Zitat korrekt beschrieben hat. Deshalb ist es äußerst wichtig, jedes uneindeutige Glied aus der Beweiskette zu entfernen, egal ob es die Schuld oder Unschuld der oder des Angeklagten belegt.

Doch egal welche Vor- oder Nachteile Indizienbeweise haben, es steht außer Frage, dass sie eingesetzt werden müssen. Und das geschieht in Kriminalfällen auch deutlich häufiger, als wir vielleicht glauben. Verbrechen werden nicht immer inmitten großer Menschenmengen begangen. Im Gegenteil, je schwerwiegender das Verbrechen ist, desto unwahrscheinlicher ist es, dass jemand Zeuge davon wurde. Es besteht natürlich immer die Gefahr, dass diese Art von Beweisen gefälscht ist. Während es sich bei direkten Beweisen um Beobachtungen oder forensische Untersuchungen handelt, die einen Verdächtigen direkt mit dem Verbrechen in Verbindung bringen, wird diese Verbindung bei Indizienbeweisen immer durch Schlussfolgerungen hergestellt. Die Einschätzung von Ermittlern und Justiz spielt in diesem Zusammenhang eine große Rolle. Wenn aber das Leben eines Mannes oder einer Frau von dieser Einschätzung abhängt, dann muss sie unbedingt objektiv getroffen und hieb- und stichfest sein.

Wer kann also mit Sicherheit sagen, dass Alice Crimmins ihre Kinder ermordet hat? Mit ihrem Verhalten gegenüber der Polizei hat sie sich sicher keinen Gefallen getan, andererseits gibt es bis heute kein schlüssiges Motiv für die Taten. Doch braucht es überhaupt ein Motiv, wenn wir den Fall der Crimmins betrachten?

Ein Motiv könnte man als geistige Antriebsfeder eines Verbrechens bezeichnen. Es darf nicht mit der Intention verwechselt werden, mit der ein Verbrechen begangen wird. Beides ist wie bereits gesagt so eng miteinander verwoben, dass es manchmal schwer voneinander abzugrenzen ist. (Eine genaue Unterscheidung von Motiv und Intention finden Sie im Kapitel »Eine Analyse der Motive von Serienmörderinnen« in diesem Buch.) Auch wenn es für Geschworene durchaus hilfreich ist, das Motiv für eine Tat zu kennen, ist der Nachweis eines Motivs für den Nachweis der Tat nicht notwendig. Wenn kein erkennbares Motiv festgestellt werden kann, dann hat das keinerlei Auswirkung auf die Entscheidung der Jury, ob ein Angeklagter ein Verbrechen begangen hat oder nicht. Selbst die brillanteste Jury kann die geistigen Prozesse, die einen Kriminellen antreiben, häufig nicht nachvollziehen. Und so war es offensichtlich auch bei Alice Crimmins.

Die Staatsanwaltschaft hat behauptet, dass Alice ihre Tochter in einem Wutanfall erwürgt und anschließend Tony Grace angerufen hat, um ihr zu helfen, den kleinen Eddie zu beseitigen. Grace heiratete Alice später, als sie im Gefängnis saß. Mit einer Frau, die ihre eigenen Kinder getötet hat, würde ein Mann vielleicht schlafen, aber würde er sie tatsächlich auch heiraten?

Dennoch bleiben Zweifel. Crimmins hat den Lügendetektortest abgelehnt und ihre Art zu trauern hinterließ einen bitteren Nachgeschmack. Weder hat sie um ihre Tochter geweint, noch hat sie sich an der Suche nach ihrem vermissten Jungen beteiligt. Im zweiten Prozess hat sie die Öffentlichkeit um Hilfe gebeten. Einen solchen Appell gab es allerdings zum Zeitpunkt des Verschwindens ihrer Kinder nicht.

Betrachten wie einmal Alice Crimmins' Leben, bevor ihre Kinder gestorben sind. Sie hat die schönen Seiten des Lebens genossen und ihren langweiligen Ehemann aus ihrem Alltag gestrichen. Sie hat sich in den Millionär Tony Grace verliebt, ist mit seiner Yacht auf die Bahamas gereist und hat das beste Essen und den allerbesten Champagner serviert bekommen. So schockierend das auch klingen mag, ihre Kinder waren da nur noch ein Hemmschuh für sie. Sie hatte definitiv genügend Zeit, das Verbrechen vorzubereiten, und die Gelegenheit, die schlafenden Kinder in ihren Betten zu töten, da in jener schicksalhaften Nacht nach ihrer eigenen Aussage niemand sonst in der Wohnung war. Es gab nur zwei Wege in die Wohnung hinein und heraus: das angeblich offene Kinderzimmerfenster und die Wohnungstür. Durch die Tür sei niemand gekommen, so Crimmins, die ihm Nebenzimmer saß und ein entsprechendes Geräusch gehört hätte. Bleibt also nur noch das Kinderzimmerfenster, auf dessen Fensterbrett die Polizei jedoch eine unberührte Staubschicht vorgefunden hat. Bei der Beurteilung von Schuld oder Unschuld spielt außerdem der daraus resultierende Nutzen eine Rolle, in Crimmins' Fall ganz klar die Chance auf ein neues Leben voller Glanz und Glamour, nach dem sie sich so sehnte. Natürlich muss genau geprüft werden, ob nicht vielleicht Beweise manipuliert oder gänzlich erfunden wurden. Wir wissen, dass nur Crimmins die Kinder in ihrem Zimmer erwürgen konnte. Ein Eindringling hätte die Kinder getötet und ihre Leichen an Ort und Stelle liegen lassen. Warum hätte er die Leichen mitnehmen und woanders ablegen sollen? Das Risiko, dabei gesehen zu werden, wäre viel zu groß gewesen. Laut eigener Aussage hatte Crimmins die Kinderzimmertür außerdem mit einem Hakenverschluss verschlossen, nachdem sie sie ins Bett gebracht hatte, und der sei noch immer eingehakt gewesen, als sie den Raum am nächsten Morgen betreten habe.

Zudem gibt es durchaus Hinweise darauf, dass sie um ihre Schuld wusste, etwa dass sie sich am Morgen, als ihre Kinder verschwunden waren, gefühllos und gleichgültig zeigte. Dass sie sich nach dem Verschwinden der Kinder so sorgfältig geschminkt hat, dass sie ihrem Ehemann erst so spät davon erzählt hat und ihr Mangel an Trauer und Empathie beim Anblick der toten Missy an einem verlassenen Bauplatz – all das muss mit berücksichtigt werden. Diese gefühllose, kaltherzige Gleichgültigkeit sehen wir bei so vielen psychopathischen Mördern, weil sie – im Gegensatz zu Ihnen und mir – keinerlei Gewissen besitzen. Sie sind in der Lage, ohne jegliche Reue die abscheulichsten Verbrechen zu begehen und weiterzuleben, so als sei nichts geschehen. Beängstigend, nicht wahr?

Fachliche Aussagen von Experten waren in Crimmins' Fall äußerst dünn gesät, um es vorsichtig zu formulieren. Zumindest die Obduktionsergebnisse von Dr. Milton Helperns waren belastbare Hinweise: Alice hatte in Bezug auf die Uhrzeit, zu der sie den Kindern Essen gemacht hatte, gelogen. Sogar in puncto Speisen hatte sie nicht die Wahrheit gesagt, wie eine Untersuchung von Missys Mageninhalt ergab.

Während beider Prozesse und bis heute wird viel darüber diskutiert, ob Alice Crimmins in der Nacht vom 13. auf den 14. Juli einen Komplizen bei ihrem Filizid hatte. Ich denke, nicht. Ich sage das, weil Crimmins absolut in der Lage war, ihre vierjährige Tochter und den fünfjährigen Sohn selbstständig hochzuheben und zu tragen. Als Mutter hat sie das zuvor schon viele Male getan. Sie lebte in einer Parterrewohnung an einer Straße und direkt vor der Tür stand ihr Wagen. Sie gab sich selbst ein Alibi, indem sie behauptete, sie sei mit ihrem Hund im Auto losgefahren, um ihren von ihr getrennt lebenden Ehemann ausfindig zu machen. Tatsächlich diente diese Geschichte nur zur Verschleierung, denn in Wahrheit hat sie dabei die beiden Leichen ihrer kleinen Kinder fortgeschafft. Beim Fund der verwesenden Leiche des kleinen Eddie hat die Polizei wirklich einen gravierenden Fehler gemacht: Er wurde unter einer Decke gefunden, doch keiner der Ermittler kam auf die Idee zu überprüfen, ob diese Decke aus dem Kinderzimmer des Jungen stammte, was mit ziemlicher Sicherheit der Fall war.

Und was all die verrückten Theorien angeht, warum Missy und der kleine Eddie umgebracht wurden, die stammen meiner Ansicht nach von dummen, sensationslüsternen Leuten und Verschwörungstheoretikern, die sich wichtigmachen wollen.

Anthony Lombardino wurde später US-Bundesanwalt, legte sein Amt aber nach einem Finanzskandal nieder. Jerry Piering wurde zum Detective zweiten Grades befördert. Alice Crimmins war im Rahmen eines Wiedereingliederungsprogramms ins Berufsleben schon 1976 wieder Freigängerin. Laut eines empörten Zeitungsberichts sonnte sie sich daraufhin jedes zweite Wochenende auf der »Alice«, der Yacht von Tony Grace, den sie im Juli 1977 heiratete. Im September 1977 kam sie endgültig auf Bewährung raus. Berichten zufolge lebte sie seitdem in verschiedenen Teilen Floridas. Dann wiederum gab es Gerüchte, sie sei nach Graces Tod nach Queens zurückgekehrt oder wohne im benachbarten Nassau County oder irgendwo entlang der Metro-Linie New Haven.

Sollte Alice Crimmins noch leben, wäre sie zum Zeitpunkt der Entstehung dieses Buchs 79 Jahre alt. Viel wurde darüber spekuliert, was nach der Haftentlassung aus ihr geworden ist, doch niemand weiß das mit Sicherheit. Sehen Sie sich um! Die schick herausgeputzte Rentnerin, die Sie eben an der Bushaltestelle gesehen haben, könnte sie sein.

Auf dem Friedhof hoch oben in der Bronx, nahe der Throgs Neck Bridge, liegen Missy und der kleine Eddie tief in der Erde begraben, etwas über ihnen ihr Vater Edmund. Mögen Sie in Frieden ruhen.

Einige der bösartigsten Frauen der Welt – ob längst tot oder noch lebendig

In diesem Buch haben wir uns bislang ausführlich mit den beiden Krankenpflegerinnen Cathy May Wood und Gwendolyn Graham beschäftigt, die fünf ältere Patienten in ihren Betten erstickt haben. Ich habe Ihnen Joanna Dennehy vorgestellt, die drei Männer kaltblütig erstochen hat. Und Sie kennen inzwischen auch Suzanne Basso, die einen der abscheulichsten Morde der US-Kriminalgeschichte begangen hat. Viele Mörder töten aus Gier, weshalb ich auch Patricia Wright in dieses Buch aufgenommen habe. Und zuletzt habe ich Ihnen die Geschichte von Alice Crimmins erzählt, die – entgegen aller Verschwörungstheorien, die besagen, sie hätte ihre beiden Kinder nicht getötet –, soweit ich das beurteilen kann, genau dies getan hat. Dass Sie eine Affäre mit dem damaligen Senator Robert Kennedy gehabt haben könnte, spielt in diesem Zusammenhang keine Rolle, denn die Vorstellung, es habe sich bei ihrem Fall um eine große politische Vertuschungsaktion gehandelt, erscheint mir doch äußerst weit hergeholt. Schließlich hat der Mord an ihren Kindern die Aufmerksamkeit der Öffentlichkeit erst auf all die mächtigen Männer gelenkt, mit denen sie geschlafen hat. Das ist aus meiner Sicht Fakt, egal, wie man Crimmins' Geschichte nun spinnen will.

In diesem Kapitel möchte ich Ihnen weitere Frauen vorstellen, die ganz schreckliche Morde verübt haben, und erneut die Frage stellen: Sind Frauen gefährlicher als Männer?

CAROL MARY BUNDY

Bundy, nicht verwandt oder verschwägert mit dem Monster Ted Bundy, ist eine Serienmörderin, die gemeinsam mit Douglas Daniel Clark – beide wurden als »Sunset Strip Killer« bezeichnet, zwischen 1. Juni und August 1980 mehrere Prostituierte in Los Angeles getötet hat. Ihre bekannten Opfer sind: Gina Marano (15), Cynthia Chandler (16), Karen Jones, Exxie Wilson, Marnette Comer (17) und John Murray.

Doug Clark gab mir 1995 ein seltenes, auf Video aufgezeichnetes Interview im Todestrakt der Haftanstalt, das im Rahmen meiner 12-teiligen TV-Reihe *The Serial Killers* (auf Deutsch etwa: Die Serienmörder) ausgestrahlt wurde.

Auf die Gefahr hin, dass man mir an dieser Stelle wieder vorwirft, ich bewerbe eines meiner eigenen Bücher: Ich habe Clark und Bundy ein Kapitel in meinem internationalen Beststeller *Wie Serienmörder denken* (erschienen 2020 im riva Verlag) gewidmet. Meiner Meinung nach war Clark am Großteil der Morde beteiligt, weshalb er keine Strafminderung verdient hat. Doch genau wie bei Joanna Dennehy und Gary Stretch, Rose und Fred West und Hindley und Brady hätte er wohl niemals getötet, wäre Carol Bundy als Haupttäterin nicht die treibende und manipulierende Kraft gewesen. Und wir wissen heute, dass Carol Bundy allein handelte, als sie ihren ehemaligen Liebhaber, den Möchtegern-Countrysänger John Murray, dazu verleitete, perversen Sex mit ihr in ihrem Chevrolet-Wohnwagen zu haben, und ihm danach das Hirn weggepustet hat. Carol Bundy hat einen Deal mit der Staatsanwaltschaft gemacht und erhielt für ihr Geständnis nur eine Haftstrafe von 52 Jahren. Sie hat es geschafft, alle Schuld auf Doug Clark abzuwälzen, ähnlich wie Cathy May Wood, die im Rahmen ihres Deals ebenfalls gegen ihre Mitangeklagte ausgesagt hat, was diese Frauen meiner Ansicht nach tatsächlich gefährlicher erscheinen lässt als Männer.

Carol Bundy starb am 9. Dezember 2003 im Alter von 61 Jahren an einem Herzinfarkt. Während ich dieses Buch schreibe, ist Doug Clark 69 Jahre alt und steht mit mir in regelmäßigem Kontakt. Mein ungeschnittenes Interview mit ihm finden Sie unter dem Titel »Douglas Clark Interview – Sunset Slayer Case« auf YouTube. Sie werden sehen – der Kerl ist verrückt!

MELANIE »MEL« LYN MCGUIRE

Mel McGuire ist eine weitere Mörderin mit einer hochmanipulativen Persönlichkeit, mit der ich in der Vergangenheit reichlich zu tun hatte. Die Medien verpassten ihr den Spitznamen »The Ice Queen« (Die Eiskönigin). McGuire ist Mutter zweier Kinder und war einmal eine äußerst attraktive Frau aus der Oberschicht. In der Nacht vom 29. auf den 30. April 2004 hat sie ihren Ehemann William in ihrem brandneuen Luxushaus in New Jersey getötet. Danach zerteilte sie die Leiche mit einer Motorsäge, packte die Einzelteile in Müllsäcke, stopfte diese in zwei Koffer und warf sie von einer Brücke aus ins unruhige Gewässer der Chesapeake Bay. Ihre ausführliche Geschichte, die sie mir exklusiv erzählt hat, finden Sie in meinem Buch *Dead Men Talking* (auf Deutsch etwa: Tote reden). Diese Femme fatale ist eine meisterhafte Manipulatorin, die sich in ihren Briefen gerne über gutes Essen, anspruchsvolle Literatur und französisches Parfum auslässt. Falls ich Ihr Interesse geweckt habe und Sie ein Mann sind, dann schreiben Sie ihr gern. Sprühen Sie ihr Lieblingsparfum *Égoïste* von Chanel auf den Brief und Sie bekommen garantiert schnell eine Antwort.

McGuire sitzt eine lebenslange Haftstrafe im New Jersey Department of Corrections ab. Ihr Tatmotiv? Sie wollte ihren Ehemann aus dem Weg räumen, um mit einem anderen Mann ein besseres Leben zu beginnen – ähnlich wie Alice Crimmins, wenn Sie so wollen.

WANDA JEAN ALLEN

Wanda Jean Allen ermordete ihre Lebensgefährtin Gloria J. Leathers ausgerechnet vor dem Polizeirevier The Village in Oklahoma County. Allen hatte Leathers im Gefängnis kennengelernt, als sie zwei Jahre einer vierjährigen

Haftstrafe wegen Totschlags ihrer vorherigen Lebensgefährtin absaß. Laut Polizeiakte stritten die beiden wohl häufig und Leathers war auf dem Weg zum Revier, um Allen dort anzuzeigen.

Allen wurde 1989 zum Tode verurteilt und am 11. Januar 2001 als erste Frau in der Geschichte des US-Bundesstaats Oklahoma hingerichtet. Ihr Motiv war krankhafte Eifersucht.

BETTY LOU DUNEVANT BEETS

Wenn eine Frau die Bezeichnung »Schwarze Witwe« verdient hat, weil sie tödlicher war als jeder Mann, dann diese Mutter von sechs Kindern. Beets wurde am 12. März 1937 geboren und war erst die vierte Frau, die in den Vereinigten Staaten hingerichtet wurde, seit der Oberste Gerichtshof 1976 das zehnjährige Moratorium der Todesstrafe wieder aufgehoben hatte. Sie wurde im Alter von 62 Jahren hingerichtet, als zweite Frau in Texas seit dem Bürgerkrieg 1861. Letzte Worte gab sie keine von sich, als sie am 24. Februar 2000 im Hinrichtungsraum auf die Liege geschnallt wurde. Die frühere Kassiererin und Kellnerin vermied Augenkontakt mit den Angehörigen ihres Opfers, lächelte aber in Richtung ihrer eigenen Verwandten.

> *»Todesursache von Mr. Beets war eine Schussverletzung am Schädel. Wir fanden nicht eine, sondern zwei Projektile in seiner Leiche, eine im Schädel und eine im Rumpf. Meines Erachtens erfolgte der Tod durch eine, wenn nicht beide Schusswunden … eine im Kopf und eine im Körper.«*
>
> (Dr. Charles S. Petty, Chefpathologe und Leiter des kriminaltechnischen Labors im Dallas County)

Beets wurde am 6. August 1983 für schuldig befunden, ihren fünften Ehemann – den 46-jährigen Jimmy Don Beets, den sie erst kurz zuvor geheiratet hatte – mit einer Handfeuerwaffe vom Kaliber .38 in der gemeinsamen Wohnung nahe Gun Barrel City im Henderson County, Ost-Texas, erschossen zu haben.

Ich finde es großartig, dass sich manch Dörfer und Städtchen in den USA einfach dreist als »Stadt« bezeichnen: Gun Barrel City (5672 Einwohner), Tombstone (1300 Einwohner), Rattlesnake Creek, Cody, Bumble Bee Just Never Quite Made It (0 Einwohner), Rosebud (1377 Einwohner), Deadwood (1270 Einwohner), Durango (18 500 Einwohner) und Shit Creek, worin Betty Lou Beets sich schon bald wiederfand.

Die Staatsanwaltschaft glaubt, dass die zierliche, braunhaarige Frau (sie war nur 1,58 Meter groß und wog 53 Kilogramm) ihren Ehemann, der bei der Feuerwehr von Dallas beschäftigt war, umgebracht hat, um seine Lebensversicherung der Versicherungsgesellschaft J. C. Penny in Höhe von etwa 100 000 Dollar sowie seine Pensionszahlungen in Höhe von 1200 Dollar im Monat zu kassieren. Zwei Jahre nachdem Jimmy Beets vermisst gemeldet worden war, fand man seine Leiche nach einem anonymen Tipp (der, wie sich später herausstellte, von Beets' Stiefsohn kam). Sie war in einem zum Blumenbeet umfunktionierten Wunschbrunnen begraben.

Eine Dame namens Lil Smith, die für den zwischen den Ortschaften Kemp, Seven Points und Gun Barrel City am Cedar Creek Lake (nicht am Lake Athens, wie häufig behauptet) gelegenen Redwood-Beach-Yachthafen zuständig war, sagte später aus, dass am 6. August 1983 um etwa 22 Uhr mehrere ihrer Kunden ein verlassenes Boot bemerkt hätten, das auf dem Cedar-Creek-Stausee umhertrieb. Zwei Männer fuhren daraufhin raus und holten das leere Boot ans Ufer. Darin befanden sich ein auf den Namen »Jimmy Beets« ausgestellter Angelschein, ein Behälter mit Nitroglycerin-Kapseln sowie eine Rettungsweste. Daraufhin wurden Küstenwache und Wildhüter informiert, die wenig später am Hafen eintrafen.

Das ist etwas, das ich an unseren Freunden jenseits des großen Teichs nicht so recht verstehe: Warum wurden die Küstenwache und die Naturschutzbehörde an das Ufer des Sees gerufen? Mit zusätzlich Feuerwehr, Rettungsdienst und gut 200 Beamten der lokalen und Staatspolizei muss der kleine Parkplatz des Hafens zum Bersten gefüllt gewesen sein.

Lil Smith warf jedenfalls erst mal einen Blick ins Telefonbuch, um zu sehen, ob dort jemand mit Namen Jimmy Don Beets aufgeführt war. So fand sie ziemlich schnell Betty Lou, die bestätigte, dass Boot und Angelschein ihrem Ehemann gehörten. Aufgrund starker Winde wurde die Suche nach dessen Leiche unterbrochen und erst am darauffolgenden Morgen fortgesetzt. Trotz gründlicher dreiwöchiger Suche wurde die Leiche jedoch nicht gefunden – bis zum Anruf des anonymen Tippgebers.

Die Polizei entdeckte daraufhin auch die Überreste von Beets' viertem Mann, Doyle Wayne Barker, unter einem Vorratsschuppen in der Nähe des Geländes. Barker war 1981 verschwunden und wie bei einer Hinrichtung durch eine Kugel in den Hinterkopf getötet worden. Beide Leichen steckten in blauen Schlafsäcken. Außerdem wurde Beets dafür belangt, ihren zweiten Mann, William »Billy« York Lane, angeschossen und verwundet zu haben.

Im Rahmen eines Antrags auf Strafmilderung behauptete sie, in jeder ihrer fünf Ehen Opfer von häuslicher Gewalt geworden zu sein, was jedoch in keinem einzigen Fall belegt werden konnte. Dafür hatte sie selbst ein beachtliches Vorstrafenregister. So wurde sie etwa nach einem Vorfall in der »Charlie's Angels Bar« in Dallas, wo sie eine Zeit lang gearbeitet hatte, wegen Erregung öffentlichen Ärgernisses verurteilt. Sie gab an, dort eines Abends ein Vorstellungsgespräch gehabt zu haben, ohne genauer darauf einzugehen, worum es dabei gegangen war. »Also, der Laden war eine Oben-ohne-Bar, aber ich war nicht oben ohne dort«, erzählte sie den Beamten, die sich mit Blick auf die nicht mehr ganz taufrische Tante vor ihnen vielleicht gedacht haben: »Oben ohne? Bloß nicht!«

Betty Lou Beets wurde auf dem Friedhof Captain Joe Byrd in Huntsville, Texas, beerdigt, der auch Peckerwood-Hill-Friedhof genannt wird und Hunderten hingerichteten Gefängnisinsassen als letzte Ruhestätte dient. Jimmy Don Beets liegt auf dem Friedhof Roselawn Memorial Gardens in Seagoville, im Dallas County, begraben.

DEBRA DENISE BROWN

Debra Brown ist eine Afroamerikanerin, die von den Medien den Spitznamen »Mid-West Monster« (das Monster aus dem mittleren Westen) verpasst bekommen hat und für ihre gemeinsam mit Alton Coleman begangenen Verbrechen zum Tode verurteilt wurde. Die Strafe wurde später allerdings in lebenslänglich ohne Aussicht auf Bewährung umgewandelt. Ihr Komplize Coleman wurde jedoch am 26. April 2002 in der Haftanstalt Southern Ohio Correctional Facility, in Lucasville, Indiana, per Giftspritze hingerichtet. Coleman bereitete den Beamten dabei keinerlei Probleme. Er hatte einen Gebetsschal umgelegt und zitierte den Großteil des 23. Psalms »Der Herr ist mein Hirte«, nahm noch acht kurze Atemzüge und war tot.

Der ehemalige Staatsanwalt Fred Foreman kommentierte den Mord an der neunjährigen Vernita Wheat, deren verwesende Leiche am 18. Juni 1984 in einem verlassenen Lagerhaus in Gary, Indiana, gefunden worden war, folgendermaßen: »Ich habe schon viele Tatorte gesehen, einige Mordermittlungen geleitet und bis heute mit Sicherheit nichts davon vergessen. Aber immer, wenn es um ein Kind geht, ist das für viele Menschen besonders schrecklich. Man kann so etwas einfach nicht vergessen. Was muss in einen Menschen gefahren sein, um ein so furchtbares Verbrechen an einem kleinen Kind zu verüben?«

Das mörderische Duo war verantwortlich für bis zu acht Morde, sieben Vergewaltigungen, drei Entführungen, 14 brutale Raube und zahllose Fälle von Zechprellung in Ohio, Michigan und Illinois. Ihre abstoßenden und sadistischen Gewaltakte waren sogar noch um einiges schlimmer als jene von Myra Hindley und Ian Brady. Ihre Mordserie endete erst, als sie nach der Entführung zweier kleiner Mädchen in Indiana endlich verhaftet wurden. Ihre Mordopfer waren: Vernita Wheat (9), Tamika Turks (7), Donna Williams (25), Virginia Temple und ihre Tochter Rachelle (9), Marlene Walters (44) und ein 77-jähriger Mann, dessen Identität bis heute nicht geklärt ist.

Am 18. Juni 1983 waren die siebenjährige Tamika Turks und ihre neunjährige Nichte Annie auf dem Heimweg von einem Süßwarengeschäft, als Brown und Coleman sie ansprachen. Die beiden überredeten die Mädchen, ihnen in einen nahe gelegenen Wald zu folgen, um dort ein Spiel zu spielen. Dort angekommen, zogen sie der kleinen Tamika das T-Shirt aus und schnitten es in kleine Streifen. Damit fesselten und knebelten sie die völlig verängstigten Kinder.

Als Tamika zu weinen begann, wurde Brown wütend und hielt ihr Mund und Nase zu, während Coleman mit dem Fuß gegen die Brust des Mädchens trat und es dann erwürgte.

Die kleine Annie wurde ein Stück weggetragen und dann gezwungen, Brown und Coleman oral zu befriedigen. Anschließend wurde sie von Coleman vergewaltigt. Zu guter Letzt würgten die beiden sadistischen Monster das Kind, bis es bewusstlos war. Sie schnürten ihm einen Ledergürtel um den Hals und ließen es zum Sterben in dem Wald zurück. Wie durch ein Wunder überlebte die Kleine und zu ihrem Glück waren ihre Peiniger verschwunden, als sie wieder aufwachte.

Die Polizei fand Tamika tot in einem Gebüsch ganz in der Nähe. Sie war mit einem Streifen eines Spannbettlakens erdrosselt worden. Derselbe Stoff wurde später in der gemeinsamen Wohnung der Täter gefunden. Die arme Annie hatte durch die Vergewaltigung derart schwere innere Verletzungen erlitten, dass ihre Eingeweide aus der Vagina hervortraten.

Dies war nicht das erste abscheuliche Verbrechen dieser Art, das von dem unmenschlichen Paar begangen worden war. Es gab Beweise für ein ähnliches Verbrechen in Ohio, die ebenfalls im Prozess zugelassen wurden.

Während des Prozesses zum Mord an Tamika Turks teilte Brown dem Richter Folgendes mit: »Ich habe die Schlampe kaltgemacht, ist mir scheißegal. Hat mir sogar Spaß gemacht!«

Nun werden Sie sich sicher fragen, warum in aller Welt Browns Todesstrafe in lebenslange Haft umgewandelt wurde. Dies war nur möglich, weil sie strafmildernde Umstände vorgebracht hat:

Browns Vater litt an einer schweren psychischen Störung. Sie war eines von elf Kindern und kam 1980 wegen einer Überdosis Drogen ins Krankenhaus. Sie nahm regelmäßig Drogen und behauptete, von ihrem Lebensgefährten Coleman immer wieder verprügelt, missbraucht und zur Prostitution gezwungen worden zu sein. Sie war nicht besonders klug und hatte nur einen IQ von 75. Wie auch immer das alles war, angesichts ihrer abscheulichen Verbrechen und der schockierenden Aussage gegenüber dem Richter muss man Brown wohl tatsächlich als gefährlicher einschätzen als jeden Mann.

Die am 11. November 1962 geborene Debra Brown verbüßt mit der Häftlingsnummer #W025932 ihre lebenslange Haftstrafe in der Haftanstalt Dayton Correctional Institution, im Montgomery County, Ohio.

VIRGINIA SUSAN CAUDILL

Die abstoßende und übergewichtige Virginia Caudill wurde am 10. September 1960 geboren und am 24. März 2000 im Fayette County, Kentucky, wegen Mord, Raub, Einbruchdiebstahl und Beweismanipulation verurteilt.

In den Morgenstunden des 15. März 1998 drang die abscheuliche Bestie gemeinsam mit ihrem Komplizen, dem schnauzbärtigen, glatzköpfigen Jonathan Wayne Goforth, ins Haus der 73-jährigen Afroamerikanerin Lonetta White ein. Sie prügelten die alte Dame zu Tode, raubten sie aus und verstauten anschließend die Leiche im Kofferraum ihres Wagens. Dann fuhren sie in eine verlassene Gegend im Fayette County und steckten dort den Wagen mit der Toten in Brand.

Der folgende Text entstammt den im März 2000 bei Gericht eingereichten sogenannten »Victim Impact Statements«. Dabei handelt es sich um in US-Strafverfahren nicht unübliche Erklärungen, in denen die Opfer von Straftaten oder deren Angehörige Tätern und Gerichten die Auswirkungen jener Taten auf ihr Leben schildern.

»Diese beiden Menschen haben meine Mutter in einem derart entstellten, verstümmelten und verkohlten Zustand hinterlassen, dass wir sie nur anhand ihrer Zähne identifizieren konnten. Mein Leben ist seitdem völlig aus den Fugen geraten. Ich bin heute ein gebrochener und instabiler Mensch. Ich bekomme meinen Alltag überhaupt nicht mehr geregelt, mein Leben ist ein einziges Chaos.«

(Steve White, Lonetta Whites Sohn)

»Wenn man einschlafen will, ist alles, was man hört: ›Blutiges Rührei.‹ Es ist der blanke Horror. Der Tod meiner Tante war schrecklich und nur

schwer zu ertragen. Wir werden wohl nie darüber hinwegkommen. Die Tat war so grausam und brutal. Ich bekomme die Beschreibung von ihrem zerschmetterten Gehirn nicht mehr aus dem Kopf.«

(Darlene Ward, Lonetta Whites Nichte)

Ehrlich gesagt sind die Leben dieser beiden abscheulichen Monster nicht so viel wert wie das Papier, auf das die Erklärungen der Angehörigen ihres Opfers gedruckt sind. Allerdings zeigt es, warum manche Frauen zu so gewissenlosen und kaltblütigen Mörderinnen werden.

Lonetta White war die Mutter von Caudills Ex-Freund Steve White, bei dem sie noch gewohnt hatte, bis er sie nach einem Streit wegen Caudills Drogenkonsum am 13. März aus der Wohnung warf. Daraufhin begab Caudill sich in ein nahe gelegenes Haus, wo sich bekanntermaßen Junkies trafen, um Drogen – vor allem Crack – zu kaufen, zu verkaufen und zu konsumieren. Dort begegnete sie Goforth, einem Bekannten, den sie seit mehr als zehn Jahren nicht gesehen hatte.

Im Prozess sagte Caudill aus, dass Goforth sie am Nachmittag des 14. März im Auto zum Haus von Mrs. White mitgenommen habe und dass sie die alte Dame um 30 Dollar gebeten habe, um sich für die Nacht ein Zimmer mieten zu können – was eine Lüge war, denn eigentlich wollte sie von dem Geld Kokain kaufen. Am darauffolgenden Tag kehrten Caudill und Goforth gegen 3 Uhr völlig zugedröhnt zum Haus von Mrs. White zurück.

In der Absicht, Goforth die gesamte Schuld zuzuweisen, gab Caudill weiter an, sie habe an der Haustür geklingelt und Mrs. White erneut um Geld für ein Zimmer gebeten, während Goforth sich außerhalb ihres Blickfelds in der Nähe der Garage aufgehalten habe. Als die liebenswerte alte Dame ins Haus gegangen sei, um das Geld zu holen, habe sich Goforth durch die Tür gedrängt und sie ohne Vorwarnung attackiert. Lonette habe geschrien: »Bitte hilf mir, Virginia!« Daraufhin soll Goforth sie ins Schlafzimmer gebracht haben, wo er ihre Hände gefesselt und sie ermordet habe. Das Duo durchsuchte daraufhin das gesamte Haus und entwendete Wertsachen, Geld, Schmuck, einen weißen Pelzmantel und Schusswaffen. Das Diebesgut luden sie in seinen Pickup, dann wickelten sie Mrs. Whites Leiche in einen Teppich ein. Anschließend trugen sie die Tote in die Garage und luden sie in den Kofferraum ihres eigenen Wagens. Sie fuhren zu einem Feld, dort übergoss Goforth den Wagen mit Benzin und zündete ihn an.

Goforth, der die Schuld natürlich Caudill anhängen wollte, versicherte seinerseits, dass sie es gewesen war, die Mrs. White unter dem Vorwand, sie hätten Probleme mit ihrem Wagen und müssten telefonieren, überredet habe, sie in ihr Haus zu lassen. Einmal im Haus habe Caudill laut Goforth Geld gefordert, und als Mrs. White sich geweigert habe, ihr welches zu geben, soll sie der alten Dame erst zweimal mit einer Uhr auf den Kopf geschlagen und dann einen Dachdeckerhammer herausgeholt haben, den sie »heimlich aus meinem Pickup mitgenommen hat«. Damit soll sie Mrs. White erneut auf den Hinterkopf geschlagen haben. Die Obduktion ergab, dass Mrs. White insgesamt 15 Mal geschlagen wurde. Die Verletzungen reichten von kleinen Platzwunden bis hin zu gravierenden Wunden, bei denen Schädelsplitter bis ins Gehirn der alten Dame vorgedrungen waren.

Ob Goforth seine Geschichte selbst glaubte, werden wir wohl nie erfahren. Im weiteren Verlauf seiner Aussage erklärte er jedenfalls, dass er Caudill gefragte habe, warum sie die alte Frau geschlagen habe, worauf Caudill weiter auf sie eingeprügelt haben soll. Währenddessen habe er sich angeblich ins Wohnzimmer begeben, sich aufs Sofa gesetzt und darüber nachgedacht, was er tun solle. Caudill zu stoppen und Mrs. Whites Leben zu retten kam dem Schwachkopf dabei offenbar nicht in den Sinn.

Die beiden Mörder flohen anschließend aus Fayette County und verbrachten mehrere Tage in einer Hütte nahe dem Herrington Lake im Mercer County, bevor sie erst nach Ocala, Florida, und dann nach Gulfport, Mississippi, weiterzogen. Dort trennten sie sich, weil sie inzwischen in der populären TV-Sendung *America's Most Wanted* (auf Deutsch etwa: Die meistgesuchten Verbrecher Amerikas) gezeigt worden waren. Virginia Caudill ging nach New Orleans, Louisiana, wo sie kurz darauf, am 11. November 1998, verhaftet wurde.

Goforth wurde am 8. Dezember 1998 geschnappt und behauptete zunächst, eine Virginia Caudill nicht zu kennen und auch nichts von einem

Mord zu wissen, versicherte aber im gleichen Atemzug: »Ich hab keinen umgebracht, doch Virginia hat mir erzählt, dass sie und ein schwarzer Mann die alte Dame getötet haben.« Eine frei erfundene Behauptung, wie er später im Prozess zugab. So einen Dummkopf könnte sich wirklich niemand ausdenken!

Am 24. März 2000 befand eine Jury Caudill und Goforth des Mordes, Raubs und Einbruchdiebstahls ersten Grades sowie der Brandstiftung zweiten Grades und Beweismittelmanipulation für schuldig. Gegen beide wurde die Todesstrafe verhängt.

Zum Zeitpunkt der Entstehung dieses Buchs sitzt Häftling #144124-W, Virginia Caudill, im Frauengefängnis in Peewee Valley in Kentucky ein. Alle ihr zur Verfügung stehenden Rechtsmittel sind ausgeschöpft. Einen Termin für ihre Hinrichtung durch die Giftspritze gibt es bislang noch nicht.

Der am 12. November 1960 geborene Jonathan Wayne Goforth sitzt mit Häftlingsnummer #127520 noch immer im Todestrakt des Staatsgefängnisses von Kentucky in Eddyville.

PAULA R. COOPER

Paula Cooper war erst 15 Jahre alt, als sie mit ihren jugendlichen Freundinnen Denise Thomas (14), Karen Coder (16) und April Beverly (15) überlegte, wie sie an Geld kommen konnten, um Alkohol und Drogen zu kaufen. Sie schwänzten die Schule, rauchten Marihuana und tranken Alkohol. Anschließend gingen sie zum Haus der 70-jährigen Lehrerin Ruth Pelke und forderten sie auf, ihnen den verpassten Unterrichtsstoff aufzuschreiben. Eines der Mädchen schlug der alten Dame eine Vase auf den Kopf, die daraufhin zusammenbrach. Dann ging Cooper wie wahnsinnig auf die Frau los, schlitzte ihr mit einem 30 Zentimeter langen Messer Arme und Beine auf und stach ihr dann 30 Mal in Brust und Bauch. Vom grausamen Tod der Frau ungerührt, durchsuchten die Mädchen auf der Suche nach Geld das Haus. Sie nahmen lächerliche 10 Dollar mit und verschwanden im Wagen ihres Opfers, einem 1976er Plymouth.

Am 11. Juli 1986 wurde Cooper am Kammergericht von Lake County von Richter James Kimbrough zum Tode verurteilt. Die anderen Mädchen erhielten Haftstrafen zwischen 26 und 60 Jahren. Als strafmildernden Umstand hatte Coopers Verteidigung vorgebracht, dass die Angeklagte zum Zeitpunkt des Mordes erst 15 Jahre alt gewesen war. Der Anwalt behauptete, Cooper sei als Kind körperlich misshandelt worden und habe zusehen müssen, wie ihr Vater ihre Mutter vergewaltigt und immer wieder brutal misshandelt habe. Angeblich habe ihre Mutter auch einmal versucht, sie umzubringen. Zum Zeitpunkt des Mordes hatte Cooper bereits zehn verschiedene Schulen besucht und ein langes Vorstrafenregister. Sie lief ständig von zu Hause weg und beging Einbrüche. Ihr Anwalt riet ihr, auf schuldig zu plädieren und auf die Gnade des Gerichts zu hoffen – er gab also im Grunde auf!

Doch der Staatsanwalt von Lake County, James McNew, war alles andere als gnädig. Er bezeichnete Cooper als »soziale Außenseiterin« und forderte die Todesstrafe. Weil das Verbrechen derart brutal gewesen war, kannte auch der Richter keine Gnade und schickte Paula Cooper 1987 als jüngste Verbrecherin in den düsteren Todestrakt von Indiana. Ihre Todesstrafe empörte Menschenrechtsaktivisten in den USA und Europa, und sogar Papst Johannes Paul II. reichte ein Gnadengesuch ein. 1988 übergab ein Priester eine Petition mit zwei Millionen Unterschriften als Protest gegen Coopers Strafe an die Stadt Indianapolis.

Ebenfalls 1988 entschied der oberste Gerichtshof der USA in einem anderen Fall (Thompson gegen den Staat Oklahoma), dass Jugendliche, die zum Tatzeitpunkt jünger als 16 Jahre alt sind, nicht hingerichtet werden dürfen. Die Bundesrichter befanden, solche Strafen seien grausam, unverhältnismäßig und daher verfassungswidrig. Der Gesetzgeber in Indiana verabschiedete daraufhin später ein Gesetz, das das Mindestalter für Hinrichtungen von 10 auf 16 Jahre erhöhte. 1988 hob das oberste Gericht des Staates Coopers Todesstrafe auf und verurteilte sie zu 60 Jahren Gefängnis, gültig ab 13. Juli 1989.

Wegen guter Führung wurde Coopers Strafe später noch weiter reduziert. Als Häftling #864800 machte sie sogar ihren Bachelor und wurde am 17. Juni 2013, nach 28 Jahren hinter Gittern, auf Bewährung in die Freiheit entlassen.

Die genoss sie bis zum 25. Mai 2015, als die Polizei von Indianapolis die 45-jährige Frau mit einer selbst zugefügten Schusswunde im Kopf unter einem Baum vor einem Wohnhaus im Nordwesten der Stadt fand.

Laut ihrer Freundin Ormeshia Linton hatte Cooper kurz vor 20 Uhr beschlossen, neue Kleidung einkaufen zu gehen. »Sie wollte zu ›Rainbow‹ (eine Kette, die Bekleidung und Accessoires für junge Menschen verkauft)«, erzählte Linton der Polizei. »Ich sagte: ›Rainbow hat zu, Baby. Wir können höchstens zu Walmart.‹ Und dort fuhren wir dann hin.«

Auch Linton hatte bereits Hafterfahrung. Sie war wegen Drogendelikten zu 30 Jahren Gefängnis verurteilt worden und hatte Cooper in der Haftanstalt Rockville kennengelernt. Sie sagte, dass Cooper entgegen ihrem schlechten Ruf im Gefängnis bekannt war für ihre Freundlichkeit anderen Häftlingen gegenüber. Sie stellte häufig kleine Pakete mit Nudeln und weiteren Lebensmitteln für jene Frauen zusammen, die kein Geld für den kleinen Gefängnisladen hatten. Linton wurde 2010 auf Bewährung entlassen.

Stunden bevor die beiden Frauen an jenem Montagabend zu Walmart fuhren, hatte Cooper Linton angerufen. »Ich wusste, dass etwas mit ihr nicht stimmte«, sagte Linton der Polizei. »Ich forderte sie auf, in ihrer Mittagspause vorbeizukommen, aber sie muss sich wohl verfahren haben. Sie kannte sich in Indianapolis nicht aus und brauchte für alles ein Navi.« Als Cooper endlich eintraf, setzten beide sich an einen Tisch und Cooper begann unkontrolliert zu schluchzen wie ein kleines Kind. Auf Linton wirkte sie »niedergeschlagen, völlig erschöpft und am Ende«. »Ich kann das nicht mehr«, weinte Cooper. »Es ist innen drin.«

Laut Linton redete Cooper nicht viel über ihre Probleme und sie nahm an, dass sie Ärger mit ihrem Verlobten hatte, weshalb sie ihre Freundin einlud, ein paar Tage bei ihr zu bleiben und im freien Zimmer in ihrem Haus zu wohnen.

Später, bei Walmart, schien es Cooper wieder besser zu gehen. Sie kaufte sich eine graue Hose, ein grau-schwarz-weißes Oberteil und schwarze Sandalen, sogar neue Unterwäsche: Satinhöschen mit schwarzer Spitze.

Wieder zu Hause bat Cooper um Briefpapier und Umschläge. Anschließend saß sie einige Zeit rauchend und schreibend auf der Veranda.

Erst am nächsten Morgen, dem 26. Mai, als Linton merkte, dass Cooper verschwunden war und die Preisschilder der neuen Sachen auf dem Bett lagen, machte es bei ihr wohl klick. Lintons Mann kam in die Küche gestürzt, rief seine Frau aufgeregt beim Namen: »Meshia, Meshia!«, und reichte ihr drei Umschläge. Später rief die Polizei an und teilte ihr mit, dass sie Paula Cooper tot aufgefunden hatten.

Mir fällt es schwer, diesen Fall zu bewerten. Klar ist, dass Cooper eine äußerst problematische Kindheit und Jugend erlebt hat. Sie musste wahrscheinlich aufgrund ihres zerstörerischen Verhaltens ständig die Schule wechseln und kam schon früh mit Alkohol und Marihuana in Kontakt. Sie lief ständig aus der Schule und von zu Hause weg, war rebellisch und, – wie der Staatsanwalt richtig erkannt hatte – eine soziale Außenseiterin.

An dieser Stelle muss ich allerdings wieder einmal sagen: Na und? Es gibt Millionen Jugendliche auf der Welt, die genau dieselben Probleme haben, aber keine hilflose alte Dame auf so grausame Weise umbringen, oder? In dieser Hinsicht war Paula Cooper definitiv ebenso tödlich, wie jeder Mann es je sein könnte.

Ohne Zweifel hat Cooper während ihrer Haftzeit versucht, sich zu bessern, von einer etwas problematischen Zeit kurz nach ihrer Inhaftierung einmal abgesehen. Da hat sie andere Häftlinge angegriffen und deshalb drei Jahre in Isolationshaft verbracht – im sogenannten »Loch«. Dabei musste sie 23 Stunden am Tag in einer Zelle zubringen, die so groß war wie ein kleines Badezimmer. Angesichts der drohenden Todesstrafe ist es allerdings auch verständlich, dass die störrische Teenagerin erst einige Zeit gebraucht hat, um sich an die strikten Regeln der Strafanstalt zu gewöhnen.

An dieser Stelle muss ich an einen Brief des Lord Oberrichters von England, Lord Lane, denken, den dieser mir 1992 geschrieben hat:

»Dass ein junger Mensch den Rest seines Lebens im Gefängnis verbringen muss, ist eigentlich eine schreckliche Vorstellung. Es ist eine Schande, dass es offenbar keine humanere Alternative dazu gibt. Selbst in den Schlimmsten von uns steckt auch etwas Gutes. Seltsamerweise bestätigt dies häufig ausgerechnet das Gefängnis.«

Und ich muss an die mitfühlende und äußerst christliche Einstellung von Bill Pelke denken, dem Enkel von Coopers Opfer Ruth Elizabeth Pelke. Die folgende Aussage stammt von ihm:

> *»Die Todesstrafe hat absolut nichts mit Heilung zu tun. Sie setzt den Kreislauf aus Gewalt nur fort und schafft noch mehr Angehörige von Mordopfern. Wir werden dadurch zu dem, was wir hassen. Wir werden zu Mördern.«*

Pelke hat ein Buch geschrieben mit dem Titel *Journey of Hope – From Violence to Healing* (auf Deutsch etwa: Weg der Hoffnung – Von Gewalt zur Heilung), in dem es um den Mord an seiner Mutter geht. Pelke befürwortete anfänglich die Todesstrafe für Cooper, machte 1986 aber eine spirituelle Wandlung durch und betet seither für Liebe und Mitgefühl für Paula Cooper und ihre Familie. Er hat Cooper mehrere Male im Gefängnis besucht und ihr inzwischen vollständig vergeben. Und wenn Bill Pelke Paula Cooper vergeben kann, dann muss ich das wohl auch.

Falls Sie entsetzt sind, wie jung Cooper war, als sie den brutalen Mord an Pelkes Mutter begangen hat, dann wird auch die folgende Geschichte der Britin Mary Bell Sie sprachlos machen, die gerade mal elf Jahre alt war, als sie zwei kleine Jungen erwürgte.

Mary Flora Bell

Tötungsart: Manuelle Strangulation

Bei der manuellen Strangulation spricht man manchmal auch von »Erdrosseln«, es bezeichnet die Kompression der Kehle mithilfe von Händen und Fingern des Täters. Bei der Strangulation werden die Körperfunktionen auf dreierlei Weise beeinträchtigt: Es kommt zu einer Blockade der Atmung, einer Blockade des Blutflusses zum Gehirn und zur Beschädigung des vegetativen Nervengeflechts an der Halsschlagader. Auch wenn das Opfer sich wehrt – und dadurch später möglicherweise Spuren eines Kampfes an dessen Körper sichtbar sind –, wird es beim Erdrosseln schnell schwächer, da zügig ein Sauerstoffmangel eintritt und es bewusstlos wird.

In meinen Gesprächen mit mehreren berüchtigten männlichen Serienmördern haben einige ausgesagt, dass es »nicht so wie im Fernsehen« sei, wenn man jemanden erwürgt. Nehmen wir als Beispiel den kräftig gebauten Arthur John Shawcross alias »The Monster of the Rivers« (Das Monster vom Fluss) und den schmal gebauten Michael Bruce Ross alias »The Roadside Strangler« (Der Straßenrand-Würger). Beide haben mir erklärt, dass ihre Opfer sich eine relativ lange Zeit lang gekrümmt und gewunden haben, bevor sie starben. Ross musste sogar mehrere Male Pause machen, um seine krampfenden Finger und Hände zu massieren, bevor bei seinen Opfern der Tod eintrat. Shawcross, ein wirklich kräftiger Mann, gab an, dass er manchmal bis zu zehn Minuten lang »schwer arbeiten« musste, bis seine Opfer tot waren.

Opfer:

Martin Brown (4) und Brian Howe (3)

Das FBI definiert einen Serienmörder als Täter, der mindestens drei Morde begeht, zwischen denen jeweils etwas Abstand liegt. Wenn das in diesem Fall noch nicht schockierend genug ist, dann stellen Sie sich vor, dass dieses englische Mädchen schon im zarten Alter von elf Jahren auf dem besten Weg dazu war, diese Kriterien zu erfüllen!

MARTIN BROWN

Unsere Beschäftigung mit dem kranken Geist und den Verbrechen der jüngsten britischen Mörderin beginnt am 25. Mai 1968, als drei junge Burschen nach Holzresten suchten, um daraus einen Taubenschlag zu bauen – andere behaupteten, sie hätten Feuerholz gesucht. Sie lebten in Scotswood, einer Arbeitergegend in Newcastle, und ihre Suche führte sie zur St. Margarets Road, die sich von der Whitfield Road in einer scharfen Kurve bis zur Whitehouse Road zieht, wo sich verschiedene Gemeindewohnungen und baufällige Häuser mit Terrassen befanden. Die Jungen wollten zur Hausnummer 85, einem alten, abrissreifen Backsteinhaus. Als sie dort die Treppe ins Obergeschoss hinaufgestiegen waren, entdeckten sie in einem Schlafzimmer die Leiche eines kleinen Kindes mit grauem Gesicht, das steif und eiskalt zwischen dem ganzen Unrat lag, der auf dem Boden verteilt war.

Der jüngste der Burschen machte sich sofort aus dem Staub, die beiden älteren Jungs – Walter und John – liefen schnell die Treppe hinunter, um zwei Männer zu holen, die draußen auf der Straße einen Stromkasten reparierten. Während einer der Männer vergeblich versuchte, das Kind wiederzubeleben, rief sein Kollege den Notarzt. Weil Walter von dem Gesehenen schlecht war, blickte er blass aus dem Fenster, das zur Straße zeigte, und atmete tief ein und aus.

Während er dort stand, sah er unten zwei Mädchen auftauchen. Die Jüngere erkannte er sofort. Er wusste, dass sie elf Jahre alt war. Sie war extrem hübsch, hatte dunkles Haar und helle blaue Augen. Ihr Name lautete Mary Flora Bell und sie war ein mit allen Wassern gewaschenes Mädchen, das einiges einstecken konnte. Sie lebte in der Whitehouse Road 70. Das andere

Mädchen hieß Norma Joyce Bell. Trotz des gleichen Nachnamens waren die Mädchen nicht verwandt, sondern nur Nachbarn in besagter Whitehouse Road. Walter beobachtete, wie die Mädchen durch das Fenster ins Haus nebenan kletterten. Die beiden kannten offenbar den komplizierten Weg in das baufällige Gebäude, in dem er sich befand: durch ein halb verfallenes Außenklo im hinteren Bereich des Hauses, dann über den Zaun in den Garten von Nummer 85 und durch die kaputte Hintertür schließlich ins Haus selbst. Die beiden Mädchen waren an jenem Tag ziemlich lästig, sie trieben sich ständig im Haus herum, standen immer im Weg und waren unangenehm neugierig.

Martin Brown war vier Jahre alt und lebte mit seinen Eltern George und June und seiner kleinen Schwester Lina in der St Margaret's Road 140. Am letzten Tag seines Lebens wachte er von selbst auf, wurde gewaschen und angezogen und aß gegen 9 Uhr Frühstücksflocken mit Milch. Danach nahm er seinen Anorak, rief seinen Eltern einen Abschiedsgruß zu und ging zum Spielen raus. Dies war das letzte Mal, dass seine Mutter die Stimme ihres Sohns hörte. Als sie ihn das nächste Mal sah, war er totenstill.

Der Notruf des Elektrikers ging um 15:35 Uhr ein, fünf Minuten später wurde die Polizei informiert. Die Beamten trafen sehr schnell vor Ort ein, konnten zunächst aber keine offensichtliche Todesursache feststellen. Es lagen einige leere Flaschen herum, eine spätere Analyse ergab aber keine Spuren von Gift im Körper des Jungen. Bei einer kurzen Durchsuchung des Grundstücks bemerkten die Polizisten ein Loch im Dach mit zerbrochenen Ziegeln auf dem Boden darunter. Doch auch diese herabstürzenden Fliesen konnten das Kind nicht getötet haben, denn der kleine Martin lag am anderen Ende des Raumes.

Bei der Autopsie wurde schließlich festgestellt, dass der Junge gut ernährt und gesund gewesen war. Er hatte keine gebrochenen Knochen und nur eine kleinere Schramme am Knie. Eine Unregelmäßigkeit fiel dem Gerichtsmediziner allerdings auf: eine kleine Einblutung im Gehirn, die auf Tod durch Erwürgen hindeutete. Doch der renommierte Pathologe Dr. Bernard Knight war ratlos: Er konnte am Hals des Opfers weder Würgemale einer Schlinge noch Druckstellen von Händen und Fingern, die auf eine manuelle Strangulation hätten schließen lassen, entdecken. Wie sonst konnte der Junge also gestorben sein?

Ich denke, dass heutzutage niemand mehr einem Vierjährigen erlauben würde, allein loszuziehen und vier Stunden lang ohne Aufsicht draußen zu spielen. Doch in den späten 1960er-Jahren waren die Straßen, Parkplätze, Brachen und Geschäfte von Scotswood Unterschlupf und Spielplatz für alle Kinder aus der Nachbarschaft. Sie streiften in großen und kleinen Gruppen den ganzen Tag durch die Gegend. In jener Zeit hatten Eltern nicht das Gefühl, ihren Nachwuchs die ganze Zeit im Auge behalten zu müssen. Martin war ein selbstbewusster Junge und kam und ging, wie es ihm passte. Seine später ermittelten Aufenthaltsorte an jenem schicksalhaften Tag zeigten, wie weit ihn seine Ausflüge tatsächlich geführt hatten.

Erst hatte er sich eine Zeit lang mit den Elektrikern unterhalten, die ihm ein Törtchen gegeben haben. Dann schaute er bei seiner Tante Rita vorbei, die ein Stück weiter in der Straße wohnte. Dort bereitete ihm seine Großmutter Eier auf Toast zu. Anschließend ging er zu seinem Vater und bat ihn um Geld für einen Lutscher. Etwa gegen 15:15 Uhr stand er bei Dixon's, einem Süßwarengeschäft in einer Holzhütte, in der Schlange an, um Süßigkeiten zu kaufen. Dort traf er seine Tante Rita wieder. Der Ladenbesitzer warf ihn raus, weil er schmutzige Finger hatte, weshalb er mit seiner Tante nach Hause ging, um sich die Hände zu waschen und eine Scheibe Brot mit Margarine zu essen. Das muss, laut Polizei, gegen 15:20 Uhr gewesen sein. Um 15:30 Uhr wurde er in dem verfallenen Gebäude auf der anderen Straßenseite gefunden.

Wir müssen nun eine Reihe von Vorkommnissen betrachten, die in zeitlicher Nähe zu Martin Browns Tod geschehen sind und im Nachhinein eine große Bedeutung für den Fall besitzen, damals aber nahezu unbemerkt vonstattengingen. Am 26. Mai, am Tag nach Martins Tod, erwischten Norma Bells Eltern Mary Bell dabei, wie sie die Hände um den Hals ihrer jüngeren Tochter Susan gelegt hatte. Mr. Bell schlug ihre Hände weg und gab ihr einen »Klaps auf die Schulter«. Die Eltern verboten Susan daraufhin, mit Mary Bell zu spielen.

Der zweite Vorfall trug sich in einem anderen Stadtteil zu: In der städtischen Kindertagesstätte von Woodland's Crescent war übers Wochenende eingebrochen worden. In all dem Chaos wurden auch mehrere wirre Notizen gefunden, die handschriftlich mit rotem Kugelschreiber verfasst worden waren und offenbar das Werk von zwei Kindern waren. Die Notizen bezogen sich auf Martin Browns Tod, beleidigten die Polizei und prahlten mit dem Mord. Der Polizist, der die Notizen fand, nahm offenbar an, dass es sich dabei nur um einen – ziemlich geschmacklosen – Kinderstreich handelte. So lauteten die Notizen:

1. *Ich töte DAMIT ich vielleicht zurückomme ficht euch wir töten past auf Danny und Schwuchtel.*
2. *WIR haben Martin brown getötet Fickdich du Bastard.*
3. *Ihr seid dämlich weil wir Martain Go Brown getötet haben ihr Passt da draussen Bessa auf da sind Mörder unterwegs FANNYUND alde Schwuchtel ihr Bullen.*

Der dritte Vorfall ereignete sich am 31. Mai, als wieder in die Kindertagesstätte eingebrochen wurde. Dieses Mal wurden die beiden Einbrecherinnen – Mary und Norma Bell – auf frischer Tat ertappt. Die Mädchen hatten die ganze Woche über schon Ärger gemacht. Vier Tage nach Martin Browns Tod klingelte Mary Bell bei George Brown und seiner Frau und fragte, ob sie Martin sehen könne. Mrs. Brown blieb trotz ihrer Trauer freundlich und entgegnete unter Tränen: »Nein, Schätzchen. Martin ist tot.« Mary Bell blieb davon völlig unbeeindruckt und sagte grinsend: »Scheiße, ich weiß, dass er tot ist. Ich will ihn in seinem verfickten Sarg sehen.« Mrs. Brown war entsetzt und knallte Mary Bell die Tür vor der Nase zu. Sie haben inzwischen sicher erkannt, dass das Mädchen eine zwar noch kindliche, aber gleichzeitig schon gefährliche und dissoziale Persönlichkeit aufwies. Mediziner sind heute der Auffassung, dass eine solche psychische Störung sich maximal behandeln, nicht aber heilen lässt.

Ein viertes Vorkommnis fand im Sandkasten der Kindertagesstätte statt. Ein 12-jähriger Junge tat es aber als weitere Prahlerei von Mary Bell ab: Als sie mit Norma spielte, sprang sie plötzlich auf sie drauf und brüllte: »Ich bin eine Mörderin!« Dann zog sie Norma an den Haaren, trat ihr ins Gesicht, zeigte in Richtung des Mord-Hauses und brüllte: »Da habe ich Brown getötet.« Der Junge lachte daraufhin und ignorierte, was sie gesagt hatte. Vielleicht hatte er damals aber auch nur zu viel Angst vor diesem abscheulichen Mädchen, um irgendjemandem etwas davon zu erzählen.

Bei der Obduktion des Jungen am 7. Juni wurde die Todesursache offengelassen. Einige Nachbarn organisierten im Newcastle Civic Centre einen Protest, um auf die Gefahren und Bedrohungen in Scotswood hinzuweisen. Die verstörenden Ereignisse des darauffolgenden Monats ließen die Proteste jedoch schnell wieder verstummen und die Wohnsituation im Stadtteil in den Hintergrund treten: Acht Wochen nach der Obduktion von Martin Browns Leiche und nur etwas mehr als neun Wochen nach seinem Tod verschwand ein weiteres Kind.

Mary Bell wurde am 26. Mai 1957 in Gateshead, in der Grafschaft Tyne and Wear, geboren. Ihre Bösartigkeit lässt sich möglicherweise auf das sonderbare Verhalten ihrer Mutter Betty zurückführen. Die war eines von vier Kindern. Als sie drei Jahre alt war, wurde ihr Vater Invalide und ihre Mutter war damit die Alleinversorgerin der Familie. Ob es an dieser schwierigen Situation innerhalb der Familie lag oder an psychischen Problemen, auf jeden Fall veränderte sich Bettys Verhalten. Sie wurde nahezu fanatisch religiös und weigerte sich, gemeinsam mit ihrer Familie zu essen.

Nachdem Betty von der Schule abgegangen war, wechselte sie häufig und immer nach kurzer Zeit ihren Job und nahm, nach einem Streit mit ihrem damaligen Freund, eine Überdosis Drogen. Kurz darauf zog ihre Familie nach Gateshead, der Tapetenwechsel verbesserte Bettys Situation aber nicht. Mit 17 brachte sie dort die kleine Mary zu Welt.

Betty heiratete am 18. März 1958 ihren Freund William »Billy« Bell, der daraufhin mit in die Wohnung ihrer Familie in der Redheughbridge Road (heute A189) in Gateshead zog. Wenn Marys Eltern in der Arbeit waren, kümmerte sich die Großmutter um das Kind.

Als Mary zwölf Monate alt war, erlebte sie den ersten von einer ganzen Reihe beinahe tödlichen Unfällen, die nie vollständig aufgeklärt wurden. Sie schluckte die Tabletten ihrer Großmutter, wurde zum Glück aber rechtzeitig gefunden und ins Krankenhaus gebracht, wo man ihr den Magen auspumpte. Kurz darauf bekam Betty ein weiteres Kind, einen kleinen Jungen. Die Stadtverwaltung von Gateshead teilte der Großmutter daraufhin ein neues, größeres Haus mit Garten in 27 Huxley Crescent zu, das bis heute dort steht. Als die Großmutter jedoch eines Nachmittags von der Arbeit nach Hause kam, standen ihre ganzen Sachen vor dem Haus und die Tür war verschlossen. Sie zog daraufhin nach Glasgow und Betty, Billy und die beiden Kinder hatten das Haus fortan für sich allein. Betty Bell verschwand damals immer wieder für längere Zeit und ließ ihre Kinder bei verschiedenen Freunden und Bekannten. Meist blieb Mary bei »Tante Cath«. Als die Kleine zwei Jahre alt war, schrieb Cath einen Brief an Betty, in dem sie anbot, Mary zu adoptieren. Daraufhin kam Betty zu ihr und holte Mary wieder zu sich.

Da es für Betty aber offenbar unmöglich war, sich anständig um das kleine Mädchen zu kümmern, brachte sie Mary nur zwei Wochen später wieder zu Cathy und ließ sie dort erneut für längere Zeit. Dieses ständige Weggeben und Zurückholen wurde zu einem festen Muster in Marys Kindheit. Im November 1959 stand Betty eines Tages völlig verzweifelt bei Cath vor der Tür und erzählte, dass Mary einen schrecklichen Unfall mit einem LKW gehabt habe. »Sie mussten ihr die Klamotten vom Leib schneiden, so schlimm steht es um sie«, sagte sie unter Tränen. Am darauffolgenden Tag berichtete Betty allerdings, dass sie Mary lediglich bei Freunden der Familie gelassen habe, einem Pärchen, das ebenfalls schon mehrfach angeboten hatte, die Kleine zu adoptieren.

Als Mary drei war, kam Cath einmal vorbei, um Betty zu besuchen und den Kindern ein paar Süßigkeiten zu bringen. Sie machte sich in der Küche eine Tasse Tee und entdeckte bei ihrer Rückkehr ins Wohnzimmer, dass die Kinder am Boden Süßigkeiten aßen, unter die Tabletten ihrer Mutter gemischt waren. Diese dreieckigen Tabletten mit dem Namen Dexamyl wurden damals Hausfrauen verschrieben, die unter Müdigkeit oder Missstimmung litten. Weil sie häufig als Rauschmittel missbraucht wurden, werden sie heute nicht mehr hergestellt. Cath gab den Kindern sofort Salzwasser zu trinken, um Brechreiz auszulösen, und ließ sie von Billy ins Krankenhaus fahren.

1961 wurde Mary, inzwischen fast vier Jahre alt, erneut ins Krankenhaus gebracht, nachdem sie die Eisentabletten ihrer Mutter gegessen hatte. Daraufhin entbrannte ein Streit zwischen Betty und dem Rest ihrer Familie, die sie daraufhin über ein Jahr lang nicht mehr sah. Der Haussegen hing inzwischen gehörig schief, als die Familie erneut umzog, diesmal in die Westmoreland Road 147, in eine der schlimmsten Gegenden in Newcastle. Die neue Umgebung hatte nichts mehr mit dem schönen Haus mit drei Schlafzimmern in Huxley Crescent zu tun, das sie von der Stadt gestellt bekommen hatten. Dort waren die Straßen ruhig und sicher gewesen und die grünen Felder um Newcastle ganz in der Nähe. In der neuen, verwahrlosten Gegend konnten die Kinder dagegen nur auf der Straße spielen. Hier stach ein 14-jähriger Junge der damals sechsjährigen Mary mit einer abgebrochenen Glasflasche in den Rücken. Wieder musste das Kind ins Krankenhaus. Die Familie blieb dennoch vor Ort, bis sie 1966 ein weiteres Mal umzog, diesmal in die Whitehouse Road Nummer 70.

Kurz darauf bezog eine andere Familie mit Namen Bell die Hausnummer 68 gleich nebenan und Mary und die Nachbarstochter Norma wurden gute Freunde. Die beiden klebten zusammen wie Pech und Schwefel. Die heruntergekommene Gegend war nach heutigem Standard zwar gefährlich, aber gleichzeitig auch eine Art Abenteuerspielplatz für die Heerscharen von Kindern, die von Haus zu Haus und Süßwarengeschäft zu Süßwarengeschäft zogen und nur zum Essen und Schlafen heimkamen. Mary war endlich in ihrem Element.

BRIAN HOWE

Brian Howe war gerade drei Jahre alt, also kaum dem Babyalter entwachsen, als er von Mary Bell ermordet wurde. Der kleine Junge war aufgeweckt und plapperte gern. Er lebte mit seinem Vater, seiner jugendlichen Schwester Patricia alias Pat und seinem Bruder zusammen. Sein schwarz-weißer Hund Lassie war sein ständiger Begleiter.

Am Nachmittag des 31. Juli 1968 stand Pat auf einer Eisenbahnbrücke und suchte das »Tin Lizzie« ab, eine alte Brache voller Blechdosen, rostiger

Tanks, Bauschutt und riesiger Betonblöcke. Sie war verzweifelt auf der Suche nach ihrem kleinen Stiefbruder Brian. Bei ihr auf der Brücke waren auch Mary und Norma Bell. Das Trio suchte bis 19 Uhr weiter, dann wurde die Polizei gerufen.

Um 19:30 Uhr rief Marys Vater sie zu einem Tee ins Haus. Um 23:10 Uhr wurde Brian Howes Leiche zwischen zwei Betonblöcken auf besagtem Brachland gefunden. Sein Körper war übersät mit langen Grashalmen und lila Blumen. Der linke Arm war ausgestreckt und die Hand ganz schwarz vor Dreck. Seine Lippen waren blau und er hatte Schaum vor dem Mund. Es fanden sich Druckspuren an seinem Hals, Kratzer auf der Nase und Stichwunden an den Beinen. Neben ihm auf dem Boden lag eine Schere. Eine Klinge war abgebrochen, die andere völlig verbogen.

Mittlerweile war Kriminalkommissar James Dobson aus seinem nächtlichen Schlaf geweckt worden und war mit Vollgas nach Scotswood gefahren, wo er um 1:10 Uhr ankam. Uniformierte Polizisten hatten bereits Lichter aufgestellt und den Fundort der Leiche abgesperrt. Als Dobson den Wagen parkte und den Hang zur Brache hinunterlief, fiel ihm sofort die Nähe zur St. Margaret's Road auf. Der ungeklärte Fall des kleinen Martin kam ihm in den Sinn und er befürchtete einen Zusammenhang.

In jener Nacht wurde Brian Howes Leiche noch gründlicher untersucht. Die Druckmale an seiner Nase und Kehle deuteten darauf hin, dass er erwürgt und seine Nase zugehalten worden war. Gerichtsmediziner Dr. Bernard Tomlinson kam zu dem Schluss, dass der Junge zwar offensichtlich manuell stranguliert, vom Mörder allerdings nur erstaunlich wenig Druck ausgeübt worden war. Er erläuterte in seinem Gutachten, dass erwachsene Täter normalerweise viel mehr Kraft aufwenden würden als nötig. Dies und die Tatsache, dass die oberflächlichen Stichwunden am Bein kaum die Haut des Jungen durchdrungen hatten, ließ ihn auf ein Kind als Täter schließen.

Dobson und sein Ermittlerteam wussten nun, dass sie nach einem Kind fahnden mussten – einem Kind, das extrem gefährlich war. Sie waren dementsprechend besorgt und wollten den Täter so schnell wie möglich ausfindig machen. 100 Beamte wurden daraufhin für den Fall abgestellt und sollten Tag und Nacht ermitteln, bis der Mord aufgeklärt war.

In der ersten Nacht wurde ein Fragebogen erstellt und Kopien davon gemacht. Mithilfe dieses Fragenkatalogs sollten die Aussagen aller Kinder in der Nachbarschaft eingeholt werden. Die Befragungen begannen um 8 Uhr am darauffolgenden Tag. Die Ermittler besuchten etwa 1000 Haushalte in Scotswood und händigten 1200 Kindern den Fragebogen aus. Beim Auswerten der Antworten gab es, wie erwartet, viele Ungereimtheiten und Widersprüche. Die Polizei stattete den Familien, bei denen die Antworten die größten Widersprüche aufwiesen, weitere Besuche ab, darunter auch jenen von Mary und Norma Bell.

Die beiden Mädchen hatten ausgesagt, Brian nach dem Mittag nicht mehr gesehen zu haben. Beide hatte ihre Antworten auf die Frage, was sie an jenem Nachmittag getrieben hatten, aber auch mehrere Male geändert. Hinzu kam, dass das Verhalten der Mädchen sich deutlich von dem der anderen Kinder unterschied. Der Kriminalbeamte Constable Kerr fuhr am 1. August erst zu Norma, dann zu Mary. Obwohl Normas Familie intakt und glücklich wirkte, kam das Kind dem Ermittler ausweichend und sonderbar vor. »Sie hat die ganze Zeit gelächelt, als wäre das alles nur ein Scherz«, erinnerte er sich.

Am nächsten Tag befragte ein anderer Polizist, Sergeant Docherty, Mary noch einmal. Dabei gab sie an, sich an etwas zu erinnern, was ihr an jenem Nachmittag widerfahren war. Sie erzählte, sie hätte einen Jungen gesehen, der mit einer zerbrochenen oder verbogenen Schere gespielt habe und ganz mit Gras und kleinen lila Blumen bedeckt gewesen war. Angeblich hatte sie ihn dabei beobachtet, wie er dem kleinen Brian grundlos ins Gesicht geschlagen habe. Diese Aussage war für die Ermittler von großer Bedeutung, denn von der Schere, die neben Brian Howes Leiche gefunden worden war, konnte niemand etwas wissen. Sie setzten daraufhin alles daran, den Jungen ausfindig zu machen, um ihn zu befragen.

Die Polizei fand den Jungen, von dem Mary gesprochen hatte, schnell. Er war acht Jahre alt und für sein Alter nicht unbedingt der Klügste. Kriminalkommissar Dobson hatte selbst mit dem Jungen gesprochen, er war das erste Kind, das er befragt hatte. Der Knabe wurde zwei Tage lang verhört und seine Aussagen immer und immer wieder überprüft. Er hatte ein solides Alibi, das von glaubwürdigen Zeugen bestätigt wurde, und obwohl er am Morgen tatsächlich mit Brian gespielt hatte, war er am fraglichen Nachmittag nicht in Scotswood gewesen. Der Junge wurde schließlich von der Liste der Verdächtigen gestrichen. Die Tatsache, dass Mary Bell von der Schere wusste, rückte nun aber sie und Norma in den Fokus der Ermittler.

Am 4. August um 20:10 Uhr befragte Dobson Norma Bell. Das etwas begriffsstutzige Mädchen war nervös und weinerlich und wollte mit Dobson sprechen, ohne dass ihr Vater dabei war. Dieses Mal erzählte sie, dass sie mit Mary und ihrem Hund zu den Betonblöcken in der »Tin Lizzie«-Brache gegangen sei. Ihre Aussage begann folgendermaßen: »Als wir zwischen den Blöcken herumgelaufen sind, bin ich über etwas gestolpert. Ich habe runtergeschaut und sah Brian Howes Kopf … Mary hat gesagt: ›Kümmer dich nicht drum, der is' tot.‹« Danach habe Mary ihr vorgemacht, wie sie den Jungen erwürgt und seinen Bauch mit einer Rasierklinge aufgeschnitten habe, die sie unter einem der Betonblöcke versteckt habe. Anschließend habe sie erzählt, dass sie die Leiche mit lila Blumen bedeckt habe.

Die Ermittler brachten Norma zu der Brache und forderten sie auf, sich so hinzulegen, wie sie den kleinen Brian an jenem Tag vorgefunden hatte. Das tat sie und nahm exakt die Position ein, in der die Leiche des Jungen gefunden worden war. Daraufhin wurde Norma mitgenommen und nach Fernwood gebracht, in eine Untersuchungshaftanstalt für Jugendliche, in der sie die Nacht verbringen musste. Anschließend fuhr Dobson mit zwei Polizisten zu Mary. Es war inzwischen 0:30 Uhr und das Mädchen schlief bereits tief und fest. Nach einiger Diskussion willigte ihr Vater Billy schließlich ein, sie zu wecken, und holte auch ihre Schwester, um Mary zum Polizeirevier zu begleiten.

Obwohl sie mitten in der Nacht aus dem Schlaf gerissen worden war, war Mary während des Verhörs sehr aufmerksam und klar. Sie stritt ab, an besagtem Nachmittag bei den Betonblöcken gewesen zu sein, war dabei äußerst zappelig und generell sehr unkooperativ. Das Verhör schien ein Spiel für sie zu sein und ihr Verhalten in dieser ernsten Situation eindeutig von TV-Dramen und Filmen beeinflusst. Als ein Telefon klingelte, fragte sie etwa: »Ist der Raum hier verwanzt?« Dann sprang sie auf und wollte gehen.

Als man ihr sagte, dass das nicht ginge, entgegnete sie: »Ich rufe ein paar Anwälte an, die holen mich hier raus! Das ist hier die reinste Gehirnwäsche.« Um 3:30 Uhr schickten sie Mary wieder nach Hause, ohne etwas Neues herausgefunden zu haben.

Dafür hatten die Ermittler inzwischen einige andere Dinge in Erfahrung gebracht, die den Verdacht gegen Mary und Norma erhärteten. Während sie ihre Befragungen durchführten, erinnerten sich die Polizisten daran, dass am 11. Mai 1968, nur 16 Tage vor dem Mord an Martin Brown, ein kleiner Junge [nennen wir ihn »John G«] schwer verletzt nahe der Kneipe »Delaval Arms« in Scotswood gefunden worden war. Er hatte stark geblutet und war in einem schlechten Zustand. Er hatte sich zwar rasch erholt, aber seine Verletzungen waren dennoch so massiv, dass Polizei und Notarzt gerufen worden waren. Gefunden worden war er von zwei Mädchen, der damals fast elfjährigen Mary Bell und Norma Bell. Am 12. Mai 1968, zwischen 11:30 Uhr und 11:55 Uhr, hatte Norma bei sich zu Hause gegenüber dem Ermittler Thompson folgende Aussage gemacht:

»Ich bin 13 Jahre alt und lebe mit meiner Mutter und meinem Vater in der Whitehouse Road Nummer 68, in Newcastle-upon-Tyne. Ich besuche die Whickham View Benwell Lower School.

Am 11. Mai 1968 habe ich um 13:30 Uhr mit meiner Freundin Mary Bell auf der Straße gespielt. Dort haben wir John G getroffen. Wir gingen mit ihm zum Laden am Ende der Delaval Road, um Süßigkeiten zu kaufen. Dann nahmen wir ihn mit rauf auf die Stufen an der Kreuzung Delaval und Whitehouse Road und sagten ihm, er soll heimgehen. Danach sind Mary und ich zu den alten Häusern in der Coanwood Road gelaufen und haben dort etwas Holz gesammelt, das wir dann nach Hause zu unseren Müttern gebracht haben.

Dann sind wir zum Parkplatz neben dem ›Delaval Arms‹ und haben dort gespielt.

Während wir da gespielt haben, hat Mary gesagt, dass sie Schreie aus Richtung der alten Schuppen neben dem ›Delaval Arms‹ gehört hat.

Wir sind über den Rasen gelaufen und durch den Maschendrahtzaun geschlüpft und haben John G in einer Grube hinter den Schuppen gefunden. Er hat am Kopf geblutet.

Wir sind zu ihm runtergesprungen und haben versucht, ihn hochzuheben, aber bekamen ihn nicht rauf auf den Rasen. Also sind wir aus der Grube geklettert und haben ihn an seinen Händen nach oben gezogen.

Wir haben einen Mann gerufen, der auf der Scotswood Road vorbeilief, aber der wollte uns nicht helfen. Dann sahen wir einen anderen Mann auf der Scotswood Road und haben den gerufen. Der hat John zum ›Delaval Arms‹ gebracht und kurz danach kamen die Polizei und der Notarzt.

Ich habe John vorher noch nie dort spielen sehen und ihn auch nie dorthin mitgenommen.«

Kurz zuvor, am 12. Mai 1968, zwischen 10:40 Uhr und 11:00 Uhr, hatte Mary Bell ebenfalls zu Hause ihre Aussage gegenüber dem Ermittler Thompson gemacht. Sie deckte sich praktisch komplett mit der von Norma Bell. Später am selben Tag schlugen Mary und Norma erneut zu.

Um 21:30 Uhr stellte Mrs. Watson aus der Woodlands Crescent, Nummer 48, Strafanzeige bei der Polizei, weil ihre siebenjährige Tochter Pauline und ihre beiden Freundinnen, die sechsjährigen Cindy Hepple und Susan Cornish, zwischen 16:30 Uhr und 17:30 Uhr im Sandkasten der Kindertagesstätte gespielt hatten und dort angeblich von einem von zwei älteren Mädchen attackiert worden waren.

Die Polizisten Lindreen und Charlton hatten folgende Aussage der kleinen Pauline aufgenommen:

»Das kleinere der beiden Mädchen [Mary Bell] sagte, ich soll aus dem Sandkasten rauskommen. Ich wollte aber nicht. Dann legte sie ihre Hände um meinen Hals und drückte ganz fest zu. Das größere Mädchen blieb hinter dem Holzhäuschen und spielte. Dann ließ das andere Mädchen meinen Hals los und machte dasselbe mit Susan. Daraufhin rannten Cindy, Susan und ich nach Hause. Das Mädchen, das meinen Hals gedrückt hat, hatte kurze Haare. Ich kenne das Mädchen nicht und habe es vorher noch nie gesehen.«

Am darauffolgenden Tag, dem fünften der Ermittlungen, wurde Norma erneut befragt und wieder hatte sie ihrer Geschichte etwas Neues hinzugefügt. Dieses Mal gab sie an, tatsächlich gesehen zu haben, wie Brian von Mary erwürgt worden war. Danach beschrieb sie, dass Mary dem Jungen eine Rasierklinge in den Bauch gedrückt habe, und malte ein Bild, um zu zeigen, wo sich die Wunden befanden. Dobson ließ Brians Leiche daraufhin erneut untersuchen. Es waren fünf schwache Wunden zu erkennen, die vielleicht ein »N« oder ein »M« darstellen konnten. Sie mussten der Leiche kurz nach dem Tod zugefügt worden sein, denn sie waren erst sichtbar geworden, als die Verwesung einsetzte. In den folgenden Tagen wurde Norma immer und immer wieder verhört, blieb aber bei ihrer Geschichte. Dobson sagte später: »Sie war entweder eine meisterhafte Lügnerin oder sie hat die Wahrheit erzählt.«

Am 7. August wurde Brian Howe beerdigt – ein extrem trauriges Ereignis, bei dem nicht nur seine Familie geweint hat. Mary Bell stand vor dem Haus der Howes, als der Sarg herausgetragen wurde. Dobson beobachtete, dass sie lachte und sich die Hände rieb, und erkannte schlagartig, wie gefährlich dieses Kind war. Er beschloss daraufhin, sie aufs Revier mitzunehmen. Als die Beamten um 16:30 Uhr kamen, um sie abzuholen, war ihre Mutter noch nicht zu Hause und ihr Vater unterwegs, sodass eine Krankenschwester ihre Aussage bezeugen musste.

Marys Version der Ereignisse glich im Grunde der von Norma, nur war bei ihr Norma die Mörderin. Ihre Geschichte war außerdem insgesamt viel dramatischer und Norma wurde darin zu einer prahlenden Schurkin, die ständig mit bedrohlichen Sprüchen wie »Das war der Erste, aber es wird nicht der Letzte gewesen sein!« angegeben hatte. Marys Aussage war auch detaillierter als die ihrer Freundin. So behauptete sie, dass Norma Brians Kopf auf ein Stück Holz geschlagen habe und die Schärfe der Rasierklinge demonstriert habe, indem sie einen Teil ihres Kleids damit abgetrennt habe. Dieses perfekt einstudierte, aber völlig übertriebene Schauspiel brachte Mary schließlich zu Fall.

Während des Verhörs musste Dobson auch an Martin Brown, den anderen kleinen Jungen, denken. Er beschloss, Mary damit zu konfrontieren, dass er sie und Norma verdächtigte, die Notizen geschrieben zu haben, die nach dem Einbruch in der Kindertagesstätte gefunden worden waren. Als sie dies plötzlich gestand, ließ Dobson es erst einmal dabei bewenden. Um 20:00 Uhr teilte er Mary und Norma mit, dass er sie nun wegen des Mordes an Brian Howe verhaften würde. Mary meinte nur: »Einverstanden«, und wurde später offiziell angeklagt. Weiter sagte Mary nichts, während Norma weinte: »Ich niemals!«

Die beiden Mädchen verbrachten ihre erste Nacht in Haft auf der Polizeiwache im Newcastle West End. Für die Polizisten, die für ihre Bewachung zuständig waren, war das eine verstörende Erfahrung. Sie wussten natürlich, weshalb die beiden angeklagt waren, aber sie waren auch noch so jung! Dobson brachte ihnen Tee und Fish and Chips. Mary verbrachte eine schlaflose Nacht, weil sie Angst hatte einzunässen und nur kaputte Schuhe für ihren Gerichtstermin am nächsten Tag hatte.

Norma wurde für die Untersuchungshaft nach Carlisle und Mary nach Croydon geschickt. Während der Zugfahrt nach Süden verriet Mary ihre größte Sorge: »Ich hoffe, Mama muss keine Strafe zahlen.« Sie war sich offenbar nicht wirklich bewusst, in welchen Schwierigkeiten sie steckte. Am 26. August wurde Norma gegen Kaution freigelassen und durfte die dreieinhalb Monate bis zur Verhandlung unter medizinischer Aufsicht der Psychiater des Prudhoe Monkton Mental Hospital in der Nähe von Newcastle verbringen. Mary wurde in Seaham eingewiesen, wo sie von vier Psychiatern untersucht wurde.

VERHANDLUNG UND NACHSPIEL

Der Prozess von Mary Bell begann am 5. Dezember 1968 in der Moot Hall von Newcastle, einem kommunalen Versammlungsgebäude, das man absichtlich gewählt hatte, um die bedrohliche Atmosphäre eines Gerichtssaals zu vermeiden. Während der Verhandlung sagte Mary: »Wenn das hier alles vorbei ist, haue ich ab und lebe bei meiner Oma in Schottland.«

Die Mädchen saßen direkt vor ihren Eltern, die ihnen beistehen konnten, wenn es ihnen zu viel wurde. Der Gerichtsschreiber war direkt neben ihnen positioniert, sodass er alles gut verstehen konnte, selbst wenn die Kinder nur im Flüsterton sprachen.

Der Richter, Sir Ralph Cusack, achtete darauf, die Mädchen nicht einzuschüchtern, und verlor nie seine Beherrschung. Dennoch war die Belastung für die Mädchen spürbar. Norma war unruhig und konnte sich nicht darauf konzentrieren, was gesagt oder was sie gefragt wurde. Häufig saß sie nur mit offenem Mund da und träumte vor sich hin. Wenn sie hinhörte, brach sie oft in Tränen aus oder sah sich im Saal ängstlich nach wohlwollenden Blicken oder Bestätigung um.

Ganz anders Mary Bell. Sie war die gesamte Zeit über hellwach und hörte allem aufmerksam zu, selbst fachlichen Gutachten. Ihr Gesichtsausdruck war stets konzentriert – jedoch völlig emotionslos. Nur gelegentlich blitzte Wut auf ihrem Gesicht auf. An ihren Fingern konnte man allerdings erkennen, wie nervös sie tatsächlich war. Sie spreizte sie weit auseinander wie bei einem nervösen Tick oder steckte sie sich in den Mund. Einige Zeugen sagten später, sie habe ausgesehen, als hätte sie vor Wut innerlich gekocht.

Die Sympathie des Gerichts galt Norma und ihrer Familie, die ruhig hinter ihrer Tochter saßen und ihr ab und die Hand reichten, um sie zu unterstützen. Ob fair oder nicht, Marys Mutter wurde dieses Mitgefühl nicht zuteil. Durch ihre schäbige blonde Perücke, das starke Make-up, ihre dramatischen Auftritte und ständigen Gefühlsausbrüche verärgerte sie das Gericht und selbst Marys Vater schien sie zu ignorieren. Er saß während des gesamten Prozesses gekrümmt und still auf seinem Platz.

Der Prozess dauerte nur kurz. Am 7. Dezember, einem typischen trostlosen Wintertag in Newcastle, wurde das Urteil verlesen: Norma wurde freigesprochen, Mary aufgrund verminderter Schuldfähigkeit des zweifachen Totschlags für schuldig befunden. Der Richter war gnädig mit Mary, als er ihr Strafmaß verkündete. Sie musste währenddessen nicht aufstehen und er machte klar, dass eine Gefängnisstrafe für ein so junges Kind nicht infrage käme. Er konnte sie allerdings auch in keine psychiatrische Klinik einweisen, da es einfach keine Einrichtung gab, die eine so junge Patientin aufnehmen konnte. Deshalb verurteilte er sie zu lebenslangem Arrest. Zeitlich begrenzen konnte er den Arrest nicht, denn seine oberste Aufgabe als Richter war es, die

Gesellschaft zu schützen – und Mary Bell hatte gezeigt, dass sie nicht nur gefährlich, sondern obendrein eine Lügnerin war. Trotz ihres zarten Alters war sie bereits eine mordende Psychopathin und damit eine angehende Serienkillerin.

Innenminister James Callaghan musste nun entscheiden, was genau mit ihr geschehen sollte. Zunächst steckte man sie in die Cumberlow Lodge in London, eine Jugendstrafanstalt. Im Februar 1969 wurde sie dann in ein Erziehungsheim in Lancashire geschickt. Zwei Jahre später kam sie in den offenen Vollzug eines Gefängnisses. Im Alter von 20 (einige sagen, sie sei erst 17 gewesen) floh sie gemeinsam mit einem anderen Mädchen namens Annette Priest aus der Haftanstalt Moor Court. Nach drei Tagen wurde das Duo geschnappt. Während der kurzen Zeit in Freiheit trafen sie sich mit einigen jungen Männern und Mary Bell behauptete später, sie habe damals ihre Jungfräulichkeit verloren.

Bell ist natürlich kein Einzelfall. Es wird immer einige wenige psychisch extrem gestörte Kinder geben, die man durchaus als Psychopathen bezeichnen kann, weil sie gewalttätig, dissozial, ungeliebt und unfähig sind, selbst Liebe zu empfinden. Im Jahr 1907 entwickelte der österreichische Psychoanalytiker August Aichorn das Konzept der »Milieutherapie«, in deren Rahmen dissoziale Kinder in geschlossenen Einrichtungen oder Lebensgemeinschaften auf liebevolle Weise betreut werden. Bell wurde einige Zeit in dem Red-Bank-Erziehungsheim in Newton-le-Willows, Lancashire, untergebracht. In diesem Heim versuchte man, die Art von Betreuung anzubieten, die Aichorn im Sinn gehabt hatte. Bell kam in eine spezielle Gruppe mit den nötigen Sicherheitsmaßnahmen, trotzdem war die Situation nicht ideal. Alle anderen Jugendlichen dort waren Jungs, zudem gab es für Bell keine psychiatrische Behandlung.

Im Juni 1970 bewies Bell, dass eine Katze das Mausen niemals lässt. Sie beschuldigte einen der Heimangestellten, sie sexuell missbraucht zu haben. Der Mann wurde wenig später entlastet, Bell hatte den Vorfall nachweislich frei erfunden.

Es lässt sich nicht abstreiten, dass nach bestem Wissen und Gewissen versucht wurde, dieser Doppelmörderin die bestmögliche Betreuung zukommen zu lassen.

Manch einer mag argumentieren, es sei geradezu ungeheuerlich, dass einem Kind, das derart furchtbare Verbrechen verübt hat, eine solche Zuwendung zuteilwird. Eine von Bells Tanten sagte einmal ganz ohne Groll: »Mary bekommt wahrscheinlich eine bessere Schulbildung, als unsere Kinder sie je haben werden.«

Bell wurde 1980 aus der Haftanstalt Askham Grange entlassen. Man gestattete ihr, ihren Namen zu ändern. 1984 bekam sie eine Tochter und ist Berichten zufolge inzwischen Großmutter. Bestsellerautorin Gitta Sereny hat mit ihr zusammen das Buch *Schreie, die keiner hört. Die Lebensgeschichte der Mary Bell, die als Kind tötete* geschrieben, das 1998 veröffentlicht wurde. Bell soll dafür 50 000 Pfund kassiert haben. Das Buch hat – wie alle Autoren – gemischte Kritiken erhalten.

Norma Bell wurde unter psychiatrische Beobachtung gestellt, kehrte nach einem kurzen Urlaub mit einem ihrer Brüder aber in die Schule zurück und führte ein Leben, das weitgehend normal war. Ihr aktueller Status ist unbekannt. Mary Bell ist allerdings noch am Leben und könnte vielleicht in Ihrer Nachbarschaft wohnen!

Wie Sie sich vorstellen können, war der Fall Mary Bell von ihrer Verhaftung wegen des Doppelmords 1968 an ständig in den Schlagzeilen. Kein Wunder, denn ihre Geschichte fasziniert. Schließlich ist sie, zum Zeitpunkt der Entstehung dieses Buchs, noch immer die jüngste angehende Serienmörderin in der Geschichte Großbritanniens und der USA. Denn alles deutet darauf hin, dass sie – wäre sie nach dem Mord an Brian Howe nicht verhaftet worden – wieder getötet hätte.

Da waren sich alle Psychiater, die in Bells Prozess gehört wurden, einig. Bell mordete nicht aus Furcht, Eifersucht oder Hass, sondern, laut Aussage der Experten, »motivlos«. Ein Verbrechen ohne Motiv gibt es aber eigentlich nicht, jedes Verbrechen wird aus einem bestimmten Grund verübt. Ich würde sogar noch weiter gehen: Für alles, was wir im Leben tun, gibt es einen Grund. Wir kaufen Lebensmittel, um unseren Hunger zu stillen. Wir lassen unsere Autos durchchecken und reparieren, weil wir sie für unsere Mobilität benötigen, und so weiter.

Wie all die anderen Mörderinnen in diesem Buch, zeigte/zeigt Mary Bell alle Merkmale einer psychopathischen/soziopathischen Persönlichkeitsstörung. Sie war aggressiv, sehnte sich nach Aufregung und war nicht, wie Sie und ich, in der Lage, sanftere Emotionen wie Liebe oder Zuneigung zu spüren, genauso wenig wie Reue.

Die Morde an den beiden kleinen Jungen erschienen ihr nicht schlimmer als die Grausamkeiten, die sie all den erdrosselten Vögeln und kleinen Tieren angetan hat, wie sie in ihren Gesprächen mit Psychiatern vor ihrem Prozess zugab. Dieses Verhalten, die Freude am Quälen und Töten kleiner Tiere, beobachten wir bei Psychopathen häufig. Viele Serienmörder weisen als Kind ein ähnliches Verhalten auf.

Mary war eindeutig schon im Alter von zehn oder elf Jahren extrem manipulativ und gefährlich. Besonders spannend finde ich an ihrem Fall aber, dass ihre vorangehenden Taten im Grunde unterbewusste Hilferufe waren, weil sie unter der Aufsicht von Erwachsenen stattfanden. In der Schule kniff oder trat sie offen andere Kinder, erdrosselte Tauben und hat einmal sogar versucht, ein kleines Baby vor den Augen ihrer Verwandten zu erwürgen. Doch nichts passierte. Als sie die kleinen Mädchen im Sandkasten angriff, wurde sie von der Polizei nur weggeschickt – nichts weiter.

Den Mord an Martin Brown hat sie zwar in einem verlassenen Abrisshaus begangen. Sie hinterließ später aber prahlerische Botschaften beim Einbruch in den Kindergarten. Vor Gericht nach dem Grund dafür befragt, machte sie Norma dafür verantwortlich und versuchte anschließend auch, Norma die beiden Morde in die Schuhe zu schieben. Diese war geistig offenbar so eingeschränkt, dass sie Bell wie ein Hündchen hinterherlief. Mary Bell war eine meisterhafte Manipulatorin, die das Katz-und-Maus-Spiel mit der Polizei in vollen Zügen genoss, was ebenfalls ein Merkmal für eine ausgereifte psychopathische Persönlichkeit ist.

Zudem hat sie gegenüber den Polizistinnen, die sie in der Zeit zwischen Verhaftung und Prozess bewacht haben, zwei »Geständnisse« abgelegt. Das erste, als eine Katze vor dem Fenster ihres Zimmers auftauchte. Eine Beamte erlaubte ihr, das Tier reinzulassen, musste es kurz darauf aber aus dem Würgegriff des Mädchens befreien. Auf die Rüge der Polizistin antwortete Bell nur: »Ach, die spürt das doch gar nicht. Und überhaupt, ich tue so kleinen Dingern, die sich nicht wehren können, gerne weh.«

Das zweite »Geständnis« machte sie, nachdem sie den Wunsch geäußert hatte, selbst einmal Polizistin zu werden. Als eine der Beamtinnen sagte: »Die Chance hast du verspielt«, lautete Bells Antwort: »Dann wäre ich gern Krankenschwester. So könnte ich andere mit Nadeln stechen … es macht mir Spaß, anderen wehzutun.«

Haben wir nicht bei allen Mörderinnen in diesem Buch erkennen können, dass sie über keinerlei Gewissen verfügen? Ich habe bisher noch keinen Serienmörder getroffen – ob männlich oder weiblich –, auf den diese goldene Regel nicht zugetroffen hätte. Sie alle sind sadistische Monster, wie immer man es drehen oder wenden mag.

Über die Jahre wurde eine Reihe mildernder Umstände für das Verhalten der kleinen Mary Bell vorgebracht, etwa ihre zerrüttete Kindheit, die ihre bösartigen Verbrechen ausgelöst hat. Liberaler eingestellte Stimmen meinten sogar, dass auch ihr Lebensumfeld in gewisser Weise für ihr extrem dissoziales Verhalten verantwortlich war. Es stimmt, dass der Zusammenbruch der Schwerindustrie und das Schließen der vielen Kohleminen und Schiffswerften im Großraum Newcastle dazu führte, dass die Stadt im Jahr 1969 eine der höchsten Arbeitslosenquoten in ganz Großbritannien aufwies. Gleichzeitig war auch die Kriminalitätsrate dort am höchsten (32 882 angezeigte Straftaten bei nur 250 000 Einwohnern) und nirgendwo sonst gab es mehr Alkoholiker.

Und in Stadtteilen wie Scotswood war die Situation noch viel schlimmer. Jeder zweite Mann hatte dort keinen Job. Hinter den soliden viktorianischen Fassaden der Häuser standen oftmals kaum noch Möbel und viele Familien hatten keine Kohle für ihren Ofen (weshalb Mary und Norma auch Feuerholz sammelten) oder kein Geld für Strom. Die meisten Haushalte waren bis über beide Ohren verschuldet, sodass ständig Geldeintreiber an die Türen hämmerten und auf die wöchentlichen Rückzahlungen von Krediten pochten. All das waren in der Tat ganz schreckliche Umstände – und dennoch muss ich auch hier wieder sagen: Na und? Wenn die 250 000 Einwohner von Newcastle mehr oder weniger alle im selben Boot saßen und es den Leuten in Scotswood ganz besonders schlecht ging, warum ist Mary Bell dann als einziges Kind aus dem Viertel zur Doppelmörderin geworden?

Zumal Scotswood durchaus auch seine guten Seiten hatte. Es gab beispielsweise die Kindertagesstätte Woodlands Crescent mit einem Spielplatz und einem Sandkasten, in der sich Erzieher um all die Kinder jener Mütter aus der Nachbarschaft kümmerten, die sich mit Arbeit etwas dazuverdienen mussten. Und die Straßen von Scotswood waren, trotz aller Widrigkeiten im Viertel, herzliche und lebhafte Orte der Begegnung, wo Kinder nach Lust und Laune frei und sicher herumtoben konnten und jeder jeden kannte. So gesehen war die Gegend für Kinder damals ein sicherer Ort zum Spielen, als sie es in der heutigen Zeit wäre, in der wir unseren Nachwuchs keinen Moment aus den Augen lassen, weil die Gesellschaft, in der wir leben, einfach nicht mehr dieselbe ist.

Was Mary Bells Mordmotiv angeht, das ist schnell erklärt: Sie hat die beiden Jungen getötet, weil sie vorher schon Freude daran gefunden hat, kleine, hilflose Tiere zu quälen. Es hat ihr Spaß bereitet, sie zu manipulieren und zu kontrollieren. Schon die Vorstellung, sich ein hilfloses Opfer zu suchen, gab ihr einen Kick – wie es bei vielen Serienmördern der Fall ist – und sie spürte einen regelrechten sadistischen Rausch, wenn sie ihnen beim Sterben zusehen konnte. Hinterher prahlte sie stolz mit ihren Taten, ohne die kleinste Spur von Reue. Sie war sich ihrer Sache derart sicher, dass sie sogar Spielchen mit der Polizei trieb.

Zum Zeitpunkt der Entstehung dieses Buchs ist Mary Bell 60 Jahre alt. Möglicherweise hat das Alter sie zum Guten verändert. Falls ja, wäre es vielleicht an der Zeit, vor die Öffentlichkeit zu treten und sich aufrichtig für die schrecklichen Taten zu entschuldigen, die sie vor so vielen Jahren begangen hat. Ich bezweifle allerdings stark, dass sie das tun wird.

Eva Dugan

Die 52-jährige ehemalige Krankenschwester Eva Dugan war eine verurteilte Gift- und Serienmörderin, die am 21. Februar 1930 um 5:02 Uhr im Staatsgefängnis von Arizona auf spektakuläre Weise gehängt wurde. Das Ereignis markierte den Anfang vom Ende der Hinrichtungen am Galgen in dem US-Bundesstaat. Als Dugan durch die Falltür fiel und das Seil sich straffte, gab es einen so heftigen Ruck, dass es ihr den Kopf abriss und dieser den geschockten Zuschauern vor die Füße rollte. Dasselbe geschah übrigens bei der Hinrichtung von Saddam Husseins Handlanger Ali Hasan al-Madschid, einem irakischen General und Verteidigungsminister, der aufgrund seiner Kriegsverbrechen den Beinamen »Chemie-Ali« trug. Al-Madschid wurde am 25. Januar 2010 gehängt und auch sein Kopf wurde dabei abgetrennt und fiel den anwesenden Zuschauern vor die Füße – nur dass die darüber nicht geschockt, sondern hocherfreut waren.

Derartige Dinge sollten bei einer korrekten Durchführung eigentlich nicht passieren. Dennoch entspann sich nach Dugans grausamer Hinrichtung eine breite Debatte über »humanere« Formen der Exekution. Etwa die damals gerade entwickelte Gaskammer, die – selbstverständlich – absolut nicht »human« ist, durch die damals aber viele den offenbar unzuverlässigen Galgen mit seinen oft kaum geschulten Henkern ersetzen wollten. Und so wurde in Arizona ab dem 28. Oktober 1933 nur noch mit Gas hingerichtet.

Aber lassen Sie mich zum Fall Dugan kommen, der simpel und grausam zugleich ist: Dugan hatte im Januar 1927 begonnen, als Haushälterin für den 60-jährigen Andrew J. Mathis zu arbeiten, einen Hühnerzüchter aus Tucson. Nach nur zwei Wochen wurde sie allerdings schon wieder gefeuert. Kurz darauf verschwand Mathis und mit ihm sein Wagen, ein Dodge Coupe, und einige persönliche Gegenstände. Nachbarn gaben an, dass ihnen einige dieser Gegenstände von Dugan zum Kauf angeboten worden waren. Als die Polizei versuchte, Dugan dingfest zu machen, musste sie jedoch feststellen, dass sie nicht aufzufinden war. Das Verschwinden von Andrew Mathis kommentierte ein Nachbar folgendermaßen: »Seltsam, dass er nach Kalifornien abhaut, ohne jemandem Bescheid zu sagen.« Und Sheriff Jim McDonald meinte zu einem Reporter der örtlichen Tageszeitung: »Schon komisch, dass Mathis einfach so verschwunden ist. Aber gut, alte Männer machen eben manchmal komische Sachen.«

Das Rätsel lösen sollte Jim McDonald, der Sheriff von Pinal County. Da Dugan seine Hauptverdächtige war, nahm er sie gründlich unter die Lupe. Dabei stellte er fest, dass sie bereits fünfmal verheiratet gewesen war und all ihre Ehemänner unter mysteriösen Umständen verschwunden waren. Es war höchste Zeit, dass ihr das Handwerk gelegt wurde.

Sheriff McDonald war eine Legende, ein Mann wie ein Filmheld aus der damaligen Zeit, groß, schlank und mit einem weißen Sombrero. Er stattete der Mathis-Ranch einen Besuch ab, fand aber nichts Verdächtiges, außer dass ein Hörrohr (Mathis hörte schlecht) und eine Schatulle mit Bargeld fehlten. Nachbarn erzählten ihm, dass Dugan bei ihnen angerufen hatte, weil sie das Eigentum ihres angeblichen Lebensgefährten verkaufen wollte, der – so ihre Behauptung – nach Kalifornien umgezogen sei. Daraufhin fuhr McDonald zur Bank des Vermissten nach Tucson. Wer umzieht, braucht Geld, so der Gedanke des Sheriffs. Doch wie sich herausstellte, war Mathis' Konto nicht angerührt worden, weder war etwas eingezahlt noch abgehoben worden. Für McDonald war klar, dass hier etwas nicht stimmen konnte.

Dugan hatte bereits einen bequemen Vorsprung vor der Polizei und versuchte nun, ihre Verfolger abzuschütteln. Doch dabei beging sie einen gravierenden Fehler: Sie schrieb Postkarten an ihre Freunde, die erste aus Douglas, Arizona. Dann fuhr sie ostwärts weiter und hielt in Texas, Oklahoma und Kansas City, wo sie den Dodge für 600 Dollar verkaufte und nach White Plains in New York weiterzog (wo eine Tochter lebte) und eine Stelle als Krankenschwester antrat. Dort wurde sie von der örtlichen Polizei endlich festgenommen. Im Verhör versuchte sie, die Ermittler zu täuschen und meinte: »Der Alte ist in Kalifornien. Eines Tages kommt der wieder und dieser Sheriff wird wie ein Trottel dastehen.«

Dugan war nun zwar verhaftet, aber McDonald hatte dennoch ein Problem: Sie befand sich in einem anderen Bundesstaat und konnte per Gesetz nicht wegen einer Mordanklage nach Arizona ausgeliefert werden. Deshalb entschied er sich dafür, sie wegen des Diebstahls von Mathis' Wagen anzuklagen. Diebstahl wiegt zwar weniger schwer als Mord, war aber eine auslieferungsfähige Straftat. So konnte er sicherstellen, dass Dugan in seinen Zuständigkeitsbereich überführt wurde und dort unter Beobachtung blieb, bis er seine Ermittlungen zum vermissten Hühnerzüchter Mathis abgeschlossen hatte. Am 4. März 1927 wurde Dugan in Handschellen nach Arizona zurückgebracht.

Etwa neun Monate später wurde Mathis' Leiche durch einen unglaublichen Zufall in einem flachen Grab auf seinem Grundstück entdeckt. Während ein gewisser Mr. J. F. Nash in seinem Wohnwagen auf Mathis' Ranch übernachtete, fegte in der Nacht ein Sturm über das Gelände. Als Nash am nächsten Morgen den Wohnwagen verließ, grinste ihn ein Totenschädel dämonisch an. Laut einer anderen Geschichte fand Nash Mathis' Skelett, als er einen Hering für sein Zelt in den Boden trieb. Ich tendiere eher zur ersten Version, da Nash in einem Wohnwagen unterwegs war und eigentlich kein Zelt aufstellen musste. Das – wie auch immer – gefundene Skelett war ganz mit Kalk verkrustet und hatte einen Knebel zwischen Ober- und Unterkiefer gepresst. Anhand der Zahnprothese konnten die Überreste des Mannes identifiziert werden.

Bis Dugan das Datum ihrer Hinrichtung erfuhr, dauerte es drei Jahre, in denen sie mehrmals erfolglos Einspruch gegen das Urteil einlegte und Zeitungsreportern für 1 Dollar Honorar Interviews gab. Angeblich sparte sie Geld für ihren eigenen Sarg zusammen, indem sie kunstvoll bestickte Seidentaschentücher verkaufte, die sie in ihrer Zelle anfertigte. Das scheint allerdings nicht gereicht zu haben. Einen ihrer letzten Briefe schrieb sie nämlich an einen Freund und bat ihn darin, ihr Geld zu senden, damit sie ihre Rechnung beim Bestatter davon bezahlen konnte: »Werde Freitag sterben STOP Sende 50 Dollar STOP Werde in Florence beerdigt STOP Eva

ENDE.« Zudem wurde behauptet, Dugan habe eine Parzelle auf einem Friedhof in der Nähe erworben, was allerdings nicht stimmte. Sie wurde an Grabstelle #14960330 auf dem Friedhof des Staatsgefängnisses von Arizona in Florence beerdigt.

Am Abend ihrer Hinrichtung sagte sie einem Reporter der Zeitung *The Arizona Republic:* »Ich werde mit einem reinen Gewissen vor meinen Schöpfer treten.«

Dugan blieb offenbar bis zum Schluss Optimistin und war überzeugt, der Schlinge des Henkers noch entgehen zu können. Als sie im Frauenblock des Gefängnisses abgeholt und zur Hinrichtungsstelle gebracht wurde, sagte sie: »Der Justizminister ist sicher gerade auf seinem Weg hierher.« War er aber nicht. Flankiert von zwei Wärtern, darunter einem Senior mit Namen »Daddy Allen«, stieg sie langsam die Stufen zum Galgen hinauf und wirkte dabei gefasst. »Halten Sie meine Arme nicht so fest, die Leute denken sonst, ich hätte Angst«, meinte sie.

Beim Anblick der 75 anwesenden Zeugen schwand ihr Mut jedoch und sie schwankte leicht. Sie trug ein schickes perlenbesetztes Seidenkleid, das sie in der Zeit, während sie auf ihre Hinrichtung wartete, genäht hatte. Dugan schloss die Augen und schüttelte den Kopf, als Gefängnisdirektor Lo Wright sie fragte, ob sie noch letzte Worte sagen wolle. Dann stürzte sie durch die Klappe in den Tod – als erste und letzte Frau, die im Bundesstaat Arizona je gehängt wurde.

Weitere abscheuliche Mörderinnen

LAFONDA FAY FOSTER UND TINA HICKEY POWELL

Die Opfer dieses Killer-Pärchens waren Carlos Kearns (73), Virginia Kearns (45), Trudy Harrell (59), Jimmy Roger Keene (47) und Theodore Sweet (52).

Das mörderische Duo besaß eine Menge kriminelle Erfahrung, beide hatten im Frauengefängnis Kentucky Correctional Institution for Women eingesessen, unter anderem wegen Drogenhandel, Raub, Urkundenfälschung, Betrug und dem verdeckten Tragen einer tödlichen Waffe, bevor sie schließlich zu Massenmörderinnen wurden.

Die 22-jährige drogensüchtige Prostituierte LaFonda Fay Foster und ihre Komplizin, die 27-jährige Tina »Marie« Hickey Powell wurden dafür verurteilt, nach einem fünftägigen Alkohol- und Kokainrausch fünf Bekannte getötet zu haben.

Das Unheil nahm am 23. April 1986 seinen Lauf, als den beiden das Geld für neue Drogen ausging. Sie fuhren deshalb zum Haus einer Freundin und zwangen sie und ihre Mutter, die Haushälterin und zwei Freunde des Ehemanns mit einer Pistole, mit ihnen zu kommen und einen Scheck einzulösen.

Nachdem sie anschließend einige Stunden lang durch den Ort Lexington gefahren waren, forderten Powell und Foster ihre fünf Geiseln mit vorgehaltener Waffe dazu auf, aus dem Wagen zu steigen und sich flach auf den Rasen zu legen. Zwei der Opfer erschossen sie gleich dort, eines davon starb erst, nachdem es »über eine beträchtliche Distanz hinweg« von dem Fahrzeug mitgeschleift worden war.

Danach hielten die beiden Mörderinnen an einer Bar und kauften mehr Munition, bevor sie zu einer Laderampe hinter einem Farbengeschäft fuhren. Dort erstachen und erschossen sie ein weiteres Opfer und überfuhren es anschließend noch mit dem Wagen. Einige Stunden später nahmen sie die beiden verbliebenen Geiseln mit zu einem verlassenen Feld, schossen ihnen in die Köpfe, stachen mehrfach auf sie ein, schnitten ihnen die Kehlen durch und überfuhren auch sie mit dem Auto, das sie danach mit einer der Leichen darin anzündeten.

Im Prozess waren beide Frauen geständig. Weil Powell behauptete, sie sei von Foster gezwungen worden, die Morde zu begehen, empfahl die Jury für sie eine lebenslange Haftstrafe. Powell, Mutter von vier Kindern und Fosters lesbische Liebhaberin, war zum Zeitpunkt der Morde Ende 20. Sie behauptete, sich an die Taten nicht mehr erinnern zu können, da sie seit Wochen durchweg getrunken und Drogen genommen hatte. Eine Messung ihres IQ ergab einen Wert von 78, was an geistige Behinderung grenzt. Sie wurde verurteilt und in die Kentucky Correctional Institution for Women (KCIW) in Pee Wee Valley, Shelby County, geschickt, wo sie bis heute einsitzt.

Foster wurde von der Presse damals als »38-jährige Schönheit« betitelt und von Richter James Keller am Gericht von Fayette County zum Tode verurteilt. Ihre Hinrichtung war für den 22. April 1988 angesetzt, am 24. April 1987 wandelte man ihre Todesstrafe jedoch in lebenslange Haft um. Sie ist aktuell im Western Kentucky Correctional Complex (WKCC) in Fredonia inhaftiert.

Fosters und Powells furchtbare Taten erreichten traurige Berühmtheit als der grausamste Massenmord in der Geschichte Kentuckys und wurden landesweit bekannt, nachdem Drehbuchautor und Regisseur Jeremy Horton die schrecklichen Morde in seinem 1997 produzierten Thriller *100 Proof* verarbeitet hatte.

BRITTANY MARLOWE HOLBERG

Brittany Holberg wurde am 1. Januar 1973 geboren und wuchs im Potter County auf. Die 1,65 Meter große und 57 Kilo schwere Frau mit der attraktiven Figur, braunen Haaren und grünen Augen war wegen Drogenmissbrauchs verurteilt und am 1. September 1996 wieder aus der Haft entlassen worden, nachdem sie ein entsprechendes Hilfsprogramm erfolgreich abgeschlossen hatte.

Es dauerte allerdings nicht lange, bis sie ihr nächstes Verbrechen beging – und dieses Mal war es Mord.

Am 13. November 1996 raubte die erst 23-jährige Holberg den 80-jährigen A. B. Towery Sr. in seinem Haus im Südwesten von Amarillo aus und ermordete ihn. Dieses Verbrechen war derart monströs, dass ich es einfach in dieses Buch aufnehmen musste. Folgende Waffen verwendete Holberg dabei: eine schwere gusseiserne Bratpfanne, ein Gemüsemesser, ein Bügeleisen, ein Schlachtermesser, einen Grapefruitlöffel und ein Tranchiermesser. Außerdem rammte Holberg ihrem Opfer einen metallenen Kerzenständer mehr als zwölf Zentimeter tief in die Kehle. Ein eindeutiger Fall von Übertötung. Dennoch gab es – auch wenn es mich schmerzt, das zuzugeben –, mildernde Umstände für Holberg. »A. B.« wurde damals als hilfloser älterer Herr dargestellt, war womöglich aber alles andere als das.

Die hübsche Brittany arbeitete als Stripperin und Prostituierte. Towery war einer ihrer Freier und drehte völlig durch, als er eine Crackpfeife bei ihr fand. Er rastete dermaßen aus, dass er ihr erst mit einer gusseisernen Pfanne auf den Kopf schlug, während sie ihm den Rücken zudrehte, und sie anschließend mit einem Messer bedrohte. So lautete zumindest ihre Verteidigung. Aber stimmte die Geschichte auch?

Laut Staatsanwaltschaft befand sich A. B. Towery an jenem schicksalhaften Nachmittag des 13. November gerade auf dem Heimweg von einem Lebensmittelgeschäft, als Holberg ihn bat, sein Telefon benutzen zu dürfen. Sobald sie die Wohnung betreten hatten, soll es zu einem Kampf gekommen sein, in dessen Verlauf Towery 58 Stichwunden und mehrere Verletzungen durch stumpfe Gewalteinwirkung davontrug. Der Staatsanwalt behauptete sogar, die schwer drogenabhängige Brittany Holberg sei »high« gewesen, als sie die Tat begangen habe. Anschließend soll sie geduscht und saubere Kleidung des inzwischen Toten angezogen haben und mit 1400 Dollar vom Tatort geflüchtet sein. Später am selben Tag kaufte sie Drogen-Nachschub. Towerys Sohn Rocky fand den leblosen Körper seines Vaters am darauffolgenden Morgen um 7:45 Uhr. Der Fuß des Kerzenständers ragte ihm aus dem Mund, ein Messer steckte in seinem Bauch und die leere Brieftasche lag offen auf seiner Leiche.

Brittany Holberg versuchte ihre Verurteilung aufgrund verschiedener Details mehrfach anzufechten, hauptsächlich indem sie behauptete, nichts vom Eigentum ihres Opfers gestohlen zu haben, was in Texas in Kombination mit Mord ein Kapitalverbrechen wäre, auf das die Todesstrafe steht. Ihr Argument lautete, es gäbe keinerlei Beweise dafür, dass sie die Brieftasche des Opfers auch nur angerührt habe. Und fairerweise muss man sagen, dass tatsächlich weder DNA- noch Blutspuren auf dem Portemonnaie gefunden wurden, die belegen konnten, dass Holberg es geplündert hatte.

Außerdem begründete sie ihren Einspruch damit, keine »sieben bis zehn« Fläschchen Medizin entwendet zu haben, wie im Urteil behauptet, was ebenfalls Diebstahl gewesen wäre. Und in der Tat hatten die Ermittler bei der Durchsuchung der Wohnung des Opfers mehrere leere Medizinfläschchen entdeckt.

Nach texanischem Recht begeht man einen Raub, wenn man im Rahmen eines Diebstahls und mit der Absicht, sich fremdes Eigentum anzueignen oder die Kontrolle darüber zu erlangen, einer anderen Person absichtlich, wissentlich oder fahrlässig körperlichen Schaden zufügt. Diebstahl wiederum bedeutet das unrechtmäßige Aneignen fremden Eigentums mit der Absicht, dieses Eigentum seinem eigentlichen Besitzer zu entziehen. Um einen Diebstahl nachzuweisen, muss also das Tatmerkmal Habgier erfüllt sein, während es für den Straftatbestand Raub genügt, wenn der Verdächtige im Begriff war, einen Diebstahl auszuführen.

Da Brittany Holberg zum Tode verurteilt worden war, weil sie A. B. Towery zum Zweck eines Raubs ermordet hatte, der ihr allerdings nicht zweifelsfrei nachgewiesen werden konnte, hob das Berufungsgericht von

Texas ihr Todesurteil am 2. April 2014 wieder auf. Welche Version des Tathergangs stimmt, werden wir wohl nie erfahren – vermutlich liegt die Wahrheit irgendwo in der Mitte.

Obwohl das erkennungsdienstliche Foto aus dem Gefängnis ihr nicht gerade schmeichelt, weil die Haftbedingungen im Todestrakt den Insassen buchstäblich das Leben aussaugen – wie es auch bei Aileen Wuornos gewesen ist –, muss ich zugeben, dass Häftling #999258, Brittany Holberg, als ich sie persönlich im Gefängnis getroffen habe (am selben Tag wie Lee und Darlie Routier, von denen Letztere ihre beiden jungen Söhne getötet hat), dennoch die attraktivste Frau aus allen amerikanischen Todestrakten ist. Sie ist in der Haftanstalt Mountain View Unit in der 2305 Ransom Road in Gatesville, Texas, inhaftiert. Mit ihr im selben Trakt sitzen: #999406 Linda Carty, #9992200 Darlie Routier, #999144 Erica Sheppard, #999572 Kimberly Cargill und #999537 Melissa Elizabeth Lucio.

Zum Zeitpunkt der Entstehung dieses Buchs stand für keine dieser Frauen ein Hinrichtungstermin fest. Und selbst wenn jener schicksalhafte Tag irgendwann kommen sollte, welchen Zweck soll er überhaupt erfüllen?

Und falls Sie nun glauben, noch bösartiger und grausamer könnte keine Frau sein, dann täuschen Sie sich. Lesen Sie einfach weiter.

KELLY »GINNY« O'DONNELL

»Er [das Opfer] war widerlich. Einmal hat er seinen Penis herausgeholt und an mir gerieben.«

(Kelly O'Donnell in ihrem Verhör bei der Polizei)

»Ich war so high, das können Sie sich gar nicht vorstellen. Ich wollte das nicht. So war ich nicht. Ich weiß noch, dass ich ihn mit einem Hammer geschlagen habe, aber ich weiß nicht mehr, wie oft. Vielleicht fünfmal?«

(William Gribble unter Tränen bei der Anhörung zur Strafzumessung in seinem Gerichtsverfahren.)

Inzwischen haben Sie schon eine ganze Reihe von Serienmörder-Pärchen kennengelernt, etwa Myra Hindley und Ian Brady, Rosemary und Fred West und unzählige weitere, die als »Todeskandidaten« in Haft schmoren. Doch Kelly O'Donnell sticht als eine ganz besonders abscheuliche Frau aus all diesen Monstern heraus.

Am Morgen des 13. November 1992 ging ein Anruf bei der Polizei von Philadelphia ein. Jemand hatte Leichenteile in der North Delaware Avenue gefunden. Ein paar Beamte wurden zum Fundort geschickt und entdeckten dort einen menschlichen Torso ohne Kopf, die abgetrennten Arme eines männlichen Weißen sowie einen Kopf, dem ein Auge fehlte. Bei einer Durchsuchung der Umgebung stießen die Polizisten auf verschiedene Papiere, die überall verteilt herumlagen, darunter ein Brief, der an eine gewisse Agnes McClinchey in der Richmond Street 3123 adressiert war.

Die Leichenteile wurden später als die menschlichen Überreste von Eleftherios Eleftheriou identifiziert. Wie sie an den Fundort gekommen sind, ist eine verstörende, brutale Geschichte, die einem Stephen-King-Roman entstammen könnte. Und das Schockierendste daran? Der bestialische Schlächter war eine Frau!

Kelly O'Donnell wurde am 12. Januar 1967 geboren. Zum Tatzeitpunkt hatte sie einen 30-jährigen Lebensgefährten namens William Russel Gribble und obendrein, genauso wie er, ein Drogenproblem. Nur 18 Monate zuvor waren die beiden Eltern geworden. Weil sie beide aber schwer drogenabhängig waren, ließen sie das Baby im Krankenhaus und es lebte fortan in einer Pflegeeinrichtung. Anfang November 1992 zog das Paar in die Richmond Street 3123 in Philadelphia. Dort wohnte Gribbles Mutter Agnes McClinchey, die ihnen erlaubt hatte, bei ihr unterzukommen, während sie bei einer Bekannten zu Besuch war. Im selben Gebäude lebte auch James Mathews, ein älterer Freund von McClinchey.

Am 11. November kurz nach 22 Uhr ging O'Donnell in eine Pizzeria, die besagtem Eleftherios Eleftheriou, kurz: »Terry«, gehörte. Der geschäftstüchtige Terry betrieb jedoch nicht nur den Pizzaladen, sondern verdiente auch mit Drogenverkauf und dem Verleihen von Geld einiges dazu. O'Donnell hatte eine Lederjacke als Pfand für ein Darlehen dabei, das sie von Terry haben wollte.

Laut einem Zeugen – einem Angestellten der Pizzeria – holte Terry ein großes Bündel Bargeld aus seiner Tasche und gab O'Donnell 10 Dollar. Die beiden verabredeten sich für später am Abend, um Sex zu haben. Gegen 1 Uhr schloss Terry den Laden und fuhr zu seinem Rendezvous.

O'Donnell nahm ihn mit in die Richmond Street, wo beide gegen 1:30 Uhr ankamen. Was sich dann zugetragen hat, konnte nur aus O'Donnells Geständnis und der gegen sie vorgebrachten Beweise vor Gericht rekonstruiert werden.

Mutmaßlich sah Terry gerade aus dem Fenster, als die junge Frau ihn mit einem Hammer auf den Kopf schlug. Er ging zu Boden und sie schlug immer wieder auf seinen Schädel ein.

Als Entschuldigung für diese mörderische Attacke behauptete sie später, der Mann sei ein »Perverser« gewesen, der sie in der Vergangenheit sexuell missbraucht habe. Was auch immer ihr Motiv gewesen sein mag, es lag nun eine Leiche vor ihr auf dem Boden, die entsorgt werden musste, und einen Bestatter anzurufen war in jener Lage logischerweise keine Option. Mit Gribbles Hilfe schleppte sie die Leiche in den Keller hinunter. Im Halbdunkel des kaum beleuchteten Raums, der an einen alten Alfred-Hitchcock-Film erinnerte, zerteilten sie den Pizzaverkäufer aus Griechenland in Stücke – wie eine seiner Pizzen! Die einzelnen Körperteile packten sie gleichermaßen pietätlos wie zweckmäßig in schwarze Plastikmülltüten. Kurz danach luden sie eine der Tüten (die mit Terrys Kopf) an der North Delaware Avenue ab, wo sie wenig später gefunden wurde – was kein Wunder war, da die North Delaware Avenue eine viel befahrene Straße ist, die parallel zum Delaware Expressway verläuft. Falls Sie irgendwann Leichenteile entsorgen müssen, die schnellstmöglich gefunden werden sollen, dann kann ich Ihnen diese Straße nur empfehlen!

Am nächsten Tag kehrte Agnes McClinchey zurück. Ihr Zuhause sah allerdings nicht mehr ganz so aus, wie sie es verlassen hatte. Im Eingangsbereich auf den Teppichen war überall Blut. O'Donnell erzählte der fassungslosen Rentnerin, dass sie und Gribble in einen Mord verwickelt waren und dass sie mitbekommen habe, dass der Kopf des Opfers auf der Delaware Avenue gefunden worden sei.

Später am selben Tag hörte Agnes McClinchey, wie O'Donnell Gribble damit beauftrage, Terrys Wagen anzuzünden, was er auch tat. Als er zurückkam sagte sie zu ihm: »Zum Glück bist du nicht erwischt worden.«

Um 19:30 Uhr am selben Abend ging bei der Polizei die Meldung ein, dass auf der D Street ein Fahrzeug in Flammen stand. Als das Feuer gelöscht war, durchsuchten die Polizisten das ausgebrannte Wrack und fanden darin, zu ihrem Entsetzen, die gut durchgegarten fehlenden Überreste des zerstückelten Pizzamanns.

Etwa eine Stunde später rief die aufgebrachte McClinchey die Polizei an. Sie verabredete ein Treffen an einer Tankstelle ganz in der Nähe, wo sie den Beamten alles erzählte, was sie wusste. Nach dem Gespräch mit der völlig aufgelösten alten Dame fuhren die Polizisten um 1:30 Uhr, am Morgen des 14. November, zu deren Wohnung und verhafteten O'Donnell und Gribble.

Danach durchsuchten sie das gesamte Haus und fanden im Keller ein Küchenmesser, einen Meißel und einen Zimmermannshammer. An jedem der drei Gegenstände wurden Blut und menschliches Gewebe gefunden.

Schließlich tauchten auch die letzten beiden fehlenden Teile von Terrys Leiche auf: Versteckt in einem Rohr befand sich ein schwarz-weißes Federmäppchen, das ein Auge und einen Penis enthielt. O'Donnell sagte der Polizei später, dass sie vorgehabt habe, beides an ihren Vater zu schicken, der sie als Kind misshandelt habe. Sie gab zu, dass »es ein wenig mit ihr durchgegangen« sei, und fügte mit einem schiefen Grinsen hinzu: »Ich habe ein Federmäppchen aus Plastik genommen, weil da nichts raustropft.«

Im Wissen, dass nun keine weiteren Leichenteile des Mordopfers mehr auftauchen konnten, widmeten sich die Ermittler in aller Ruhe den Verhören der beiden Verdächtigen. Zwar waren beide schnell verhaftet worden, den genauen Tathergang zu rekonstruieren stellte sich aber als ebenso schwierig heraus wie das Auffinden der verschiedenen Leichenteile. In ihren Aussagen übernahmen O'Donnell und Gribble nämlich beide die alleinige Verantwortung für den Mord und entlasteten so den jeweils anderen. Die Beamten waren in einer Sackgasse. Frustriert gaben die Ermittler schließlich auf und ließen die Verdächtigen die volle Kraft des Gesetzes spüren. O'Donnell und Gribble wurden beide wegen Mordes, Brandstiftung, dem Besitz von Tatwerkzeugen, Raub, Diebstahl, unerlaubtem Führen eines Fahrzeugs, Urkundenfälschung, Leichenschändung und Kreditkartenbetrug angeklagt – all diese Straftaten standen nämlich im Zusammenhang mit dem Ableben von Mr. Eleftheriou.

Die beiden Tatverdächtigen wurden gemeinsam vor Gericht gestellt und verzichteten auf ein Schwurgerichtsverfahren. Ihr Schicksal lag nun also einzig in der Hand des Richters. Die medizinischen Beweise, die von den Sachverständigen im Rahmen des Prozesses vorgetragen wurden, waren äußerst verstörend:

Ein Assistent der Gerichtsmedizin sagte aus, dass am Kopf des Opfers mehrere Abrasionen gefunden wurden, die sich Hammerschlägen zuordnen ließen. Der entsetzlichste Aspekt dieses Mords wurde ebenfalls während der Aussagen des Gerichtsmediziners offenbar: Die roten Abschürfungen in den Bereichen des Körpers, an denen der Kopf und rechte Arm des Toten abgetrennt worden waren, wiesen darauf hin, dass das Herz des Mannes zu jenem Zeitpunkt noch geschlagen hatte. Terry war also am Leben gewesen. Ob er noch Schmerzen hatte fühlen können oder nicht, konnte der Gerichtsmediziner nicht sagen. Dafür war er sich sicher, dass unmöglich eine Person allein den Mord verübt und die Leiche zerteilt haben konnte. Ein einzelner Mensch hätte in den geschätzten 15 Minuten bis zum Verbluten Eleftherious niemals Kopf und rechten Arm des muskulösen Mannes durchtrennen können. Wo die übrigen Körperteile abgetrennt worden waren, fanden sich im Gegensatz dazu gelbliche Abschürfungen, die darauf hinwiesen, dass das Herz des Opfers zum Zeitpunkt des Schnitts bereits aufgehört hatte zu schlagen.

Häftling #OC-0215 Kelly O'Donnell wurde des Mordes ersten Grades für schuldig befunden und zum Tode verurteilt. Die Strafe wurde – genau wie Gribbles Todesstrafe – später aufgehoben und in lebenslange Haft umgewandelt. Sie sitzt in der Haftanstalt Pennsylvania Correctional Institute in Muncy, Pennsylvania, während #CC76649 William Russell Gribble aktuell im Gefängnis Somerset State Correctional Institution inhaftiert ist.

Schlusswort – krank, böse oder bemitleidenswert?

William Congreve (1670–1729) schrieb in seinem 1697 erschienenen Gedicht *The Mourning Bride* (auf Deutsch etwa: Die trauernde Braut): »Heaven has no rage like hatred turned, Nor hell a fury like a woman scorned.« (Auf Deutsch etwa: Der Himmel kennt keinen Zorn wie Liebe, die zu Hass wird, noch kennt die Hölle eine Wut wie die einer verachteten Frau.)

Nachdem ich viele Jahre lang Frauen studiert habe, die für einige besonders abscheuliche Verbrechen verantwortlich sind, bin ich zum Schluss gekommen, dass ihre Motive in der Regel nicht sexueller Natur sind. Im Gegensatz zu männlichen Tätern führt der Akt des vorsätzlichen Tötens bei ihnen nicht zu sexueller Befriedigung. Bei vielen männlichen Tätern ist das so und geht oft bis zum Orgasmus. Und die meisten männlichen Täter werden natürlich nicht über Nacht zum Serien-Sexualmörder. Sie steigern sich vom Stalken ihrer Opfer hin zu Vergewaltigung, Serienvergewaltigung, Mord und dann Serienmord, bis sie eines Tages endlich gefasst werden. Sie geraten in eine immer stärker werdende Spirale der Gewalt, aus der sie nicht mehr herauskommen. Bei Frauen ist das anders.

Ich habe versucht, Fälle weitestgehend auszulassen, in denen Frauen Totschlag begangen haben – oder Mord mit bedingtem Vorsatz. Letzteres war womöglich bei Aileen Wuornos der Fall, die ich Ihnen in diesem Buch bereits vorgestellt habe. Wuornos hat Freier erschossen, die plötzlich zu einer Bedrohung für ihre eigene Unversehrtheit geworden sind. Auf diesen Punkt würde ich gerne noch ein wenig näher eingehen.

In einer TV-Serie, an der ich kürzlich mitgearbeitet habe (das zehnteilige Doku-Drama *Voice of a Serial Killer*, auf Deutsch etwa: Die Stimme eines Serienmörders), gab sich der Moderator, der großartige Professor David Wilson, große Mühe – wie auch ich viele Jahre lang –, deutlich zu machen, dass Wuornos eine ganz furchtbare Kindheit hatte. Die führte dazu, dass sie später Männer, die sie ausnutzen und wie Dreck behandeln wollten, die gewalttätig wurden und auf billigen Sex aus waren, einfach erschoss.

Neben Professor Wilson trat allerdings auch Michael Brooks, ein Professor der forensischen Psychiatrie, in der Serie auf, der in diesem Zusammenhang eine ganz bemerkenswerte Aussage machte: »Aileen Wuornos hat sich selbst dazu entschieden, eine Waffe zu tragen und der Prostitution nachzugehen.« Soll heißen: Sie selbst traf die Entscheidung, den Abzug zu drücken oder nicht. Mag stimmen, vielleicht aber auch nicht.

Auch wenn ich hier Brooks zitiere, will ich auf etwas ganz anderes hinaus: Lee hatte über die Jahre um die 200 Freier und nie hat sie einen erschossen, der sie gut behandelte. Prostitution ist das älteste Gewerbe der Welt. Und niemand von uns sollte sich ein Urteil darüber erlauben, warum Frauen sich entscheiden, auf diese Weise ihr Geld zu verdienen. Ich sage immer: Leben und leben lassen. Im Fall von Lee Wuornos trifft eher zu: Leben und sterben lassen!

Um es deutlich zu sagen: Tausende Bürger Floridas (und Millionen Bürger der USA) tragen registrierte oder nicht registrierte Schusswaffen bei sich. Lee Wuornos war da keine Ausnahme. Sie hatte die Waffe zu ihrem persönlichen Schutz bei sich, ganz einfach. Einige kranke Sexualstraftäter wie Peter Sutcliffe, Steve Wright oder der verabscheuungswürdige Schwulenmörder Colin Ireland können sich glücklich schätzen, dass keines ihrer wehrlosen Opfer eine Waffe zum Schutz dabeihatte, sonst hätten sie das nicht überlebt.

Als ich das Kapitel über das lesbische Mörder-Duo Cathy Wood und Gwen Graham geschrieben habe, die im Rahmen eines bizarren Liebespakts fünf ältere Patienten im Altenheim Grand Rapids erstickt haben, kam mir ein weiteres lesbisches Mörderpaar in den Sinn: Tracey Wiggington (24) und Lisa Ptaschinski (34), genannt die » Vampire Killers« (Vampir-Mörderinnen). Wenn diese beiden töteten, dann nur Männer.

Die 108 Kilo schwere »Vampirin« Wiggington, die sich voll und ganz dem Okkultismus und der Teufelsanbetung verschrieben hatte, lockte 1989 den ihr völlig unbekannten Edward Baldock, der in einer Bar im australischen Brisbane gut einen über den Durst getrunken hatte, in ihr Auto und erstach ihn – ein Verbrechen, das man durchaus als »motivlosen Mord« bezeichnen könnte. Der unbescholtene Familienmensch Baldock starb einen traurigen und würdelosen Tod. Seine Mörder kannten ihn nicht, hegten keinen Groll gegen ihn und handelten dennoch völlig herzlos.

Die Polizei behauptete, Wiggington sei durch Horrorvideos beeinflusst worden. Tatsächlich schaute sie solche grausamen Videos häufig an, am liebsten in Zeitlupe. In der Nacht vor dem Mord hat sich Wiggington laut ihrer Lebensgefährtin Donna Staib eine Szene in Zeitlupe angesehen, in der der Kopf eines Mannes nach einem Schuss in die Stirn explodierte. Sie sagte, Wiggington habe diese Szene mindestens ein halbes Dutzend Mal angeschaut.

In ihrem Prozess wiesen die Psychiater der Verteidigung, Quinn und Clarke, darauf hin, dass Wiggington in ihrer Kindheit oft sich selbst überlassen war und Grausamkeit und sexuellen Missbrauch erlebt hatte. Sie diagnostizierten bei ihr eine multiple Persönlichkeitsstörung, die ihrer Meinung nach Auslöser für ihre emotionale Instabilität war. Kurzum: Sie bescheinigten ihr eine Geisteskrankheit.

Das Queensland Mental Health Tribunal, ein Expertengremium bestehend aus Mr. Justice Ryan (Richter am Obersten Gerichtshof), Dr. Norman Connell und Dr. Gordon Urquhart, befragte Wiggington daraufhin ebenfalls. Nachdem sie auch Gutachten anderer Ärzte berücksichtigt hatten, kamen die Experten zu dem Schluss, dass Wiggington die rechtlichen Bedingungen für eine psychische Erkrankung nicht erfüllte. Sie sei sich ihres Verhaltens bewusst gewesen und daher verantwortlich für ihre Taten. Sie kannte den Unterschied zwischen Richtig und Falsch und begriff die gesamte Zeit über die Konsequenzen ihres Handelns.

»Das abscheuliche und grausame Ausmaß der Taten, an der Sie in jener Nacht beteiligt waren, wird aus den im Rahmen dieser Verhandlung dargelegten Beweisen offenbar und bedarf keiner weiteren Ausführung. Sie

> *wussten, was geschehen würde, und hatten keinerlei Mitleid mit Mr. Baldock – einem anderen menschlichen Lebewesen.«*
>
> (Richter MacKenzie bei der Verurteilung von Ptaschinski zu lebenslanger Haft)

Ende Januar 1991 bekannte sich die damals 24-jährige Studentin Tracey Avril Wiggington, aus der Wardell Street in Enoggera, Brisbane, des Mordes für schuldig. Sie wurde zu lebenslanger Haft verurteilt, die sie im Frauengefängnis von Brisbane in der Boggo Road absaß. Dort wurde sie Gefängnisbibliothekarin und lernte, mit Computern umzugehen. Die ebenfalls 24-jährige Ptaschinski erhielt für ihre Beteiligung an dem Mord ebenfalls eine lebenslange Haftstrafe. Am 11. Januar 2012 wurde Wiggington auf Bewährung entlassen. Der aktuelle Status von Ptaschinski ist unbekannt, vermutlich ist aber auch sie inzwischen wieder auf freiem Fuß. Im Gegensatz zur nächsten Frau, die ich Ihnen vorstellen möchte.

> *»Das ist kein Matsch auf meinen Schuhen, das ist Blut. Und schau hier, in dieser Serviette. Das ist ein Teil von Colleens Schädel. Ich war an dem Tag einfach fies drauf.«*
>
> (Christa Gail Pike zu ihrer Mitschülerin Stephanie Wilson, am 14. Januar 1995)

Für den folgenden, extrem grausamen Fall bitte ich Sie, sich vorzustellen, sie seien die Eltern einer bezaubernden 19-jährigen Tochter. Stellen Sie sich vor, das Mädchen wird an einen dunklen, gottverlassenen Ort gebracht, muss mehrere Stunden lang um sein Leben flehen, wird beleidigt, getreten, geschlagen, gepeinigt und gnadenlos über 100 Mal mit einem Fleischerbeil und einem Teppichmesser traktiert, während es immer wieder um Gnade winselt und nach Ihnen – Mama und Papa – ruft, damit sie kommen und es retten, bevor der Kopf – Schädel und Gehirn – mit Asphaltbrocken zu Brei geschlagen wird und eine der Mörderinnen ein Stück des Schädels mit nach Hause nimmt, um am nächsten Morgen ihr Frühstücksmüsli damit zu löffeln.

Darf ich vorstellen? Christa Gail Pike.

Pike wurde am 10. März 1975 geboren und saß 21 Jahre später als jüngste Frau aller Zeiten in der Todeszelle. Das Verbrechen, wegen dem sie dort auf ihre Hinrichtung wartet, war einer der bestialischsten und bösartigsten Morde in der Geschichte des US-Bundesstaats Tennessee. Es geht um den Mord an Pikes 19-jähriger Nebenbuhlerin und einen verstörenden Ausbruch unkontrollierter Gewalt mit sadistischen und satanischen Zügen.

Blickt man auf die frühen Jahre dieser Frau zurück, stellt man fest, dass es ihr an Erziehung und elterlicher Führung mangelte. Mit 14 erlaubten die Eltern ihr bereits eine sexuelle Beziehung mit ihrem damaligen Freund, der sogar schon bei ihr wohnte. Ebenfalls mit der Zustimmung ihrer Eltern schmiss sie kurz darauf die Schule, schrieb sich später aber im Knoxville Jobs Corps Programme ein, einer Maßnahme für problematische Jugendliche, um doch noch ihren Abschluss zu bekommen.

Im Unterricht lernte sie zwei andere Jugendliche kennen, zu denen sie schnell eine enge Freundschaft entwickelte. Der 16-jährige Schwarze Tadaryl Darnell Shipp kam aus Memphis und wurde Pikes neuer Freund. Shadolla Renee Peterson war 18 Jahre alt und bald Pikes beste Freundin.

Gleichzeitig tauchte ein 19-jähriges Mädchen namens Colleen Slemmer in der Klasse auf und es war schnell klar, dass sie und Pike nicht gut miteinander auskamen. Pike mochte sie nicht, weil sie glaubte, die Neue interessiere sich für ihren Freund Tadaryl Shipp. Sie verhielt sich daraufhin offen feindselig gegenüber der etwas jüngeren, hübschen Slemmer, beleidigte sie und streute bösartige Gerüchte. Es kam zum Streit und Pike beschloss, ihrer Rivalin eine Lektion zu erteilen. Sie und Shadolla Peterson heckten einen Plan aus: Gemeinsam wollten sie Slemmer an einen abgelegenen Ort auf dem Campus des Instituts für Agrarwissenschaften an der Universität von Tennessee locken und ihr dort eine gehörige Tracht Prügel verpassen. Was dann passierte, war derart schockierend, dass sich Panik unter den 26 000 Studenten der Stadt Knoxville breitmachte.

Der Mord geschah in einer eiskalten Nacht am 13. Januar 1995. Kurz nach 21 Uhr verließen Christa Pike, Shadolla Peterson und Tadaryl Shipp das Jobs Corps Center, das Institut, an dem sie unterrichtet wurden. Pike überredete Slemmer, sie zu begleiten, unter dem Vorwand, gemeinsam etwas Gras rauchen zu wollen – als eine Art Friedenspfeife, sozusagen.

Nach einigem Hin und Her entschied die Gruppe, zu einer verlassenen Mühle auf dem Campus zu gehen. Der Ort ist Beschreibungen zufolge derart abgelegen, dass man sich dort die Seele aus dem Leib schreien kann und trotzdem von niemandem gehört wird. Der massive Bau aus rostigem Stahl mit dem riesigen Backstein-Schlot, der wie ein mahnender Finger gen Himmel zeigt, sollte für die junge Colleen Slemmer ein ganz fürchterlicher Ort zum Sterben werden. Die Mühle lag – und liegt bis heute – nahe eines Radwegs. Die Gegend war gesäumt von dichten Büschen und überall lag Bauschutt herum, darunter Asphaltbrocken und große Plastikteile.

Als das Quartett an der Mühle ankam, begann Slemmer, sich mit Shipp zu unterhalten. Pike bekam das mit und wurde rasend vor Wut. Wie eine Wahnsinnige brüllend zerrte sie ihre Rivalin von Shipp weg und das Massaker begann. Slemmer war vollkommen überrascht. Sie versuchte zunächst, dem Angriff zu entkommen, und rannte auf der Flucht den matschigen Trampelpfad zurück. Doch es war dunkel, sie rutschte aus und stürzte, sodass Shipp sie einholen konnte. Der Junge zerrte sie zurück zu ihren Peinigerinnen, die sie einem entwürdigenden Martyrium unterzogen.

Pike zwang das völlig verängstigte Mädchen dazu, ihren Sweater und BH auszuziehen, damit sie nicht noch einmal weglaufen würde. Dann fingen sie und Shadolla Peterson an, ihr Opfer mit Kniestößen und Faustschlägen zu traktieren. Shipp drehte sich weg, doch Slemmer klammerte sich an ihn, in der Hoffnung, er würde dem, was ihr gerade angetan wurde, irgendwie Einhalt gebieten. Der dachte allerdings gar nicht daran, sondern stieß sie stattdessen von sich weg und ohrfeigte sie, als sie seinen Arm nicht loslassen wollte. Währenddessen überzog Pike ihre Widersacherin weiterhin mit Schlägen und Tritten, bis das Mädchen irgendwann zu Boden ging und sich den Bauch hielt. Daraufhin holte Pike ein Mini-Fleischerbeil hervor und schlitzte ihrem Opfer damit die Stirn auf. Unter großen Schmerzen versuchte Slemmer ihr Gesicht zu schützen und flehte Pike an, aufzuhören und ihre Meinungsverschiedenheiten ohne weitere Gewalt aus der Welt zu schaffen. Doch ihr Flehen stieß auf taube Ohren. Pike schlitzte dem Mädchen mit dem Fleischerbeil die Hosen auf und fragte dabei immer wieder höhnisch, ob sie Sex mit Tadaryl Shipp haben wolle. Das blutende Mädchen kämpfte sich auf die Beine und versuchte taumelnd, noch einmal wegzulaufen, rutschte erneut aus und stürzte. Der feige Shipp hob sie daraufhin auf und schleppte sie zu den Büschen zurück, wo die gnadenlose Attacke weiterging.

Pike holte das Teppichmesser heraus und Colleen Slemmer wurde 30 Minuten lang Hunderte Male mit dem Messer und dem Fleischerbeil misshandelt. Anschließend ritzten Pike und Shipp ihr in einem gemeinsamen Akt der Bestialität ein riesiges Pentagramm in die Brust.

Slemmer überlebte diese schreckliche Attacke, während Pike sie unaufhörlich verhöhnte – bis das mörderische Trio sich große Asphaltbrocken schnappte und dem wehrlosen Mädchen den Schädel damit einschlug.

Doch mit diesem grausamen Mord ist die Geschichte noch nicht zu Ende.

Nachdem sie ihr abscheuliches Werk vollendet hatten, liefen Pike, Peterson und Shipp zu einer Tankstelle, wo sie sich das Blut abwuschen und sich umzogen. Gegen 22:15 Uhr kehrten sie in das Jobs Corps Center zurück. Kurz darauf besuchte Pike ihre Kommilitonin Kim Iloilo und präsentierte ihr ein Stück von Colleen Slemmers Schädel. Dazu gab sie eine detaillierte Beschreibung des unmenschlichen Verbrechens ab, das sie und ihre beiden Komplizen gerade verübt hatten. Sie erzählte Iloilo, wie Slemmer sie angefleht habe, sie nicht weiter zu schneiden und zu schlagen, dass sie aber nicht aufgehört habe, weil ihr Opfer immer und immer weitergeredet hatte.

Triumphierend berichtete die Mörderin ihrer Freundin, dass sie Slemmer einen großen Brocken Asphalt auf den Kopf geworfen habe, und als dieser Asphaltbrocken daraufhin in kleine Stücke zersprungen sei, habe sie die ebenfalls auf ihr Opfer geschmissen. Sie erzählte der schockierten Mitschülerin, wie sie Slemmer mit einem Fleischerbeil den Rücken aufgeschlitzt und ihr mit einem Teppichmesser die Kehle durchgeschnitten habe. Zum Schluss erwähnte sie das Pentagramm, das sie ihrer Widersacherin in die Brust geritzt habe, und ein weiteres, das sie ihr in die Stirn geschnitten habe, während das Mädchen um sein Leben gekämpft habe. Während sie diese Horrorgeschichte erzählte, tanzte Pike durch das Studentenzimmer.

Am nächsten Morgen, während des Frühstücks im Jobs Corps Center, traf Iloilo Pike erneut und fragte sie, was sie mit dem Stück aus Slemmers Schädel getan habe. Daraufhin entgegnete Pike, dass sie das Stück noch habe, und sagte: »Ja, damit esse ich mein Frühstück.«

Gerichtsakten zufolge machte die redselige Pike später an jenem Tag einer anderen Studentin namens Stephanie Wilson gegenüber eine ähnliche Bemerkung. Sie deutete auf ihre Schuhe und sagte: »Das ist kein Matsch auf meinen Schuhen, das ist Blut.« Dann holte sie eine Serviette aus ihrer Tasche und zeigte Wilson einen Knochensplitter, der, wie sie versicherte, aus Colleen Slemmers Schädel stammte. Pike beschrieb, wie Blut und Hirn herausgequollen seien, als sie den Knochensplitter als makabre Trophäe dieser schrecklichen Gewaltorgie aus dem Schädel ihres Opfers herausgebrochen habe.

Während Christa Pike freudestrahlend die furchtbaren Details dieses Mords an ihrer Nebenbuhlerin preisgab, sperrten Beamte der Polizei von Knoxville und der Universität von Tennessee geschockt und angewidert den Tatort um die blutigen Überreste von Colleen Slemmer ab. Ein Mitarbeiter der Landschaftspflege war um 8:05 Uhr auf ihre von der Hüfte an aufwärts nackte Leiche gestoßen. Der Mann hatte zunächst angenommen, es handele sich um ein totes Tier. Erst bei näherem Hinsehen hatte er die Kleidung und nackten Brüste der jungen Frau entdeckt und erkannte, dass es sich tatsächlich um eine menschliche Leiche handelte. Daraufhin hatte er die Polizei verständigt, die später auch den BH und Sweater des Mädchens nahebei in den Büschen fand.

Der bestialische Mord auf dem Uni-Gelände löste eine Panik an der Universität aus. 2000 Flyer mit dem Hinweis, Studenten sollten nachts nicht allein umherlaufen und keine Abkürzungen auf einsamen Wegen nehmen, wurden auf dem gesamten Campus verteilt.

Ob die Beamten von der Polizei Knoxville zu viele Thriller des britischen Autors Dennis Wheatley gelesen haben, ist ungewiss, auf jeden Fall kamen sie schnell zu dem völlig falschen Schluss, dass der Mord das Werk einer Gruppe Satanisten gewesen sein musste. Dem alten Beelzebub werden ja häufig die schlimmsten Dinge angehängt, und in diesem Fall untermauerten die Pentagramme auf Brust und Stirn der Toten die Theorie der Polizisten. Und tatsächlich belegten Beweise kurz darauf, dass Pike und Shipp beide ein »gewisses Interesse« an Teufelsanbetung hatten, allerdings wohl kein sonderlich ausgeprägtes.

Am Samstag, zwei Tage nach dem Mord, wurden Pike und Shipp verhaftet, nachdem die Studentinnen, vor denen Pike geprahlt hatte, die Polizei verständigt hatten. Beide gestanden die Tat und belasteten auch Shadolla Peterson, die daraufhin ebenfalls in Haft genommen wurde.

Bei der Durchsuchung von Pikes Zimmer im Studentenwohnheim fanden die Ermittler eine Ausgabe der Satanischen Bibel und eine kleine silberne Satan-Figur. Auch in Tadaryl Shipps Zimmer entdeckten sie Hinweise auf Teufelsanbetung. Am schwersten aber wog ein Fund in Pikes Lederjacke: ein Stück Knochen aus Colleen Slemmers Schädel.

Christa Pikes Aussage gegenüber dem Ermittler Randy York offenbarte grausige Details des Mordes, die einem beim Lesen das Blut in den Adern gefrieren lassen, zeigen sie doch das unmenschliche Ausmaß an Boshaftigkeit von Pike und ihren beiden Komplizen. Einmal etwa schnitt sie ihrem Opfer quer durch die Kehle. Als Slemmer sich daraufhin aufsetzte und um ihr Leben flehte, schlitzte Pike ihr kurzerhand noch weitere Male die Kehle auf.

Die Gerichtsmedizinerin von Knox County, Dr. Sandra Elkins, führte die Obduktion an Colleen Slemmers Leiche durch und sagte später aus, sie habe versucht, die Stich- und Schnittwunden am Körper der Toten zu dokumentieren, indem sie jeder Wunde einen Buchstaben des Alphabets zuwies. Es waren jedoch so viele, dass sie sich entschied, nur die größten und schwersten Wunden festzuhalten. Hätte sie dies tatsächlich mit jeder einzelnen Wunde getan, so die Pathologin, hätte sie »das Alphabet wieder und wieder durchgehen und volle drei Tage in der Leichenhalle verbringen müssen«.

Um die letztendliche Todesursache festzustellen, musste der Kopf von Slemmers Leiche entfernt und ihr Schädel von einem gewissen Dr. Murray Marks, einem forensischen Anthropologen der Universität von Tennessee, präpariert werden. Dr. Elkins erklärte, dass sie den oberen Teil des Schädels entfernt habe, um das Gehirn entnehmen und untersuchen zu können.

Im Gehirn steckten Splitter des Schädelknochens, die durch die stumpfe Gewalteinwirkung hineingetrieben worden waren. Dr. Marks rekonstruierte den Schädel, indem er diese herausgelösten Splitter wieder in die linke Seite einpasste. Sie füllten das klaffende Loch allerdings nicht komplett aus – das fehlende Knochenstück wurde schließlich in Pikes Lederjacke gefunden.

Das vielleicht schrecklichste Detail ist aber, das Slemmer, während sie aufgeschlitzt, abgestochen, geschlagen und getreten wurde, laut Dr. Elkins die gesamte Zeit über bei Bewusstsein gewesen sein muss. Darauf wiesen Blut in den Nasennebenhöhlen und das Erscheinungsbild einiger Wunden hin. Erst nachdem ein riesiger Asphaltbrocken ihren Schädel getroffen hatte, sei das junge Opfer bewusstlos geworden.

Während Christina Pike zum Tode verurteilt wurde, erhielt Tadaryl Shipp, aufgrund seines Alters, nur eine lebenslange Haftstrafe mit der Chance auf Bewährung.

Das finden Sie unglaublich? Dann halten Sie sich fest: Shadolla Peterson kam mit nur sechs Monaten auf Bewährung davon!

Man kann sich kaum vorstellen, welche Auswirkungen eine Tragödie solchen Ausmaßes auf die Familie und Angehörigen des Opfers hat. Colleen Slemmers Mutter hat wegen der immensen Geldbeträge, die sie für all die Reisen zu den zahllosen Gerichtsanhörungen des mörderischen Trios aufbringen musste, ihre Wohnung verloren. Sie zog alle Register, um den Mördern ihrer Tochter für ihr abscheuliches Verbrechen die größtmögliche Strafe zuteilwerden zu lassen – und nicht, damit sie auf Bewährung auf freien Fuß kommen. Die Ergebnisse solcher Verfahren scheinen die Befindlichkeiten der Hinterbliebenen oft bewusst und rücksichtslos auszublenden und wirken aufgrund ihres Mangels an Sensibilität geradezu erschütternd. An kaum einem Beispiel wird dies deutlicher als am Verhalten von Christa Pikes Anwälten gegenüber Colleen Slemmers Eltern. Das Schädelfragment, das im ursprünglichen Prozess als Beweismittel diente, wurde – und wird zum Zeitpunkt der Entstehung dieses Buchs noch immer – von den Anwälten unter Verschluss gehalten, bis Pike all ihre verbliebenen Rechtsmittel erschöpft hat. Bis dahin wird die Familie der Toten nicht in der Lage sein, den Knochensplitter gemeinsam mit den anderen Überresten zu beerdigen und ihre Tochter endlich zur Ruhe zu betten. Wie ich eingangs bereits geschrieben habe: Stellen Sie sich vor, Ihnen wäre so etwas widerfahren!

Es gab ein einziges Motiv für diesen Mord – und es war ganz sicher nicht Teufelsanbetung. Es handelte sich vielmehr um eines der häufigsten Mordmotive überhaupt: das Beseitigen eines Rivalen oder einer unerwünschten Verbindung. Man sollte meinen, dass Christa Pike angesichts einer drohenden Todesstrafe ihr Verhalten im Gefängnis gebessert hat, doch dem ist ganz und gar nicht so.

Am 24. August 2001 attackierte sie, mit mutmaßlicher Unterstützung ihrer 22-jährigen Mitinsassin #00288309 Natasha Wallen Cornett, die Insassin Patricia Jones und versuchte, sie mit einem Schnürsenkel zu erwürgen, was ihr auch beinahe gelang. Erneut war Eifersucht das Motiv, Pike führte hinter Gittern eine lesbische Beziehung und Jones war ihre Nebenbuhlerin. Cornett hat wiederum ihre ganz eigene Geschichte, sie wurde für die 1997 begangenen »Lillelid-Morde« zu lebenslanger Haft ohne Bewährung verurteilt.

Im März 2012 schmiedete Pike gemeinsam mit dem Gefängniswärter Justin Heflin und Donald Kohut, einem Besucher auch New Jersey, der sich in sie verliebt hatte, einen Fluchtplan, der allerdings scheiterte.

Häftling #00772533 Tadaryl Shipp sitzt seine Haftstrafe im Gefängnis Northwest Correctional Complex in Tiptonville ab und lebt dort mit 50 anderen Häftlingen in einem Wohnheim.

Zum Zeitpunkt der Entstehung dieses Buchs hat Christa Gail Pike auch das letzte Rechtsmittel erschöpft, um der Giftspritze zu entgehen. Einen Termin für ihre Hinrichtung gibt es allerdings noch nicht. Sie ist derzeit im Frauengefängnis Tennessee Prison for Women (TPFW) in der 3881 Stewarts Lane in Nashville inhaftiert.

Die am 20. September 1975 in Bucks County, Pennsylvania, geborene Colleen Slemmer wurde zu Hause auf dem Lady-of-Grace-Friedhof beerdigt. Ihre Grabstelle trägt die Nummer #149548954. Möge Gott ihrer Seele gnädig sein. Hätte Christa Pike sie nicht ermordet, wäre sie zum Zeitpunkt der Entstehung dieses Buchs 45 Jahre alt gewesen.

Wenn Frauen sich ineinander verlieben, dann ist eine Trennung für einige vonihnen absolut unvorstellbar, so wie es bei Cathy Wood gewesen ist, die fürchtete, Gwen Graham an eine viel jüngere und hübschere Frau zu verlieren. Um das zu verhindern, gestand sie in Teilen die Morde, die das Duo begangen hatte, und schob Graham dafür die Schuld in die Schuhe. Wer droht, ein lesbisches Pärchen auseinanderzubringen, lebt also mitunter gefährlich, da manche Frauen so weit gehen, ihre Partner oder Nebenbuhlerinnen umzubringen oder zumindest zu versuchen, ihre Leben mit einer Wut zu zerstören, die beinahe über die menschliche Vorstellungskraft hinausgeht.

In den 1980er-Jahren heckte eine eigentlich lesbische Ehefrau in Indiana einen Plan aus, um ihren Ehemann loszuwerden. Sie brachte ihre Liebhaberin – eine Schlammcatcherin – dazu, den Gatten zu erschießen und seine Leiche in einem Schweinestall zu entsorgen, was insofern passend war, als der Mann Schweinebauer war. Sie bat außerdem auch ihren Cousin, ihr bei dem Vorhaben zu helfen. Dass sie erwischt werden könnten und die kommenden Jahrzehnte nur noch Schweinswürste in der Gefängniskantine essen würden, das hatten die drei Dummköpfe wohl nicht bedacht, als sie den Mord begingen.

Der Fall ist insofern interessant, als die grazile und feminine Loretta Stonebraker und die 1,83 Meter große »Big Helen« Williams schon viele Jahre zuvor intim miteinander waren und sich dann zufällig in Parke County, Indiana, wiedertrafen. Die groß gewachsene Williams mit ihrem kindlichen Gesicht war ganz verrückt nach Stonebraker. Sie war zwar nicht die Klügste, aber bekannt für ihren Mut und ihre Fähigkeit, auch gegen Männer zu bestehen. Sehen wir bei diesem Paar nicht eine Parallele zur kräftigen Wood und der zierlicheren Graham oder zu Aileen Wuornos und Tyria Moore?

Ein weiteres Beispiel ist der Fall der lesbischen Teenager Juliet Hulme und Pauline Parker aus Neuseeland, die Parkers Mutter zu Tode prügelten, weil sie gedroht hatte, das Paar auseinanderzubringen. Ähnlich geartet war der Fall von Christine und Lea Papin, zwei Waisenschwestern, die eine inzestuöse Liebesbeziehung führten und verurteilt wurden, weil sie ihre Arbeitgeberin Madame Lancelin und deren Tochter 1933 im französischen Le Mans brutal ermordet hatten. Christine und Lea gingen mit extremer Grausamkeit auf ihre Opfer los und rissen ihnen mit bloßen Händen die Augen aus, bevor sie sie mit einem Messer und einem Hammer abschlachteten. Als die Frauen später getrennt inhaftiert wurden und auf ihren Prozess warteten, wurde Christine derart gewalttätig, dass man sie in eine Zwangsjacke stecken musste. Sie ging in Hungerstreik und heulte nächtelang wie ein Hund, weil sie ihren »Liebling Lea« wiedersehen wollte.

Christine zeigte ernste Anzeichen einer Geisteskrankheit. Ihre Todesstrafe wurde nach harter Arbeit ihrer Anwälte in lebenslange Haft umgewandelt, bevor sie 1937 in eine psychiatrische Klinik eingewiesen wurde, wo sie vier Jahre später an gebrochenem Herzen starb. Lea wurde nach zehn Jahren entlassen und führte danach ein Leben im Verborgenen.

Ein weiteres Motiv, das unter Serienmörderinnen äußerst verbreitet ist, ist Habgier. Glücklicherweise sind Morde aus Habgier im Vereinigten Königreich inzwischen extrem selten geworden, in den USA passieren sie allerdings noch recht häufig, und das schon seit Jahrzehnten. Ich habe Ihnen in diesem Buch eine Reihe »Schwarzer Witwen« vorgestellt und möchte an dieser Stelle nicht versäumen, in diesem Zusammenhang auch Simone Weber zu erwähnen, eine 60-jährige französische Hausfrau, die beschuldigt wurde, ihren Ehemann vergiftet und ihren Liebhaber zerstückelt zu haben.

Der Fall liest sich wie das Drehbuch eines Horrorfilms von Alfred Hitchcock: Ein verwesender Leib, der im Koffer eines vermissten Mannes auf der Marne trieb, eine sorgfältig gereinigte elektrische Kreissäge, eine gefälschte Heiratsurkunde und eine dramatische Exhumierung mitten in der Nacht waren nur einige seiner makabren Eckpunkte. Durch die unermüdlichen Ermittlungen der Gendarmerie wurde Simone Weber schließlich als besonders heimtückische Mörderin entlarvt.

Bei ihrer Verhaftung fanden die Ermittler in einer ihrer vielen Wohnungen den Ausweis ihres Opfers sowie die Schlüssel zu seinem Wagen. Die Nummernschilder des blauen Renault waren ausgetauscht worden. Eine gleichzeitige Durchsuchung ihrer Wohnung in der Rue de Cronstadt in Nancy war ebenso ergiebig: Die Polizei entdeckte ein Gewehr vom Kaliber .22 LR der Marke Voere-Kufstein, eine benutzte Patrone und einen

Schalldämpfer sowie ein Luftgewehr der Marke Marksman mit passender Munition. In der Avenue de Strasbourg 158, wo Weber gemeinsam mit ihrer Schwester Madeleine eine weitere Wohnung besaß, wurden noch mehr Waffen sichergestellt: ein Armeegewehr vom Kaliber .22 LR der Marke Marocchi mit Schalldämpfer, das durch eine Patrone im Lauf blockiert war, zwei kleinere Handfeuerwaffen, eine benutzte Patrone auf dem Schlafzimmerfußboden sowie drei Stangen Dynamit.

Am 17. Januar 1991 wurde Simone Weber, die von den Medien inzwischen den Namen »Die Teufelin von Nancy« verpasst bekommt hatte, für den Mord an ihrem untreuen Liebhaber, dem 55-jährigen Monsieur Bernard Hettier, der Prozess gemacht. Sie wurde beschuldigt, ihn am 22. Juni 1985 erst betäubt und dann erschossen zu haben, bevor sie ihm Kopf und Gliedmaßen abtrennte und einen Teil des Körpers in einem braunen Koffer entsorgte, den sie anschließend in den Fluss warf, wo er am 15. September 1985 von einem Angler namens Marcel Rabeau und seinem Freund gefunden wurde.

Ihr wurde außerdem angelastet, den 80-jährigen ehemaligen Armeeoffizier Monsieur Marcel Fixard vorsätzlich getötet zu haben, den sie erst auf betrügerische Weise geheiratet und anschließend mithilfe von Digitalis umgebracht hatte, indem sie damit vorsätzlich einen Herzinfarkt ausgelöst hatte.

Liliane Glock, eine von Webers Verteidigerinnen, sagte während der Verhandlung: »Ich frage mich langsam, ob dies ein Prozess aus dem 19. Jahrhundert, eine Hexenverbrennung oder ein Polizeithriller sein soll.«

Hunderte Beobachter belagerten das Schwurgericht von Nancy, um Zeuge der Entwicklungen in diesem grausigen Fall zu sein. Und sie wurden nicht enttäuscht. Die einst umwerfend schöne, inzwischen aber feiste 60-jährige Hausfrau störte ständig die Verhandlung, indem sie Aussagen von Zeugen und Anwälte immer wieder mit »Einspruch« unterbrach. Einmal bezeichnete sie die anwesenden Prozessbeobachter, die ruhig auf ihren Plätzen saßen, sogar als »Lynchmob«.

Am 28. Februar 1991 wurde die niederträchtige und vollkommen skrupellose Simone Weber für das Vergiften von Marcel Fixard zu 20 Jahren

Haft verurteilt. Vom Mord an Bernard Hettier wurde sie freigesprochen. Ihre Schwester Madeleine erhielt eine 18-monatige Haftstrafe für Beihilfe und das Zerstören von Hettiers Reisepass.

Im Juli 2002 erschien ein Film namens *La Diabolique de Nancy* (auf Deutsch etwa: Die Teufelin von Nancy), in dem Webers furchtbare Taten auf der Leinwand verewigt wurden. Und damit komme ich zurück zur Frage, die ich zu Beginn dieses Buchs aufgeworfen habe: Sind die Frauen unserer Spezies gefährlicher als die Männer? Dies ist eine knifflige Frage, deren Beantwortung das Studium Tausender und Abertausender Fallakten erfordern würde. Leider hat dieses Buch nicht genug Seiten, um das zu tun. Doch eines kann ich Ihnen versichern: Vor einer Frau, die richtig aus der Haut fährt, sollten sie sich stets tunlichst in Acht nehmen. Wenn sie Ihre Hemden oder Anzüge zerschneidet, Lackentferner über Ihren Porsche kippt oder Sie in den sozialen Medien als skrupellos darstellt, dann gnade Ihnen Gott! Und sollte sich an Ihrem Verhalten nichts ändern, dann machen Sie am besten schon mal Ihr Testament.

Die Kriminalgeschichte strotzt nur so vor sogenannten »Schwarzen Witwen«, deren Beiname von der gleichnamigen Giftspinne abgeleitet ist, die ihre Liebhaber in einem Akt von sexuellem Kannibalismus auffrisst. Ganz so weit gehen die meisten Serienmörderinnen zwar nicht, zumindest einen Teil ihrer Opfer verleiben sie sich aber dennoch meist ein, etwa den Inhalt ihrer Brieftaschen oder Bankkonten oder die Summe einer Lebensversicherung mit doppelter Auszahlung, so wie Patricia Wright und unzählige andere Schwarze Witzen das getan haben und bis heute tun.

Ebenfalls gut dokumentiert in den Annalen der Kriminalhistorie sind Hunderte Beispiele, in denen Frauen sich mit Männern zusammengetan haben, um sexuell motivierte Serienmorde zu begehen. Wir haben das bei Myra Hindley und Rose und Fred West gesehen, bei denen jeweils der Mann der dominantere Part des Duos war. Es geht allerdings auch umgekehrt wie bei Joanna Dennehy, die gemeinsam mit Gary Stretch aus einem unstillbaren vampirartigen Bluthunger heraus Männer getötet hat, einfach weil sie einen Kick davon bekam.

Der Engländer John Martin Scripps, der in Singapur gehängt wurde, war ein männlicher Serienmörder und Einzeltäter, der aus Habgier tötete, was äußerst selten der Fall ist, wenn wir ehrlich sind – es gibt schließlich nicht viele Schwarze Witwer, oder? Ich war als internationaler Nachrichtenreporter für den Sender APTV bei der Hinrichtung des Manns dabei, einen Tag nach meinem Geburtstag, am 19. April 1996. Anschließend wohnte ich auch seinem Begräbnis bei, bevor ich seinen Fall in meinem internationalen Bestseller *Wie Serienmörder denken* dokumentiert habe. Als ich Singapur verlassen habe, überreichte die dortige Polizei mir ein Geburtstagsgeschenk: einen Emaillebecher, auf dem ein Mann abgebildet war, der am Galgen hing. Ich habe mich freundlich für diese kleine »Aufmerksamkeit« bedankt.

Während also wenige Männer nur für Geld töten, gibt es Hunderte Beispiele, in denen sich Mann und Frau als mörderisches Duo zusammentun, um ihre Opfer aus Habgier oder schlicht Neid umzubringen. Oder im Rahmen eines kranken Liebespakts, so wie es Ruth Snyder und ihr Liebhaber Judd Gray 1927 taten. Beide landeten später im berüchtigten Gefängnis »Sing Sing« in Ossining, vor den Toren New Yorks, wo sie am 1. Dezember 1928 auf dem elektrischen Stuhl hingerichtet wurden. Und natürlich dürfen in dieser Aufzählung Bonnie Parker und Clyde Barrow nicht fehlen, besser bekannt als »Bonnie und Clyde«. Ihre innige Liebe füreinander trieb sie zu einer Serie gemeinsamer Morde aus Habgier. Ihre schockierenden Verbrechen haben die beiden bis heute, fast 90 Jahre nach ihrem Tod, geradezu zu einem Mythos gemacht und ihnen Kultstatus verliehen, obwohl sie eigentlich nur ein paar schäbige Kleinkriminelle waren, die mit einem frisierten V8 ihren Verfolgern entkommen konnten und deren Waffen denen der Gesetzeshüter überlegen waren. Zum Glück hatten sie in den 1930er-Jahren noch keine AK47, dafür aber zumindest ein Thompson-Maschinengewehr – die berüchtigte »Tommy Gun«.

Besonders schrecklich finde ich den Gedanken, dass Mädchen offenbar schon zu Serienmörderinnen werden können, bevor sie überhaupt das Jugendalter erreicht haben, wie Sie an der gruseligen Mary Bell sehen konnten. Dem Vereinigten Königreich gebührt hierbei die zweifelhafte Ehre, die jüngste angehende Serienmörderinnen aller Zeiten hervorgebracht zu haben.

Bravo, Großbritannien! Ich schätze, das werden uns unsere Freunde auf der anderen Seite des großen Teichs oder anderswo nicht so schnell nachmachen.

Im Vergleich zu ihren männlichen Pendants spielen Frauen wirklich in einer anderen Liga, wenn sie aus reiner Kränkung heraus töten. Oder haben Sie je eine verabscheuungswürdigere Geschichte gehört als jene der erst 21-jährigen Christa Gail Pike, die aufgrund ihrer Grausamkeit unter all den anderen weiblichen Insassen der US-amerikanischen Todestrakte noch einmal besonders heraussticht? Pike wollte eine Rivalin beseitigen, die vermutlich gar keine war. Ähnlich geartet war das Motiv einer anderen Mörderin, mit der ich einige Zeit lang Kontakt hatte: die hübsche Melanie »Mel« Lyn McGuire, alias »Die Eiskönigin« aus New Jersey.

> *»Nichts gleicht der Wut einer Frau auf der Suche nach einem neuen Liebhaber.«*
>
> (Aus: *The Unquiet Grave* [auf Deutsch etwa: das laute Grab] von Cyril Connolly [Palinurus], 1944)

Dieses Zitat passt ganz hervorragend zu McGuire, die ihren Ehemann Bill loswerden wollte, nachdem sie sich in einen anderen, offenbar erfolgreicheren Mann verliebt hatte. Also ging sie vor wie Simone Weber: Sie betäubte ihren Mann, erschoss ihn und zerteilte seine Leiche mit einer Säge. Die Einzelteile verpackte sie in mehrere Koffer, die sie anschließend von einer Brücke aus in das Wasser der Chesapeake Bay warf. Ich habe ihr ein Kapitel in meinem Buch *Wie Psychopathen denken* gewidmet. Darin enthalten sind Auszüge aus ihren Briefen an mich, aus denen Sie herauslesen können, wie eiskalt viele dieser tödlichen und nicht selten wunderschönen Femme Fatales sein können.

Was es unter männlichen Serienmördern überhaupt nicht gibt, sind die sogenannten »Baby Farmer«: Frauen, die Babys und Kleinkinder in ihre Obhut nehmen, um jahrelang Kindergeld und Transferleistungen dafür zu beziehen, obwohl sie die Kleinen oft schon nach kürzester Zeit umbringen, so wie es Amelia Dyer Ende des viktorianischen Zeitalters in Großbritannien getan hat.

1996 bin ich für ein kriminalwissenschaftliches Projekt nach Indien gereist und habe es mit einiger Überredungskunst in den Todestrakt des Gefängnisses von Mumbai geschafft, wo ich Renuka Kiran Shinde und Seema Mohan Gavit in ihren Zellen besuchen durfte. Zunächst einmal so viel vorweg, da Häftlinge wie Joanna Dennehy und viele andere sich ja ständig über die Haftbedingungen in unseren westlichen Gefängnissen beschweren: Diese Damen sollten nur mal einen einzigen Tag in einem so grausigen Gefängnis verbringen wie jenem, in dem Shinde und Gavit damals saßen und bis heute sitzen. Dort gibt es kein Internet oder Fernsehen wie in der vom französischen Konzern Sodexo privat geführten Haftanstalt HMP Bronzefield, die im Vergleich zu dem indischen Gefängnis, in dem sich Shinde und Gavit befinden, wie ein Fünf-Sterne-Hotel anmutet.

Wenn sich seit meinem Besuch damals nichts geändert hat (wovon ich ausgehe), dann schlafen die beiden Frauen noch immer ohne Matratzen auf dem strohbedeckten Steinboden. Mit Fußfesseln sind sie an die Wand angekettet und dürfen weder lesen oder sich miteinander unterhalten. Gespräche mit den Wärtern sind auf kurze Fragen beschränkt. So sieht der Alltag dort aus. Es wimmelt vor Ratten und Läusen und der Todestrakt stinkt zum Himmel, aus jedem Backstein dringt der Geruch von billigem Desinfektionsmittel, Urin, verdorbenem Essen und Fäkalien.

Soweit ich das beurteilen kann, werden diese beiden Monster aus dem westindischen Bundesstaat Maharashtra das bekommen, was sie verdient haben. 2022 sind sie dem Strang dann doch noch entkommen. Der Oberste Gerichtshof in Bombay hat die Todesstrafen der Schwestern in lebenslange Haftstrafen umgewandelt. Wie ich weiter vorn in diesem Buch bereits erklärt habe, entführten die beiden Schwestern über die Jahre mindestens 13 Kinder aus den Slums und zwangen sie zum Taschendiebstahl. Einigen der Kinder brachen sie Arme und Beine, übergossen sie mit kochendem Wasser oder ätzender Säure und rissen manchen ein Auge aus, damit sie Passanten bemitleidenswerter und harmloser erschienen. Als fünf der Kinder nicht mehr »zu gebrauchen« waren, brachten die Frauen sie auf grausame Weise um und beseitigten ihre kleinen Leichen wie Abfall, woran sie offenbar auch noch Freude hatten. Wenn die beiden nicht schrecklicher handelten als jeder Mann, dann weiß ich auch nicht.

Ein Auge ausreißen – da muss ich an den biblischen Spruch »Auge um Auge, Zahn um Zahn« und die kontrovers diskutierte Vergeltungstheorie denken, die im Grunde besagt, dass die Strafe für ein Verbrechen proportional zur Schwere des Verbrechens ausfallen, Mord also etwa mit dem Tod bestraft werden sollte. Dieser Theorie nach verdienen böse Menschen wie Shinde und Gavit die Todesstrafe, weil sie genau wussten, was sie mit ihren mörderischen Taten anrichten. Sie waren sich außerdem auch bewusst, dass ihnen – wenn sie erwischt werden – wahrscheinlich die Todesstrafe drohen würde. So gesehen, haben sie mit ihren Taten ihr eigenes Todesurteil gefällt und damit ist für die Anhänger der Vergeltungstheorie jede weitere Diskussion beendet.

Für den sogenannten Utilitarismus haben jene Anhänger kein Verständnis. Diese Theorie besagt, dass eine Strafe stets vorausschauend sein muss und einen intendierten sozialen Nutzen für die Zukunft haben sollte, etwa ein Vermindern der Verbrechensrate, was mir allerdings – und ich weiß, dass einige liberaler eingestellte Leser mich dafür stark kritisieren werden – wie absoluter Blödsinn erscheint. Das Problem ist, dass die Vertreter des Utilitarismus als Straftheorie vermutlich nicht die furchtbaren Tatortfotos all der abgeschlachteten und verhungerten Kinder gesehen haben. Vielleicht würden sie ja eine andere Meinung haben, wenn es sich um ihre eigenen gehandelt hätte?

Der bereits verstorbene Richter Thomas M. Stark, einst einflussreicher Gerichtspräsident im Suffolk County, New York, der den Prozess gegen Massenmörder Ronald »Butch« DeFeo (dessen Morde die Vorlage für den Film *Amityville Horror* waren) geführt hat, sagte mir 1994 Folgendes in einem Interview:

> *»Für unser Gemeinwohl müssen wir als Gesellschaft möglichst liberale Regeln aufstellen, die unser Handeln bestimmen. Es wird jedoch immer Menschen geben, die diese Regeln brechen, nach ihrem eigenen Willen und außerhalb jener Normen leben, die unseren gesellschaftlichen Zusammenhalt ermöglichen, und dies im Wissen, dass ihr Handeln ernste Konsequenzen für sie haben kann. Solche Menschen treffen die Entscheidung dazu bewusst – nicht ich. Wenn auf ihre Tat die Todesstrafe steht, dann ist es so. Es ist deren Entscheidung, nicht meine.*

Chris, Sie fragen mich, ob eine drohende Todesstrafe davor abschreckt, einen Mord ersten Grades zu begehen. Nach all meinen Jahren als Richter muss ich Ihnen leider sagen: Nein, das tut sie nicht!«

Und Hand aufs Herz, auch ich muss sagen, dass ich noch nie einen Serienmörder, Amokläufer, Massenmörder oder Einmaltäter getroffen oder kennengelernt habe, den eine Todes- oder lebenslange Haftstrafe vom Töten abgehalten hätte, was die Theorie des Utilitarismus, die das eigentliche Problem meiner Ansicht nach durch eine rosarote Brille betrachtet, eigentlich als nutzlos entlarvt. Keine der Mörderinnen in diesem Buch scherte sich auch nur im Geringsten um die Konsequenzen, die ihre schrecklichen Verbrechen auf ihr eigenes Leben haben könnten. In dieser Hinsicht gleichen die Frauen ihren männlichen Pendants. Männer und ebenso Frauen töten völlig unberührt von den dafür drohenden Strafen.

Wie treue Leser bereits wissen, beende ich meine Bücher gern mit einem Augenzwinkern. Dieses Mal möchte ich Sie an den Psycho-Thriller *Eine verhängnisvolle Affäre* aus dem Jahr 1987 erinnern, mit Michael Douglas und Glen Close in der Rolle der hysterischen Geliebten. Wie viele Männer, insbesondere Hollywood-Stars, die fernab des Planeten Erde in einer anderen Galaxie zu leben scheinen, hat Douglas seine Lektion aus dem Film offenbar nicht gelernt, denn einige Jahre später, 1992, geriet er im Thriller *Basic Instinct* an die nicht minder verrückte Sharon Stone – doch wer kann es ihm verübeln?

Wenn Sie die zahllosen Warnungen in diesem Buch tatsächlich ignorieren und sich auf eine Frau mit bewegter Vergangenheit einlassen wollen, dann empfehle ich Ihnen, die Website »Meet a Beautiful Inmate. com« eingehend zu studieren. Die meisten Frauen gehen mit ihrem Vorstrafenregister ja nicht hausieren. Falls Sie also eine Frau suchen, die wirklich gefährlich ist und Sie ausnehmen wird wie eine Weihnachtsgans, dann finden Sie dort garantiert die richtige. Eine kurze Korrespondenz mit der zuständigen Strafvollzugsbehörde wird Ihnen sicher ein persönliches Treffen ermöglichen.

Also, meine lieben Männer, wenn Sie heute Nacht ins Bett gehen, dann prüfen Sie sicherheitshalber noch einmal, ob sich nicht vielleicht doch ein Eispickel unter dem Bett befindet. Sie könnten schließlich der Nächste sein. Gott bewahre, dass Sie morgen als Toter aufwachen!

Denn ja, Frauen können tatsächlich genauso gefährlich und tödlich sein wie Männer!

Über den Autor

Christopher Berry-Dee wurde 1948 in Winchester, in der englischen Grafschaft Hampshire, geboren und ist ein direkter Nachfahre von Dr. John Dee, dem Hofastronomen Elisabeths I. Das einstige Mitglied der »Green Berets«, einer Spezialeinheit der britischen Royal Marines, ist Gründer und ehemaliger Leiter des Criminology Research Institute (CRI) und war Herausgeber und lange Zeit auch Chefredakteur des Fachblatts *The Criminologist*, der weltweit ältesten und renommiertesten Fachzeitschrift zu den Themen Strafverfolgung, Strafrecht, forensische Psychiatrie/Psychologie, Strafrechtsreformen, Gerichtswesen und Kriminologie.

Berry-Dee interviewte und verhörte mehr als 30 der weltweit berüchtigtsten Serien- und Massenmörder. Er trat als Experte für Serienmorde im Fernsehen auf und war Co-Produzent und Interviewer der von Kritikern hochgelobten zwölfteiligen Dokumentationsreihe *The Serial Killers* (auf Deutsch etwa: Die Serienmörder). In der britischen TV-Serie *Born to Kill* (auf Deutsch etwa: Geboren, um zu töten) fungierte er zudem als Berater in den Fällen von Fred und Rose West, Ian Brady und Myra Hindley sowie Dr. Harold Shipman.

Zu seinen erfolgreichen Buchveröffentlichungen gehören: *Monster*, die Buchvorlage zum gleichnamigen Film über die US-Serienmörderin Aileen »Lee« Carol Wuornos, *Dad Help Me Please* (auf Deutsch etwa: Papa, hilf mir), das sich dem tragischen Fall von Derek Bentley widmet, der für einen Mord hingerichtet wurde, den er nicht begangen hatte, und dessen Geschichte später mit Christopher Ecclestone verfilmt wurde (*Gib's ihm, Chris!*), sowie *Wie Serienmörder denken*, sein 2003 erschienener True-Crime-Bestseller, der sich über 100 000 Mal verkaufte, und dessen Nachfolger *Wie Psychopathen denken*, der 2022 im riva Verlag erschienen ist.